ACHTER GESLOTEN DEUREN

GETUIGENISSEN VAN DEGENEN DIE BEVRIJD
ZIJN UIT EEN SEKTE

JOEL E. CROSBY

INHOUDSOPGAVE

Aan de huidige leden van De Fellowship: Mag dit boek jullie ogen openen voor de corruptie en hiërarchie van jullie pastors.

Aan de voormalige leden van De Fellowship: Mag dit boek stem geven aan hen die uitgestoten zijn.

Aan iedereen: Lees de Bijbel in de context.

INLEIDING

Het netwerk van kerken dat valt onder Christian Fellowship Ministries hanteert verschillende namen: Potter's House, De Deur, Victory Chapel, Lighthouse, of andere variaties of vertalingen. De naam van een stad kan verbonden worden aan het gebouw.

In 1970 vroeg Wayman Mitchell, een bevoegde (maar niet beroepen) Foursquare-prediker of hij de Foursquare-kerk in Prescott in Arizona mocht overnemen. Hij kreeg toestemming en werd aangesteld als voorganger. De Jesus Movement was op haar hoogtepunt en Mitchell begon hippie-bekeerlingen te discipelen, hij leerde hen om actief op zoek te gaan naar gelegenheden om nieuwe bekeerlingen te winnen. In die tijd waren dat methodes als rockmuziek en drama's in het openbaar en wekelijkse samenkomsten in een gehuurde ruimte.

Geleidelijk ontstond het idee om deze nieuwe bekeerlingen te discipelen of om hen een praktijkopleiding tot pastor te geven. Deze methode van leren in de praktijk en het planten van kerken (nieuwe kerken beginnen in andere steden, staten en landen) leek succesvol.

In de beginjaren stond het netwerk bekend als Arizona-Fellowship en nadat grenzen tussen staten waren overschreden als De Fellowship. Het was het idee dat de kerken een samenwerkingsverband van gelijkgestemden vormden, die samenwerkten om de hele wereld te bereiken met het Evangelie. Destijds leek dat zinvol, omdat een Jesus-Freak daar helemaal voor ging.

Een vriend van Wayman, die hij kende van de Bijbelschool, had, enigszins concurrerend, ook een gevolg van kerken om zich heen verzameld toen hij met zijn gezin omkwam bij een tragisch ongeval. Wayman handelde onmiddellijk en benaderde deze kerken, die verenigd waren onder de naam Christian Fellowship Churches, ogenschijnlijk om ze weer te verenigen met Foursquare. Toen er overeenstemming was bereikt en alles was overgedragen aan Wayman, voegde hij ze samen met zijn eigen kerken en begon hij zich terug te trekken uit Foursquare. In huidige Fellowship-terminologie: Wayman rebelleerde tegen Foursquare.

Maar in 1990 trok een groep kerken, die Wayman waren gevolgd toen hij Foursquare verliet, of daarna waren gesticht, zich terug uit De Fellowship. Wayman beschouwde dit als verraad, rebellie, maar het was het begin van een reeks van kerken die afvallig werden, waardoor Wayman steeds bezitteriger en controlerender werd.

In de nasleep hiervan gingen de veranderingen binnen De Fellowship steeds sneller. Wayman werd een wantrouwige controlfreak, terwijl het overdreven dwepen met alles wat hij bereikt had standaard werd voor degenen die lager stonden in de hiërarchie van De Fellowship.

Gedragsnormen werden vastgelegd en leden verwierven hun status op basis van hoe ze door de screening kwamen en hoe lang ze al loyaal waren aan de organisatie. Van pastors werd verwacht dat ze documenten ondertekenden waarmee ze afstand deden van alle claims en rechten op eigendommen van de kerk, materiaal en zelfs leden. Leden die zichtbaar meewerkten aan de diensten, d.w.z. op het podium, moesten documenten tekenen ten aanzien van hun gedrag die hen onder andere verboden iets alledaags als een televisie te bezitten.

En zoals overal waar sprake is van corruptie waren er geruchten over misbruik. Deze geruchten werden structureel ontkend of het slachtoffer kreeg de schuld.

Dit is al meer dan 30 jaar gaande. Er waren ook consistente verslagen van systematische inmenging in familierelaties als een van de familieleden niet achter De Fellowship stond. Online groepen voor ex-leden delen regelmatig klachten over de afpersingsmethodes voor geldinzameling die in bijna elke kerkdienst plaatsvonden en zeker een belangrijke rol speelden bij het financieren van de halfjaarlijkse conferenties. Deze conferentiekerken ondersteunden vijfentwintig of meer babykerken.

Gaandeweg kwamen er steeds meer nieuwe doctrines bij om alles wat onbijbels was maar tot stand kwam binnen De Fellowship te rechtvaardigen. Een belangrijke factor bij wat er mis ging binnen De Fellowship was het integreren van alle bedieningen in de rol van pastor. Feitelijk klopt de rol van pastor zoals De Fellowship die hanteert niet, omdat deze elke functie met autoriteit die wordt beschreven in de Bijbel, inclusief die van koning, omvat. Het maakt de weg vrij voor misbruik.

Dit boek vertelt de ervaringen van een aantal ex-leden in hun eigen woorden. De deelnemers vormen een doorsnee van leden van verschillende ondersteuningsgroepen van ex-leden van deze organisatie uit verschillende landen, met een breed scala van invloed. Sommigen maakten gebruik van ghostwriters, anderen schreven hun ervaringen zelf. Dat was moeilijker dan het klinkt.

Als je perverse religie nog niet zat bent, lees dan vooral verder.

Dennis Crosby

VOORWOORD

Soms willen we niet alle mensen bereiken op een persoonlijk niveau. We willen gewoon een hoge pief zijn. We willen er staan en dingen verkondigen aan de mensen. We willen hen manipuleren om te doen wat wij willen en we willen ze commanderen.
—Ron Simpkins, *We Can Take the Land (We kunnen het land innemen)*

Ik kan een heleboel zeggen over waarom ik aan dit boek begonnen ben; ik zou kunnen beginnen met beschrijven hoe en waarom nieuwe leden zich aansluiten bij deze kerk, hoe een goede eerste indruk geleidelijk omslaat in een leven dat draait om de kerk. Ik zou het kunnen bewijzen door uit te leggen hoe de hiervoor genoemde eerste indruk doet denken aan love bombing en dat alle leden op de een of andere manier gemanipuleerd worden vanaf de dag dat ze een voet over de drempel zetten in De Deur. Ik zou kunnen aandragen dat de overvloed aan kerkdiensten die je geacht wordt bij te wonen je structureel isoleert van vrienden en familie omdat je simpelweg geen tijd meer voor ze hebt.

Misschien zou ik de lezers mee kunnen nemen door een analyse van het B.I.T.E.-model van Steven Hassan en uitleggen welke punten van toepassing zijn op de De Deur en waarom[1]. Of misschien zou ik kunnen beginnen waar alle rebellen beginnen—bij het ter discussie stellen van de tienden, hoe het een wet uit het Oude Testament is, in het leven geroepen om te zorgen voor de Levieten, en hoe tienden geen vereiste zijn in het Nieuwe Testament.

Misschien kan ik, in plaats van te debatteren over leerstellingen, mijn punt maken door iets wat ik niet eens met mijn ouders wilde bespreken voor ik de kerk verliet: de persoonlijke ervaringen van voormalige leden. Maar die heb ik al opgenomen in het hoofdgedeelte van dit boek. En deze ervaringen waren niet mijn eerste aanleiding om dit boek te schrijven (ze dienen alleen om mijn punt te maken). Ook het feit dat velen die hun verhaal delen in dit boek—en nog veel meer die dat niet doen—werden uitgestoten, verbannen en uit de kerk getrapt waar God Zelf hen ogenschijnlijk geplaatst had. Tenminste volgens hun eigen interpretatie van 1 Korinthiërs 12:18. Nu begin ik toch over leerstellingen te debatteren.

Begeef ik me op gevaarlijk terrein als ik stel dat de Heilige Geest nooit zo betrokken was in de kerk als in de jaren '80? Toen bereikte de zangdienst een punt waar de gemeente spontaan uitbarstte in tongen en aanbidding; als je in tongen bad in de bidstond viel het niemand op, omdat iedereen het deed. Maar nu zijn tongen ingeroosterd als onderdeel van de dienst aan het einde van het laatste lied voorafgaand aan de collecte. Het duurt niet langer dan twee minuten, als het al zo lang duurt. En bidstonden zijn meestal stil tenzij er een bezoekende pastor is. Nee, ik hoor je tegenargument al: Maar zo gaat het helemaal niet in mijn kerk! En dat is wat het zo ingewikkeld maakt; afhankelijk van wie je pastor is en wie zijn pastor is, verschillen de ervaringen van Fellowship-leden nogal.

Ik heb lang nagedacht over dit voorwoord: over wat ik wel en niet zou schrijven. Uiteindelijk dacht ik dat ik eruit was: ik zou beargumenteren hoe De Fellowship altijd beweert een Handelingen-kerk te zijn, terwijl

---

1. "BITE Model of Authoritarian Control"[TM] (BITE Model over Autoritaire Controle), Freedom of Mind Resource Center, bezocht 3 maart 2024, https://freedomofmind.com/cult-mind-control/bite-model/.

ze eigenlijk meer zijn als de kerk van Korinthe. Ze worden niet geleid door de Heilige Geest, maar eerder door hun eigen vlees en zondige mannen. En toen kwam het binnen! Dat is waarom ik dit boek ben gaan schrijven. Niet omdat ik het oneens ben met de manipulatieve praktijken, vanwege de collectieve negatieve ervaringen van voormalige leden, een gebrek aan de Heilige Geest, of zelfs dat ze zijn geworden als de kerk van Korinthe. Ik heb dit boek geschreven omdat —en dit zeg ik niet lichtvaardig- De Fellowship mensen volgt en niet God.

Wat ik bedoel te zeggen, is: De manier waarop De Fellowship functioneert en de macht die een pastor heeft zijn onbijbels en rieken naar sektarisme (waar ze zich bewust van zijn). Steve Cooper, de schrijver van Go Ye: The Arizona Story (Gaat heen: het verhaal van Arizona), zei het volgende: "Waarom zou een pastor geen discipelen onder zijn hoede nemen om ze op te leiden tot zijn niveau van bediening? Dat zet er direct een heleboel buitenspel. Het idee riekt naar sektarisme. Pastors worden geestelijke dictators."

Laat me dit toelichten: in het algemeen refereren kerken aan de vijfvoudige bediening als basis voor leiderschapsfuncties in de kerk. Deze zijn gebaseerd op de bekende tekst in Efeze 4:11. De Fellowship ziet al deze bedieningen echter als ondergeschikt aan de pastors, behalve apostelen, die zelden genoemd worden. Dit is nog merkwaardiger als je de lijst in 1 Korinthiërs 12:28 ernaast legt, die neemt pastors niet eens mee.

Titels en posities zijn een gemeenschappelijk doel in kerken. Wat de Bijbel beschrijft, zijn functies - in het geval van taken: je doet ze of je doet ze niet. De Fellowship, echter, maakt pastors het centrum van alles, en er mag niets worden gedaan zonder toestemming van de pastor.

Er zijn veel preken over de autoriteit van de pastors. Ze zijn bijna allemaal gebaseerd op teksten uit het Oude Testament die gaan over de autoriteit van koningen, wat een boel verklaart over hoe De Fellowship (dis)functioneert. En ze zijn gebaseerd op Bijbelteksten die uit de context zijn gehaald.

Bepaalde taken die genoemd worden in de Bijbel, bijvoorbeeld in Handelingen 20:17 en 1 Timotheüs 3:2, worden uitgelegd alsof ze daadwerkelijk zouden slaan op pastors. Het Grieks gebruikt natuurlijk verschillende termen in deze teksten, pastor is er daar niet één van. Maar binnen De Fellowship krijgt de pastor deze taken automatisch.

De tekst in 1 Timotheüs 5:9 wordt zelfs gebruikt om het negeren van klachten tegen pastors te rechtvaardigen, terwijl in de tekst duidelijk *ouderling* staat. Dat komt omdat ouderlingen niet bestaan binnen De Fellowship, dus telkens als de Bijbel spreekt over ouderling wordt dat vervangen door pastor. Maar de context van 1 Timotheüs 3, met name vers 1 en 2, bewijzen dat dit woord niet *pastors* betekent. Bovendien, aangezien De Fellowship leert dat vrouwen geen pastors kunnen zijn, zouden ze die betekenis nooit geven aan het tweede vers.

Als gevolg daarvan zijn pastors de enige erkende autoriteit binnen De Fellowship en ze krijgen dezelfde mate van autoriteit als een Oudtestamentische koning met Wayman Mitchell aan de top. De statuten die in 2004 uitkwamen, stellen feitelijk dat de pastors van lokale kerken de kerk alleen beheren voor De Fellowship. Ze kunnen geen aanspraak maken op wat dan ook in de kerk en ze functioneren op basis van verleende autoriteit. (Voor meer informatie, zie Bijlage I, III en V.)

In de begindagen gingen preken gewoonlijk over het herstellen van de waardigheid van de lokale kerk. Maar geleidelijk vervormde de boodschap tot die draaide om de pastor. Na verloop van tijd was Mitchell de enige pastor die ertoe deed en verloor de lokale kerk al haar waardigheid aan de organisatie.

Alles bij elkaar opgeteld, was het niet slechts een handjevol pastors met slechte intenties—of zelfs degenen met goede intenties die ten prooi vielen aan hun eigen zondige levensstijl. Het is de hele organisatie van De Fellowship, het is de bron, Wayman Mitchell—die vanaf het begin een leerstelling preekte die maar één mogelijk uitkomst kon hebben: een religieuze organisatie waar het leiderschap optimale controle heeft over de levens van de leden. Oftewel, het is een sekte.

Dit zegt Wayman Mitchell er zelf over: "Deze wereld zal nooit onze vriend zijn. We zullen nooit geaccepteerd worden. Op het moment dat

de wereld je accepteert, ben je niet langer een inwoner van de hemel—
je bent een overloper. Je bent een verrader. Als deze generatie of de
maatschappij je levensstijl, getuigenis of religie accepteert, ben je een
verrader, een verloren kolonie. Je bent niet langer een kolonie van de
hemel."[2]

Toen de kerk groeide, was Wayman niet langer geïnteresseerd in het
redden van zielen voor het Koninkrijk van God; hij richtte zich alleen
nog op aantallen en hij was een nachtmerrie voor iedereen die hem in
de weg stond.

Als een lid een bedreiging vormde voor de kerk, liet Wayman hem
verwijderen uit De Fellowship—ongeacht wie zijn pastor was of in
welke stad of in welk land hij zich bevond. Pastors worden geacht
herders te zijn. Welke herder zou een schaap verstoten uit zijn kudde?

Kerken die zich afscheidden van De Fellowship kregen te maken met
een rechtszaak over het onroerend goed van de kerk. Miljoenen van
het geld dat door de leden van de Prescott-kerk en de pastors van
andere Fellowshipkerken is gedoneerd gaat hierin om. Een voorbeeld
hiervan is wat er gebeurde met de kerk in Fiji. Dit gebeurde allemaal
alleen om "een punt te maken", zoals Wayman verklaarde.

Het leiderschap preekte voortdurend over een gemeenschappelijk
vijand, soms bekend als *de wereld* of *werelds*—begrippen waar een
invulling naar keuze aan kon worden gegeven. Dit was ook gelinkt aan
bedrog en verraad. Het is geen verrassing dat leden van deze kerk
vaak wantrouwend worden ten aanzien van alles wat hun pastor
afkeurt: chiropractors, abstracte kunst, televisie, social media, rebellie
tegen de kerk, homoseksualiteit, martial arts, alcohol, oorbellen bij
mannen en dikke mensen (gulzigheid).

Iedereen die de kerk verliet, kreeg het etiket rebel. Of, zoals pastor
Darren Munzone van de Potter's House in Hurstville in Australië het
stelt: "Hoe noemen we het weigeren om de wil van God te doen?
Rebellie. Ik ga een stap verder. Hoe noemen we het weigeren om te

---

2. Wayman O. Mitchell, *Blueprint From Heaven: The Divine Blueprint for Disciples*, (Prescott, Arizona, Potters Press, 1986), 31

doen wat je pastor van je vraagt? Rebellie. Sommige mensen zeggen: 'Ik hoef niet te doen wat jij zegt'. En dat klopt. Maar als je het niet doet, ben je rebels."[3] Dit is nog bespottelijker als je bedenkt dat Wayman Mitchell is begonnen met rebelleren tegen het leiderschap van de International Church of Foursquare Gospel (ICFG) toen hij zich afsplitste. Wayman was zelf schuldig aan rebellie—precies datgene wat hij hekserij noemde.

Ik kan het aantal keren niet meer tellen dat leden van De Fellowship hun kerk tegen mij probeerden te verdedigen door te stellen dat De Deur (of hun pastor) hen had gered van een zondige levensstijl of zelfs de dood. Ze zeiden dat hun pastor een geweldige man van God was en dat ze dankbaar waren dat ze hem kenden. Maar het was de kerk, noch hun pastor die hen gered had - ze geven hun pastor en kerk de eer voor wat Jezus heeft gedaan. "Laat daarom niemand roemen in mensen. Want alles is van U" (1 Korinthe 3:21).

Ik woonde eens een conferentie bij waar een profetie werd uitgesproken dat Wayman Mitchell niet zou overlijden, maar getuige zou zijn van de tweede komst van Jezus Christus. In september 2021, echter, deed zijn overlijden een schok gaan door De Fellowship. De Potter's House in Prescott maakte een eerbetoon van het voormalige bureau van Wayman en een plaquette met het logo van de kerk en de inscriptie: "Het merendeel van de preken die je leven hebben aangeraakt en gezegend, werden geschreven door Pastor Mitchell aan dit bureau."[4] Daarnaast gaf een andere pastor opdracht voor een kunstwerk dat hem en Wayman Mitchell afbeeldde gezeten aan een tafel, vergelijkbaar met het welbekende werk van Leonardo da Vinci, "Het laatste avondmaal", dat ook "Het laatste avondmaal" zou moeten

---

3. The Potter's House Cult, "The Potters House is a Cult Defending Historical Christianity (DOCUMENTARTY TRAILER)," YouTube video, 2,50, 21 september 2022, https://www.youtube.com/watch?v=Vtqi9kBcVc.
4. Joel Crosby, bezocht 6 maart 2024, https://www.joelcrosby.com/wp-content/uploads/2024/03/425364382 3238942469735631 8719962136007882317 n.jpg.

heten."[5] Is dat geen afgoderij? Is de Potter's House de Katholieke kerk met Wayman Mitchell als hun paus?

In een trailervideo die circuleerde op het internet en die een aankomende documentaire aankondigde, zaten een aantal fragmenten van preken van andere pastors van de Potter's House. Een van die fragmenten luidde: "Er is maar één apostel, één man die het instructiepakket heeft. Kun je je voorstellen waar we zouden zijn zonder onze apostel? Kun je je voorstellen hoe onze bediening eruit had gezien zonder de bediening en het onderwijs van Pastor Wayman Mitchell?"[6]

Wayman Mitchell heeft er altijd op gehamerd dat De Fellowship een unieke roeping van God had om alleen maar te preken en niets anders te doen wat andere christelijke kerken kunnen doen, zoals het organiseren van liefdadigheids- en gemeenschapsevenementen. Dit omvatte ook Mitchells persoonlijke interpretatie van wat discipelschap is, namelijk de wil van God vervuld zien in iemand anders—dat neemt de vorm aan van heavy shepherding. Naar men zegt, beweerde hij tijdens een van zijn preken dat hij dat idee had overgenomen van de shepherding movement (die is ontmaskerd als een sekte); dus Wayman Mitchell herhaalde de fouten die mensen in het verleden hadden gemaakt.

Er ontstonden problemen in het discipelproces omdat het een individu isoleert van andere christelijke bronnen; het weerhoudt ze van het krijgen van inhoudelijke kennis. Leerlingen dagen de leraren niet uit. Iedereen wordt geacht om zonder vragen te geloven wat hen wordt verteld.

De Potter's House ziet discipelschap als een succes; de discipel wordt een pastor en zet het Fellowship-patroon voort, daarmee wordt een circulair systeem gecreëerd dat zichzelf reproduceert in zijn slachtoffers. Mitchell beweert dat discipelen in het boek Handelingen Chris-

---

5. Joel Crosby, toegang 3 maart 2024, https://www.joelcrosby.com/wp-content/uplo ads/2024/03/709dce68-40d0-40d8-b950-de2ca5309a2a.jpeg.
6. The Potter's House Cult, "The Potters House is a Cult Defending Historical Christianity (DOCUMENTARY TRAILER)," YouTube video, 2:50, 21 september 2022, https:// www.youtube.com/watch?v=VtZqi9kBcVc.

tenen worden genoemd en dat het Gods bedoeling is dat alle Christenen discipelen worden. De woorden discipel en Christen worden gebruikt alsof ze onderling uitwisselbaar zijn.

Volgens hun eigen online bronnen bestaat De Fellowship nu uit meer dan tweeduizend kerken in meer dan 125 landen. Elk van deze kerken heeft zijn eigen pastor die binnen De Fellowship wordt gezien als ondernemer. Ze planten een kerk en hebben een fulltime baan, terwijl ze daarnaast evangeliseren om nieuwe leden te werven, totdat ze genoeg leden hebben die hun kerk financieel ondersteunen, waardoor de pastor fulltime in de bediening kan. Maar alle bezittingen van de kerk zijn eigendom van De Fellowship—zelfs als ze zijn gekocht met het eigen geld van de lokale pastor.

Hoewel er heel veel verschillende kerken met verschillende pastors zijn, verschilt de sfeer binnen de kerken amper. Ze volgen een bepaalde norm. Die standaard druppelt van Prescott door in alle andere (baby)kerken door activiteiten en internationale Bijbelconferenties.

Afhankelijk van wie je pastor is, kunnen je ervaringen heel anders zijn, zoals ik al eerder schreef. Daarom gebruik ik dit voorwoord om te laten zien dat de bron van De Fellowship—de oprichter, Wayman Mitchell, en zijn leerstellingen, de belangrijkste factor is waardoor er problemen zijn met deze kerk, en, heel belangrijk, waarom deze kerk een sekte is. Daarom heb ik er ook voor gekozen om tien verhalen van voormalige leden van over de hele wereld op te nemen: om te illustreren dat De Fellowship een manipulatief kerksysteem is met slachtoffers in vele landen, continenten en culturen.

Ik geloof dat er heel veel goede mensen in De Fellowship zitten die gewoon niet beter weten. Zodra je ontdekt dat er een probleem is in de kerk en je doet er niets mee, werk je in wezen mee aan het in stand houden van het probleem. Als je nalaat actie te ondernemen ten aanzien van dat probleem, is dat niet in lijn met de wil van God en geef je de duivel vrij baan. Je stelt valse predikers in staat om de kudde van Jezus te infecteren met valse leer, mensen te misbruiken voor hun persoonlijke gewin en te doen wat ze willen zonder daarvoor verantwoordelijk te worden gehouden.

De Bijbel vraag ons nooit om te zwijgen tegen valse predikers. Noch vraagt de Bijbel ons voor hen te bidden. In plaats daarvan vermaant de Bijbel ons hen stevig terecht te wijzen (Titus 1:13), hen de mond te snoeren (Titus 1:11), hen te ontmaskeren (Efeze 5:11, 3 Johannes 1:10), hen niet in onze huizen te ontvangen (2 Johannes 1:10), hen te verwerpen (Titus 3:10), hen over te geven aan de satan (1 Timotheüs 1:20) en ons van hen af te keren (Romeinen 16:17; 1 Timotheüs 6:5).

Dit boek doet een poging om recht te doen aan een aantal van deze vermaningen: de waarheid over deze sekte en wat in het duister heeft plaatsgevonden aan het licht te brengen.

HOOFDSTUK 1
DIT IS ERGER DAN WAT
MENSEN OVER ONS ZEGGEN
DENNIS

Victory Chapel, Colorado Springs, Colorado
Potter's House, Sierra Vista, Arizona
De Deur, Zwolle, Nederland

"Hun keel is een open graf, met hun tong plegen zij bedrog,
Addergif is onder hun lippen.
Hun mond is vol vervloeking en bitterheid,
hun voeten zijn snel om bloed te vergieten.
Vernieling en ellende is op hun wegen,
en de weg van de vrede hebben zij niet gekend.
De vreze Gods staat hun niet voor ogen."
—Romeinen 3:13-18

Ik ben geboren in een Christelijk gezin. Het grootste deel van mijn familie heeft wortels in de Ozarks, maar een periode van droogte en stofstormen, de Dust Bowl era, heeft velen over het hele land verspreid. We verhuisden vaak en sloten ons dan meestal aan bij familieleden in de omgeving. Mijn grootvader, drie van zijn broers en mijn vader waren allemaal Pinkstervoorgangers. Familieleden aan mijn moeders kant waren hoofdzakelijk Baptisten, maar mijn verdere familie omvatte ook Nazareners en Presbyterianen.

Toen ik klein was, lazen we elke avond drie hoofdstukken uit het Oude en twee uit het Nieuwe Testament, waarbij we rond de tafel om de beurt een vers lazen. Mijn jongere broertjes moesten eerst gewoon aan tafel zitten en luisteren, totdat ze leerden lezen en ook beurten kregen om te lezen, terwijl ik een soort van geduld leerde hebben. We lazen alleen uit de King James Version en gingen in een jaar door de hele Bijbel. In ons huis werden leerstellingen vaak besproken.

Ik leerde Bijbelteksten uit mijn hoofd en won wedstrijden over Bijbel-kennis. Ik was anders en dat gold ook voor mijn geheugen. Ik kon opletten op school en goede cijfers halen. Meestal verveelde ik me. Behalve in de Ozarks woonden we in Arizona en aan de Westkust op verschillende momenten in mijn jeugd. De Sonora Woestijn, het stroomgebied van de Klamath, de Willamette-vallei, Noordoost Oregon en oostelijk Washington hebben een heel verschillende geolo-gie, klimaat, flora en fauna. Ik was altijd de nieuwe jongen omdat we elke twee of drie jaar verhuisden.

Alle vijf zijn we geboren in een andere staat. Ik ging de hele drie jaar naar dezelfde junior high school (onderbouw van de middelbare school)—dat was een record. Verschillende scholen, verschillende accenten, verschillende curricula, altijd een openbare school op basis van mijn adres. Ook verschillende kerken. Toen we dichtbij mijn opa woonden, gingen we meestal naar zijn kerk, maar we gingen ook wel naar kerken van de Assembly of God, totdat we in Klamath Falls naar Open Bible gingen. We verhuisden naar Eugene in Oregon, waar Open Bible een Bijbelschool had.

Toen ik ouder werd, werd ik sceptisch over de Bijbel en ik raakte meer geïnteresseerd in wetenschap. Maar toen ik bij biologie in de brugklas leerde dat niemand ooit spontane generatie van leven had gezien, verloor ik ook mijn geloof in de wetenschap.

Ik ontdekte talen. Mijn juf in groep 3 was Mexicaans en ik raakte gefas-cineerd door het idee om een andere taal te spreken. Helaas was de VS toen geen geweldige plaats om talen te studeren—vooral niet vóór de middelbare school. Dus ik leerde mezelf dat jaar het Griekse en Russische alfabet met tabellen die ik vond in een woordenboek. Er was al wat Grieks voorbij gekomen bij wis- en natuurkunde, dus dat was al enigszins bekend en een heleboel Russisch is gebaseerd op Grieks. Maar het jaar daarna leerde ik modern Grieks en nog een jaar later Latijn.

Hoe ouder ik werd, hoe bozer ik werd op het Christendom. Voor mij had het er alle schijn van dat ik nooit plezier mocht maken vanwege God. Ik wilde gewoon met rust gelaten worden. Later werd ik aangetrokken door Oosterse religies en psychedelica. We bespraken dat onderwerp toen vaak op school en het was allesbehalve saai. Ik was een beetje jong om er echt in betrokken te raken, maar ik vond de ideologie erachter erg aantrekkelijk. Het klinkt misschien een beetje cliché, maar de liedjes van The Beatles speelden er een grote rol bij. Die leken eenvoudig maar tegelijk diepgaand, bruusk en tegelijk diep. Ik begon met high worden nadat ik ervan overtuigd was geraakt dat onze leraar gezondheidskunde niets wist van drugs en gewoon de propaganda napraatte. Door wat ik had geleerd, wilde ik marihuana, speed en LSD uitproberen. Het was het voorjaar van '72. Tegen de zomer wilde ik alleen maar high blijven.

Een jaar later, vroeg in de zomer van 1973, had ik een existentiële openbaring in een park. Ik besefte dat het zoeken naar de zin van het leven vluchtig was, omdat er geen zin was. Alles zou uiteindelijk op- of uitbranden en op lange termijn deed niets ertoe. We waren in de kosmische grap getrapt omdat we zochten naar een zin die niet bestond. Hoewel ik het simpel kan stellen, voelde het nogal diepgaand. Het leven was een zich herhalende cirkel van tijdelijke omstandigheden. Alles was niets. Ik voelde me intens leeg.

Dit betekende dat het leven hopeloos saai was. Bovennatuurlijke krachten waren een welkome afleiding in een uitzichtloze situatie en satanisme was de manier om bovennatuurlijke krachten te verwerven om mensen zo ver te krijgen dat ze me met rust lieten. Ik geloofde niet echt dat de duivel bestond evenmin als God, maar ik was ervan overtuigd dat geloven in iets dingen kon laten gebeuren die ik niet kon verklaren. In de maanden daarop leerde ik dat de duivel bestaat en ik

realiseerde me dat er een God moest zijn om de duivel ervan te weer-
houden al het leven te verwoesten.

Tegen het einde van de zomer van 1973 was ik wederom geboren. Ik
had letterlijk het licht gezien. Als een laserstraal, de straal ging niet
uiteen, maar, in tegenstelling tot laser, was het wit. Elke golf in het
elektromagnetische spectrum van het hele universum was in die ene
straal, er bestond niets anders meer. Ik hoorde een stem en dreef in het
licht, mijn gedachten liepen over van Bijbelteksten die ik in mijn hele
leven had geleerd. Het licht was Jezus. Ik kon niets anders zeggen dan:
"Natuurlijk", en ik voelde een onbegrijpelijke vrede.

Het was alsof ik het boek Jesaja leefde en toekeek hoe Markus zijn
Evangelie schreef, en ik besefte dat niet alles niets is. Ik leerde dat wat
eeuwig is, het iets is in wat verder niets is, en de zin die afwezig is in
de kleurloze veelzijdigheid van voortdurende verandering. Het was
opeens allemaal zo logisch en dat was volledig onverwacht. Ik had hier
nog nooit van gehoord en ik had niet gedacht dat het mogelijk was,
maar het was het antwoord op al mijn vragen. De God waar ik niet in
geloofde, bestond echt. Ironisch genoeg was ik tijdens de hele Jesus
People beweging een doorn geweest in het oog van elke Christen die
het waagde om met mij over God te praten. En nu de beweging op zijn
einde liep, werd ik er een deel van. Even ironisch is het feit dat
ondanks al deze ervaringen ik toch viel voor wat er nog zou komen.

Mijn eerste dienst in een Fellowship-kerk was in Victory Chapel in
Colorado Springs in 1978. Ik was in het leger gegaan in 1977 na twee
jaar op de universiteit en afwassen voor een minimumloon en ik was
gelegerd bij Ft. Carson in een artillerie-eenheid na een jaar militaire
academie voor opleidingen en tussendoor afwachten van orders. In het
begin ging ik naar de Open Bible kerk in de stad, maar ik had
problemen met mijn auto en de kerk was vanaf de basis helemaal aan
de andere kant van de stad. Nadat ik te veel diensten had gemist, ging
ik naar Victory Chapel, omdat die dichtbij het busstation in het stadscentrum stond en de bus ook stopte bij de barakken waar ik woonde.

Ik vond Victory Chapel geweldig, vooral Ron Jones die daar pastor
was. Hij kwam uit Kentucky, tegenover Missouri aan de andere kant

van de Mississippi, dus ik kon het gemakkelijk met hem vinden. De kerk herinnerde me aan de kerken die ik in het verleden had bezocht. Ik had gezien hoe kerken toneelstukken opvoerden met kerst, maar Victory Chapel had een dramateam dat elke zaterdag toepasselijke fantasierijke sketches opvoerde tussen de liedjes door. Ze speelden ook muziek waar ik van hield. Ze hadden echt getalenteerde musici. (Sommigen waren musici op de Luchtvaartacademie in Colorado Springs.)

Maar ik hield het meest van de preken. Ze waren puur en echt, geen vergelijkingen van verschillende leerstellige perspectieven. De pastor stelde de zaken duidelijk—hij trapte niemand opzettelijk op de tenen, maar was er ook niet bang voor. Ze wezen op de gekte die was doorgedrongen in veel kerken sinds de sixties, en die een zorgelijke trend had ingezet. Ze hadden ook momenten waarop iedereen een tijdlang tegelijk uitbrak in bidden in tongen, dat vond ik echt fijn. De Fellowship werd beschreven als een bijna logische voortzetting van de Jesus Movement. Ik waardeerde hun wortels. En alles had een doel. De sketches, preken en muziek maakten allemaal deel uit van een evangelistische strategie. Ze namen initiatief in plaats van af te wachten tot God zou bewegen, wat toen een geweldig idee leek.

In de loop van de tijd werd ik steeds enthousiaster. Ik was echt onder de indruk van de visie. Wayman Mitchell had een visie die hem inspireerde om een kerk te bouwen en vervolgens andere Fellowship-kerken te planten die het Evangelie zouden brengen aan de hele wereld. Ik vatte dit letterlijk op in de zin van een visioen als van Jesaja of Paulus vanwege mijn eigen ervaringen. Ik had ook gehoord over het visioen van David Wilkerson, wat ik ook letterlijk nam. Ik wist dat zoiets mogelijk was. Ik nam zijn referenties aan het visioen nooit op als louter een metafoor. Inmiddels is gebleken dat ik dat wel had moeten doen. Het was nooit in me opgekomen tot lang nadat Wayman zelf dat visioen losliet kort nadat ik er voor het eerst over had gehoord. Ik dacht dat het goed was dat De Fellowship oprechte leiders had, omdat de verschuiving naar centralisering en (Fellowship) orthodoxie maakte dat misbruik op de loer lag. Maar omdat Wayman en zijn discipelen oprecht waren, was het geen probleem.

Vanwege het leger verhuisde ik vaak. In 1980 zat ik op school in Ft. Huachuca in Arizona en ik ging naar De Fellowship-kerk in Sierra Vista. Bill Coolidge was daar de pastor en ik vond zijn standpunt geweldig. Daar sloot ik me aan—ik besloot dat ik een deel van De Fellowship wilde blijven.

De kerk in Sierra Vista leek erg op Victory Chapel in Colorado Springs. Een van de dingen die me altijd stoorde aan Assembly of God-, Open Bible-, of Foursquare- (niet-Fellowship Foursquare) kerken is dat de kerken zo verschillende zijn, ondanks dat ze tot dezelfde denominatie behoren. De hele sfeer kon er opvallend anders zijn, zelfs bij verschillende Assembly of God-kerken in dezelfde stad, zoals ik had meegemaakt in Spokane en Virginia. Vaak had dat te maken met de individuele pastors die er de dienst uitmaakten.

Maar De Fellowship leek hetzelfde ongeacht in welke kerk je was. Sommige kerken waren groter; er werden soms zelfs verschillende talen gesproken. Maar elke kerk die ik bezocht, leek hetzelfde, consistent op een goede manier.

Later in 1980 ging ik terug naar Colorado Springs waar ik werd ingedeeld bij een andere eenheid, terug naar de kerk van Ron Jones. Hij preekte vrij vaak over opwekkingen uit het verleden, hoe vaak een beweging van God uitdoofde na hooguit drie of vier generaties om een dode organisatie achter te laten. Tragisch.

Deze trend was me al opgevallen in de jaren voordat ik in contact kwam met De Fellowship. Historisch gezien, had Jones gelijk. Ik wilde dit niet zien gebeuren met De Fellowship; ik wilde alles doen wat in mijn vermogen lag om dat te voorkomen.

Europa

Maar in 1982 stond ik voor een missie in Europa. Hoewel mijn orders spraken over Duitsland, werd ik ingedeeld bij een eenheid in Nederland. (Het hoofdkwartier van het bataljon zat in Duitsland, maar mijn eenheid was in Nederland). Ironisch genoeg kreeg ik een telefoontje met een aanbod om in de herfst uit het leger te gaan en terug naar school. Ik mocht mijn rang en salaris behouden als ik me zou inschrijven voor de ROTC (Reserve Officers' Training Course) en nog vier jaar als officier terug zou komen. Maar ik was niet van plan in het leger te blijven, en ik mocht Russisch niet als hoofdvak behouden. Ik had een hekel aan mijn baan en probeerde die te veranderen. Het leger kon me ook niet veel schelen, maar ik wilde naar Europa. Tegen die tijd had ik vier jaar Duits, twee jaar Russisch en een jaar modern Grieks, Latijn, Frans en Koine (NT Grieks) gestudeerd en daarnaast linguïstiek. Mijn Defense Language Aptitude Battery (DLAB) score was 148. De hoogst mogelijke score is 164. Ik heb nog nooit iemand ontmoet met een score zo hoog als de mijne. Iemand ging me zelfs "sir" noemen, nadat hij mijn score had gezien. En nu kreeg ik een kans om toe te passen wat ik wist en Nederlands te leren in het veld.

Ik ging naar de Zwolle-kerk, die net een onderdeel was geworden van De Fellowship en één van de slechts twee Fellowship-kerken in Europa was. Een jaar later (1983) organiseerde Zwolle de eerste Europese conferentie, er waren toen vijf kerken in Europa.

Dat was een boeiende tijd. En voor de meeste mensen in de Zwolle-kerk was het de eerste keer dat ze getuige waren van de realiteit van het planten van kerken en van kerken die samenwerken om, in dit geval, Europa te bereiken met het Evangelie. Ik speelde zelfs basgitaar in een band.

Ik maakte heel veel foto's omdat ik voelde dat ik echt iets vastlegde, inclusief veel mensen die later pastors werden in Nederland. Veel van de andere foto's waren doopfoto's. Nederland is in veel opzichten de moeilijkste militaire missie die ik heb gehad. Een werkweek van 55,5 uur was niet genoeg. We waren extreem krap bezet en hadden lange aanvoerroutes (die ik gewoonlijk drie keer per week aflegde). Twee keer per week en om het weekend had ik een dienst van 24 uur. Ik heb een keer 53 uur achter elkaar gewerkt zonder slaap, en mijn langste werkweek was 110 uur, maar 70 uur per week was vrij normaal.

Als gevolg van slaapgebrek is mijn hartritme nooit gestabiliseerd. Ik heb inmiddels een pacemaker. Toch verlengde ik mijn reis en bleef uiteindelijk 4,5 jaar, omdat ik erover dacht het leger te verlaten en in Nederland te blijven en meer tijd in de kerk door te brengen.

Vlak na die eerste Europese conferentie in 1983 ontmoette ik mijn vrouw. We trouwden in de Zwolle-kerk in '85.

In december '86 gingen mijn vrouw en ik naar de Verenigde Staten, terug naar Victory Chapel in Colorado Springs waar ik deel van De Fellowship was geworden. Toen ik had gezegd dat ik me niet geroepen voelde om te pionieren, had Wayman me geadviseerd in het leger te blijven zolang ik in Nederland was. Ik had het alleen aan Rudy van Diermen gevraagd omdat ik me afvroeg hoe moeilijk het zou zijn. Maar hij vroeg het aan Wayman die een antwoord gaf wat een flinke teleurstelling was, maar als Wayman zelf er zo over dacht, wat kon ik daar dan tegen inbrengen? Dus ik nam weer dienst, en we verhuisden naar Colorado, deze keer bij een infanterie-eenheid. Daar werden onze beide dochters geboren voordat we terugkeerden naar Europa, naar Duitsland deze keer in '89.

Dat was de eerste keer in elf jaar dat ik niet in de buurt van een Fellowship-kerk woonde. De komende acht jaar gingen we twee keer per jaar naar de conferentie in Zwolle en probeerden we in de tussentijd naar Duitse (of Belgische) kerken in de buurt te gaan. In tien jaar tijd verhuisden we ook acht keer omdat het leger eenheden in Europa aan het opheffen was, maar ik was van plan in Europa te blijven.

Een half jaar nadat we naar Duitsland waren verhuisd, kregen we een brief van een vriend die zei, "Ik neem aan dat jullie nu wel gehoord hebben over Pastor Jones en De Fellowship." Maar ik hoorde nu voor het eerst dat Jones De Fellowship had verlaten, samen met een aantal andere pastors die ik kende.

Kort daarna hoorde ik dat ik voor een jaar zou worden uitgezonden naar Saoedi Arabië. (Uiteindelijk zou het maar 4,5 maand zijn.) Dus ik zorgde dat mijn vrouw en dochters terugverhuisden naar Zwolle, terwijl ik naar de woestijn zou gaan.

Ik probeerde me de hele tijd een scenario voor te stellen waarin Jones en Mitchell uit elkaar konden gaan zonder dat een van hen het gruwelijk mis had. Uiteindelijk besloot ik dat, totdat ik het tegendeel hoorde, er geen goede reden was om De Fellowship te verlaten.

Nadat mijn eenheid terugkwam uit de Golf had ik het druk met het innemen van uitrusting. Dat was twee jaar lang mijn belangrijkste baan. De VS en Rusland hadden een overeenkomst bereikt en onze eenheid was aangemerkt om vanuit Duitsland terug te keren naar de VS. Ik was verantwoordelijk voor alle eigendommen van elke eenheid waar ik aan toegewezen was, dus ik was degene die moest zorgen dat alles ingeleverd werd en op de juiste plek terechtkwam met de juiste papieren. Hiervoor was ik heel veel uren onderweg en het was heel veel papierwerk. Gelukkig had ik in '83 mijn eerste computer gekocht. Ik bewaarde al mijn data in dBase en schreef programma's om leger-formulieren in te vullen, waarvoor ik die data gebruikte. Hierdoor kon ik 99 inleverdocumenten per dag genereren. De beperking zat in het documentnummeringssysteem, niet in mijn programma's. Uiteindelijk was ik betrokken bij het opheffen van drie eenheden, de eerste twee in Göppingen in Duitsland.

Elke drie weken reed ik van Göppingen naar Zwolle om vier dagen met mijn gezin door te brengen. Daar buiten werkte ik. Zelfs op de Autobahn lukte het me nooit de reis te maken in minder dan zes uur.

Op een dag kwam Mike, een vriend van mij waarmee ik naar de Golfoorlog was geweest, langs tijdens de conferentie. Hij vroeg me hoe ik wist dat het wel goed zat met Mitchell. Ik wees hem erop dat hij zojuist Bill Coolidge en Hank Houghton had horen preken. Ik zei: "En als mensen zoals zij Mitchell volgen, dan weet je dat hij van hetzelfde niveau moet zijn."

Mike ging terug naar de VS toen ik in december '91 naar een douane-eenheid van de militaire politie in Bremerhaven ging. Hij kwam terecht in een Potter's House-kerk aan de Oostkust (nabij Ft. Bragg). Maar hij vatte zijn ervaringen daar als volgt samen: "Mijn pastor is een idioot." Hij vertelde me ook dat ze speciale bidstonden hielden waar ze baden voor een oordeel over mensen die zich tegen de kerk keerden. Daar had ik nog nooit van gehoord, het klonk satanisch.

Later ging hij naar de kerk van Paul Stephens in Texas, maar het kwam hem ter ore dat de FBI die kerk onderzocht en dat hij moest vertrekken omdat hij anders zijn machtiging zou verliezen. Later verhuisde hij naar Oklahoma en kreeg een civiele baan bij de overheid. Ik nam het niet goed op dat hij niet meer naar de Potter's House ging. Ik kon niet geloven wat hij had gezegd over het bidden voor vervloeking, en ik kon niet begrijpen waarom hij de Fellowship had verlaten, totdat hij me later vertelde over de FBI.

Toen Bremerhaven opgeheven werd, twintig maanden nadat we daarheen waren verhuisd, werd ik naar een eenheid in Pirmasens in Duitsland gestuurd, dichtbij de Franse grens, die daarheen was verhuisd vanuit Wiesbaden.

In eerste instantie had ik eigenlijk orders om naar een cavalerie-eenheid in de buurt van Fulda in Duitsland te gaan, maar toen zag het hoofdkwartier dat ze mij kwijt zouden raken en werden mijn orders veranderd en werd ik naar een onderhoudseenheid onder hun commando in Wiesbaden gestuurd. Op dat moment was er veel vraag naar mensen met ervaring met het innemen van eigendommen van eenheden, en ik was net klaar bij mijn derde eenheid. Oorspronkelijk stond er Wiesbaden in mijn orders, maar de eenheid verhuisde en mijn orders werden gewijzigd naar Pirmasens. Terwijl ik daar gelegerd was, werd onze zoon geboren. Mijn eenheid verhuisde (nog een keer) naar Miesau toen we daar waren, maar dat was niet ver dus we bleven in Pirmasens wonen.

Ik verliet Pirmasens toen ik werd ingedeeld in Brussel. Ik kreeg de opdracht in Brussel omdat ik Nederlands sprak en nuttig was geweest bij het vertalen van een briefing. (Die had een heleboel slides, toen nog in Harvard Graphics, lang voor PowerPoint.) Het bleek dat ik bijna naar Koblenz was gestuurd voor dezelfde positie omdat ze daar iemand nodig hadden die Duits sprak. Ons hoofdkwartier had lang gezocht naar iemand als ik en ik kwam toevallig een majoor tegen die op zoek was naar iemand die Nederlands sprak. Hoewel ik het Defense Language Institute niet doorlopen had, had ik de bekwaamheidstest gedaan voor Nederlands, Duits en Russisch. Ik ben blij dat ik dat heb gedaan.

Ik bevond me in een ideale situatie in Brussel, een droombaan die goed bij me paste. Ik dompelde me onder in Frans, want ik kon al Nederlands spreken tegen degenen die Vlaams spraken en Duits tegen hen die Duitstalig waren. Ik was de junior bij twee Amerikanen die gestationeerd waren bij het Belgische militaire hoofdkwartier. Ik kreeg zelfs een civiele baan aangeboden als ik zou blijven, maar ik dacht dat het het beste was om terug te gaan naar de Zwolle-kerk en mijn kinderen daar op te voeden. Ik dacht dat ze een aanhoudende opwekking mee zouden maken, zoals ik die had meegemaakt. Helaas was de opwekking al gesmoord in De Fellowship, maar het zou me nog twintig jaar kosten om daarachter te komen. Eind 1996 keerden we uit Brussel terug naar Zwolle. Op Thanksgiving Day. Eindelijk was ik weer een burger.

Rudy van Diermen was nog steeds de pastor in Zwolle toen we terugkwamen uit Brussel, maar hij vertrok zes maanden later naar Zuid-Afrika (het kan ook zes maanden zijn geweest voordat ik hoorde dat hij wegging en hij vertrok kort daarna.) In elk geval veranderde de kerk nogal abrupt nadat we teruggekomen waren. Hij was degene die me vertelde dat Bill coolidge en Hank Houghton De Fellowship ook hadden verlaten.

Een paar jaar nadat hij naar Zuid-Afrika was gegaan, hoorde ik dat Rudy van Diermen plannen had gehad om De Deur uit De Fellowship te halen. Afschuwelijk, ondenkbaar. Net zoals Jones had gedaan! Het was gewoon niet logisch. Dus ik schaarde me achter iedereen die dat probeerde te voorkomen.

Ik was van plan om tot het einde bij De Fellowship te blijven en ik wilde niet dat Zwolle zich afscheidde, zoals Victory Chapel had gedaan. Achteraf heb ik echter meegedaan aan de coup die Valk en Wayman hadden gepland om de controle over de Nederlandse kerken te grijpen en Van Diermen eruit te schoppen. (Ik heb daar inmiddels mijn excuus voor aangeboden aan Rudy. Mensen koesteren wrok tegen hem om allerlei redenen, maar ik niet, en ik had het mis toen ik me achter Valk, de usurpator, had geschaard.)

Nadat ik me had aangesloten bij De Fellowship besloot ik om hen te steunen met alles wat ik te bieden had. In mijn geval betekende dat in het bijzonder technologische innovatie. Ik had een boel geleerd in het leger wat ik van plan was te gebruiken in mijn post-militaire carrière en ik kon programmeren in meer dan één taal, ik kende verschillende database programma's/servers, en ik bouwde ook websites.

De Deur had een website nodig. Nadat ik een jaar om toestemming had gesmeekt bij Valk, registreerde ik de naam, vond een host en ging aan het werk. Op een gegeven moment maakte ik websites voor veertig kerken van data in Access tabellen en ik uploadde ze naar de server elke keer als er iets veranderde. Ik kon updates doen elke keer als me dat werd gevraagd.

Maar wat nog belangrijker was, was mijn gevoel dat mensen meer over de Bijbel moesten leren. Mijn vader was een prediker bij Open Bible. Een van de dingen die Open Bible deed, was wedstrijden organiseren tussen kerken. Tieners beantwoordden vragen en namen het daarin op tegen andere teams. Het goede antwoord was altijd een citaat uit de King James Bijbel, niet alleen verzen, maar hele stukken tekst. Het moest woord voor woord correct zijn. *De* in plaats van *het* werd fout gerekend. Alles moest exact kloppen.

Ik had het gezien en kende veel van de deelnemers persoonlijk. Ze leerden hele hoofdstukken uit hun hoofd. Ik had in de kerk in Spokane gezeten, voordat ik in het leger ging. Ze hadden daar een sterk, actief team.

Dit leek in niets op het niveau van Bijbelkennis in de Zwolle-kerk, dat was bedroevend. (Vandaag de dag is het nog veel slechter in de kerk in het algemeen, zelfs onder pastors.) Ik heb het met Valk over de wedstrijden van Open Bible gehad, als voorbeeld waarin de kerk zich zou kunnen verbeteren, maar hij zag er geen meerwaarde in.

Aangezien het een van mijn doelen was om mensen meer te leren over de Bijbel en de achtergrond ervan, begon ik met het ondertitelen van educatieve video's en muziekvideo's. (Sommige mensen in Zwolle begrepen de woorden niet eens die ze meezongen.) De nadruk lag voor mij op kennis. Maar veel pastors vroegen om meer video's "ter vermaak". Laat dat eens tot je doordringen.

Veel van mijn motivatie om alle pastors van De Fellowship te helpen, kwam voort uit een knagend schuldgevoel omdat ik me had verzet tegen alles wat Christelijk was toen ik opgroeide in het huis van een prediker. Ik had gevochten met alles wat Christelijk was alsof mijn leven ervan afhing. Maar nadat ik opnieuw geboren was (en als onderdeel van het proces), zag ik hoe erg ik het mis had gehad.

Dus toen ik eenmaal had besloten dat ik De Fellowship zou ondersteunen, was ik vastbesloten om met terugwerkende kracht net zo hard te helpen als ik toen tegen mijn familie had gevochten. Die missie nam ik bloedserieus en het hielp dat ik een workaholic was. Ik was voortdurend bezig manieren te bedenken om de druk op de pastors te verlichten en hen te ondersteunen met informatie en technologie. Velen van hen leken blij om wat variatie te hebben, omdat ze tijd konden vullen met wat ik maakte en niet zelf iets hoefden te verzinnen. Ik was betrokken bij het vertalen van de diensten in het Engels en regelde doorgaans ook vertaling voor de andere vertalers. Standaard vertaalden we ook naar Frans, Duits, Spaans en Portugees, maar we vertaalden vrijwel altijd naar Engels. Daarom was ik geregeld te vinden in het kantoor van de pastor. Ik maakte kopieën van de preeknotities, in het bijzonder de tekstverwijzingen, voor alle vertalers, zodat ze zich konden voorbereiden op de preek.

Op een dag liep ik het kantoor van Valk binnen waar Nomdo Schuitema met een groep pastors die daar rondhing in gesprek was over de verschillen in beloningen. Het trok mijn aandacht. Hij leek te verwachten dat zij, als pastors, een grotere beloning in de hemel zouden ontvangen dan andere Christenen. Ik vond dat een vreemde elitaire houding. Het klonk alsof het iets was dat ze verdiend hadden, dat leek me onbijbels. Ik had die houding nog niet eerder gezien.

Ik had het idee om samen te werken met wat mensen om video's te maken voor de Europese conferentie, net zoals Prescott deed. Ik smeekte Valk een jaar, voordat hij besloot ervoor te gaan, net als met de website.

Ik was nooit pastor geweest, maar ik begreep wat er allemaal bij kwam kijken vanwege de achtergrond van mijn familie. Toch had ik het gevoel dat ik niet met gezag kon spreken tegen iedereen die pastor was. Hoe vertel je iemand hoe hij zijn werk moet doen als je dat werk zelf nooit hebt gedaan? Daarom stond ik erop dat de tekst voor welke film dan ook moest worden geschreven door een pastor. Ik was de verteller en vertaalde wat ik las.

De pastor die deze tekst meestal schreef, Martin Klok, wilde dat er iemand van zijn kerk bij betrokken was. Maar degene die hij erbij betrok, was volkomen onbetrouwbaar. Dit veroorzaakte nogal wat problemen.

In het leger, als je een probleem hebt met iemand, ga je naar diens superieur om het op te lossen. Dat is de juiste procedure.

Dus ik ging naar Martin Klok, zijn pastor, die me zei dat hij het op zou lossen. Alleen dat deed hij niet. Niet dat jaar, niet het volgende jaar, of zelfs het jaar daarna, terwijl hij me dat wel verzekerd had.

Elk jaar kwam ik in een zeer stressvolle situatie terecht en moest ik videoconversies doen die niet nodig hadden hoeven zijn, maar Klok zorgde nooit ergens voor.

Ik zat heel erg tegen een breekpunt aan. Vlak hiervoor had ik een aantal chemokuren ondergaan, waarvan de bijwerkingen nog doorwerkten en de stress van onnodige deadlines hielp niet erg.

En erger nog, ik zag dat Klok, iemand die ik hoog had zitten, tegen me loog. Ogenschijnlijk loog hij vaker en hij had er niet eens een slecht gevoel over. Ik sprak met Valk over Klok. Hij was niet eens geïnteresseerd.

De enige verklaring die ik kon bedenken was dat relativisme de Nederlandse kerken binnengeslopen was, grootschaliger dan in De Fellowship als geheel. Relativisten vinden het moeilijk om goed en kwaad te definiëren omdat er geen absoluten zijn. Valk kon het duidelijk niet schelen wat goed was. Ik bedacht dat als ik hem kon dwingen te focussen op was er echt gaande was, hij zou zien dat ik gelijk had. Maar om de een of andere reden leek hij helemaal niet te willen zien wat er gebeurde. En aangezien Klok alles leek te ontkennen wat ik zei, was hij degene die loog en moest hij daarmee geconfronteerd worden.

Er hing een brief op het mededelingenbord aan de buitenkant van het kantoor van de pastor over wat te doen als je onenigheid had met het leiderschap, net zoals het open deurbeleid van een commandant in het leger. Het was een bekend concept en ik las de brief meer dan eens als ik buiten stond te wachten tot het zingen stopte. Het leek de meest logische stap. Ik had het gedaan in het leger en ik wist dat het een goede manier was om te proberen problemen op te lossen.

Dus ik verzocht om een gesprek met de raad van oudsten, wat in de Potter's House betekende de pastors die aangesteld waren om toe te zien op geschillen in de kerken, in dit geval in Nederland. Paul Leidelmeijer was de eerste die met mij sprak. Ik dacht dat het een goed gesprek was. Ik vertelde hem wat er was gebeurd en hij leek het te begrijpen.

Daarna werd mijn ontmoeting met de raad uitgesteld. Meerdere keren. Uiteindelijk kreeg ik na een heel jaar te horen dat ik de raad kon spreken na een van de discipelschapsbijeenkomsten voor mannen, laat op een maandagavond, als iedereen naar huis wilde.

Ik ging niet naar de discipelschapsavond, maar stond in de gang en keek naar iedereen die daar samenkwam. Heel bewust besloot ik: "Ik wil niet worden zoals zij." Ik wist toen nog niet wat er zou gaan gebeuren, maar ik werd me bewust van een aversie tegen hun egocentrische standpunt.

De ontmoeting was feitelijk een schertsvertoning van een rechtszaak. Klok had mijn lezing van wat er was gebeurd niet echt ontkend, maar zijn standpunt en dat van de raad was dat ik was ingegaan tegen de autoriteit van een pastor (Martin Klok) bij één van zijn beslissingen. Ze keerden de zaak om en nu hadden ze een zaak tegen mij.

Ik raakte totaal gedesoriënteerd, omdat ik dacht dat hij mijn hele aanklacht betwistte, maar dat deed hij niet. Dus ik dacht dat ik het mis had. Ook al had hij herhaaldelijk tegen mij gelogen, hij had niet tegen iedereen gelogen zoals ik dacht. Ik was gegaslight.

Tegen mijn wil was een vriend van mij ook naar de raad gegaan om namens mij te spreken. Dit leek overbodig. Ik kende iedereen in de raad van voor één van hen pastor was geworden. Waarom zou ik iemand nodig hebben om namens mij met de raad te spreken? Bovendien wist ik dat ik de waarheid aan mijn kant had. Maar zelfs Leidelmeijer had het standpunt ingenomen dat ik was ingegaan tegen de autoriteit van de pastor.

Dus tegen mijn wil werd Willem een getuige. Toen we weggingen, vertelde hij me dat het schijn was geweest, een show. Ik dacht niet dat het zo erg was, maar dat bleek het wel te zijn. (Willem verliet De Fellowship voor mij, maar mijn vrouw had hem gevraagd het toen nog niet tegen mij te vertellen. Toen was ik erg ziek en ze wilde niet dat ik me daar ook nog druk over zou maken. Ik refereer aan die tijd als mijn vier jaar in een rolstoel.)

Wat ging er mis? Hoe kon de raad, mensen die ik kende sinds ze gered werden, van de meesten had ik de doopfoto's gemaakt, niet zien wat er overduidelijk niet klopte aan wat er gebeurde?

Ik dacht, *Wayman Mitchell realiseert zich niet wat een bende het is geworden in Nederland.* Het was een grote fout geweest dat er in Nederland niemand was die werkelijk was gediscipeld in een echte Potter's House-kerk als in de VS. In de begindagen was het overbrengen van geest de sleutel geweest, het idee dat het onder de juiste omstandigheden met iemand optrekken je leerde om te denken en doen als hij. Daarom werd iedereen gediscipeld door een discipel van Mitchell totdat we hieraan gingen refereren als derde en vierde generatie. Maar dat gebeurde nooit echt in Nederland omdat er hier nooit een discipel van Mitchell heeft gepionierd.

Rudy van Diermen had zich aangesloten bij De Fellowship en dit model van discipelschap geïmplementeerd, maar zijn contact met de VS was vooral telefonisch. De overdracht van geest had nooit echt wortel geschoten. Zelfs Valk die twee keer per jaar naar de VS ging, had na dertig jaar niet zo veel rechtstreeks contact met Wayman gehad als een lokale discipel in drie jaar. Niemand heeft de rekensom ooit gemaakt. Het is wel ironisch dat Rudy de visie van De Fellowship behield, nadat Wayman die had losgelaten.

Door hun onderwijs over het overdragen van geest op Wayman en zijn discipelen toe te passen, zou de Fellowship logischerwijs dezelfde geest hebben als Wayman zelf. Dat was de verwachting en een van de argumenten die De Fellowship gebruikte om discipelschap af te zetten tegen Bijbelscholen, waarover de wenkbrauwen werden gefronst. Een nogal suggestief thema, Elia en Elisa, was een populaire illustratie in veel preken over dit onderwerp.

Steeds vaker werden thema's over onze grondlegger een veilig onderwerp voor conferentiepreken. We moesten onze trouw zweren aan hem enzovoort. "Waar zouden we zijn zonder onze pastor, Wayman Mitchell?" zei Paul Stephens of Richard Rubi (of waarschijnlijk allebei). Mitchell leek dit soort uitspraken niet te ontmoedigen.

Voordat ik De Fellowship ging bezoeken, had ik een populaire prediker van Assembly of God horen zeggen dat hij het volgende jaar niet meer zou komen als zijn toehoorders niet zouden stoppen met doen alsof hij bijzonder was. Wat een wereld van verschil! Voor dat soort nederigheid was geen plaats in De Fellowship.

In plaats daarvan was er een groeiende tendens van competitie onder bepaalde pastors die probeerden de ander te overtreffen in het prijzen van Wayman voor alles wat ze maar konden bedenken om hem op te hemelen. Het was allemaal nogal exorbitant en het waren ook bijna altijd dezelfden die zo overdreven. Het was allemaal in lijn met het kloon-van-Mitchell fenomeen. (Mensen merkten vaak op dat veel pastors wel klonen leken in hun manier van doen, dit werd opgevat als een compliment.)

In Nederland had niemand op die manier direct discipelschap ondergaan. Er zat een breuk in de keten die tot dan toe niet belangrijk werd gevonden—tenminste zo werd het onderwezen. Maar pragmatisme had aan het langste eind getrokken.

Ik zag de corruptie die ik blootlegde in het Nederlandse leiderschap en ik concludeerde dat Wayman geen idee had van wat een puinhoop het was geworden. Ik dacht, *Als Mitchell erachter komt, gaat hij er een heleboel vervangen.*

Ik had met mezelf afgesproken dat ik nooit meer een interferon-kuur zou doen. De eerste had me mijn schildklier gekost en na de tweede had ik chronische pijn en kon ik niet meer tegen lawaai.

Maar ik kreeg bloedblaren op mijn voet die open waren gegaan, en toen werd mijn achillespees zichtbaar. Hepatitis zou de boosdoener zijn, dus ik besloot nog een kuur te doen. Ik dacht dat ik geen keuze had.

Interferon voelt alsof je voortdurend koorts hebt. De eerste kuur duurde elf maanden, de tweede ook. De derde ronde zou twee en een half jaar gaan duren. Toen ik aan de derde kuur begon, had ik al codeïne geslikt en was ik overgestapt op Tramadol, wat ik al vijf jaar slikte.

Maar nu moest ik morfine, methadon, oxynorm, oxycodon en fentanyl gaan slikken naast de interferon, ribavirin en, de derde keer, Boceprevir—allemaal tegelijk. Tijdens mijn eerste kuren hadden de medicijnen nog het label "alleen voor onderzoeksdoeleinden". De Boceprevir-behandeling begon op de dag dat het werd toegelaten in Nederland. Ik kwam in een rolstoel terecht en was vier jaar bedlegerig. Ik werd aan beide handen geopereerd aan carpaal tunnelsyndroom wat ik had opgelopen door stevig op mijn krukken te steunen als ik door het huis liep.

Het werd nog erger. Mijn been begon weg te rotten. Het stonk twee jaar lang. Uiteindelijk sliep ik zeventien uur per dag.

Als ik wakker was, maakte ik met zorgen over wat er met De Fellowship was gebeurd. Zou het ooit nog hersteld kunnen worden?

Hoewel het twijfelachtig was of ik het zou overleven, was ik me ervan bewust dat God bij me was en dat er mensen voor me baden. Verder leek alles zinloos en verkeerd. God was mijn enige hoop en de enige constante factor in een universum vol variabelen.

Tegelijkertijd was het moeilijk te geloven dat ik er zo slecht aan toe was, terwijl ik toch geloof dat goddelijke genezing echt is. In deze periode kwamen er gedachten in me op. Een ervan kwam uit dit vers:

"Belijd elkaar de overtredingen en bid voor elkaar, opdat u gezond wordt. Een krachtig gebed van een rechtvaardige brengt veel tot stand" (Jakobus 5:16).

Nadat ik had gezien hoe de genezingsdiensten waren afgetakeld in De Deur en dat rechtvaardigheid niet eens een doel was van leiderschap in Nederland, besloot ik dat gebed vragen van het leiderschap waarschijnlijk meer kwaad dan goed zou doen. Mensen werden niet meer zo vaak genezen als in het verleden en deze tekst in Jakobus leek te verklaren hoe dat kwam.

Ik dacht ook, *Ik help ze nooit meer ergens mee.*

Toen ik echt ziek was, kon ik soms niet eens meer goed praten. Soms gooide ik de grammatica door elkaar. Zoals ik eerder zei, heb ik heel veel talen bestudeerd en op basaal niveau is mijn conceptuele grammatica een beetje vermengd geraakt. Ik denk niet in één taal, omdat sommige gedachten uitgedrukt kunnen worden in de ene taal, maar beschreven moeten worden in een andere. Soms was ik zo ver van de wereld dat ik niet eens een hele zin kon uitspreken, vooral als ik hard genoeg moest spreken om te kunnen worden verstaan. De concentratie om te spreken vergde een enorme inspanning.

Op heldere momenten dacht ik veel na over wat er was gebeurd, wat het betekende, en hoe het verder zou gaan als ik er niet meer was. Het grotere plaatje. Ik was niet meer voortdurend betrokken bij projecten om De Fellowship strategisch te helpen. Ik was, bij wijze van spreken, uit de maalstroom.

Maar hoewel ik niet altijd helder kon denken, zag ik toch duidelijk dat De Fellowship fout zat op meerdere lagen dan ik had gedacht. Het waren niet zozeer de leerstellingen, maar bepaalde standpunten die de leerstellingen begonnen te verdraaien. Ik nam hun belachelijke claim op autoriteit niet serieus—ik nam aan dat het allemaal grootspraak was. Ik ben Amerikaan en we overdrijven net zo erg als de Britten de feiten bagatelliseren. En na zo veel jaren in het leger leer je te negeren hoe het klinkt als iemand overdrijft. Wat ze zeggen moet je niet letterlijk opvatten. Maar dit was iets anders: ego, zelfzucht. Egoïsme was de kern van de hele cultuur van De Fellowship.

Rechtvaardigheid is geen leidend principe meer binnen De Fellowship en dat is misschien al langer zo dan ik me bewust ben. Als gevolg daarvan werd onrechtvaardig gedrag gerechtvaardigd. Concessies doen aan de waarheid om hun motivatie te verbergen, tierde net zo welig als de roddelcultuur die ook bloeide. Ik had het nooit zo duidelijk gezien als toen ik wegging, maar veelvuldig verblijven in het ziekenhuis hielp me de dingen in perspectief te zien, zodat ik mijn herinneringen later zou kunnen herzien. Mensen in De Fellowship hebben een unieke checklist om status te bepalen. Dit omvat Fellowship-principes, -standaarden en -voorwaarden, zoals: Heb je een stropdas? of: Wanneer kun je helpen in de oppas? De vragen gaan verder met pastor worden, een kerk planten, het aantal kerken dat is geplant, en hoeveel daarvan waren er internationaal.

Na mijn laatste interferonbehandeling, kreeg ik darmkanker. Het was de ergste pijn die ik ooit had gevoeld. Hiervoor dacht ik dat je bij pijnniveau tien buiten westen raakte, maar opeens ontdekte ik dat ik bij een dagelijks pijnniveau van twaalf niet buiten westen raakte. Drie uur per dag huilde en schreeuwde ik van de pijn. Ik kon me niet inhouden. Later vertrouwden de artsen me toe dat ze niet hadden verwacht dat ik het zou overleven. Deze pijn hield drie maanden aan, totdat ze besloten me te opereren. Na één operatie was de kanker weg. Ik voelde me beter en sterker en voor het eerst in jaren had ik honger.

Ik zag er al snel naar uit om weer naar de Bijbelstudie te gaan. Bijbelstudie was altijd mijn favoriet. Het was het enige moment dat we mochten ingaan op de Bijbel en ik kan daar heel veel over zeggen. Toen Valk de Zwolle-kerk overnam, had ik hem geadviseerd een Bijbelstudie te leiden over Romeinen en Hebreeën. Hij is nooit aan Romeinen begonnen en zijn studie over Hebreeën was een flinke teleurstelling. Het klonk alsof hij het in een boek had gelezen in plaats van zelf te studeren. Ik hield mezelf voor dat hij het nog moest leren.

Ik had gehoord dat Johan Houtman, die de assistent-pastor in Zwolle was geworden, een Bijbelstudie had gegeven die behoorlijk goed was. Iedereen was enthousiast over de serie die hij aan het afronden was en ik keek uit naar het begin van een nieuwe serie, de Bergrede.

Maar de eerste week ging de studie niet echt over de Bergrede. Hij kreeg het voor elkaar om alleen maar over de autoriteit van de pastor te spreken, wat helemaal niets te maken heeft met Mattheüs 5. De tweede week was de studie een voortzetting van de eerste week. Mattheüs 5 kwam niet eens ter sprake. Nadat ik de studie de derde week had uitgezeten, realiseerde ik me opeens, "Dit is erger dan wat er over ons wordt gezegd." Dat kwam aan als een stomp in mijn maag. Ik werd misselijk en ging naar huis vóór de ochtenddienst.

Daarna ging ik niet meer naar de Bijbelstudie.

Ik had een vriend in de Zwolle-kerk, Isaac, die ik al kende sinds '83. Hij was de vierde Engelse vertaler in de Zwolle-kerk (ik was de derde), en hij kwam uit Ghana. We hadden allebei door de jaren heen veel zien veranderen, en zowel hij als ik hadden in de tussentijd ergens anders gewoond en waren weer teruggekomen.

Ik hoorde dat hij erg ziek was en ging hem opzoeken in het ziekenhuis, nadat ik beter was geworden. Aarzelend begon hij mij ervan te overtuigen "hoe diep we gezonken waren". Hij sprak over hoe de Zwolle-kerk was geweest en hoe die was geworden. Er brak iets in mij. Ik kon niets ontkennen van wat hij zei. Hij had gelijk. En nog erger, hij had woorden gegeven aan die gevoelens. Een paar maanden later stierf hij.

Op een dag in 2015 of 2016 stond ik buiten na een preek toen Etienne de Sain, die toen de assistent-pastor in Zwolle was, naar buiten kwam. Eigenlijk had hij best een goede preek gepreekt, maar ik was behoorlijk geagiteerd en zei: "Als jullie ook zouden doen wat jullie preken, zou dat een stuk beter zijn." (Ik bedoelde alle pastors, niet alleen hem.)

Hij antwoordde: "Daar zou je met je pastor over moeten spreken." Waarop ik antwoordde: "Hij is het probleem." Daarop draaide Etienne zich om en liep weg.

In 2016, voor ik de kerk verliet, sprak ik Kevin Foley (die ik al kende toen hij nog haar had) erop aan dat hij Valk de hemel in prees. Hij begon Valk te verdedigen, maar ik dacht onmiddellijk, *Je spreekt geen woord Nederlands en je kent hem niet.* Toe draaide ik me om en liep weg zonder verder nog een woord te zeggen. Hij luisterde toch niet.

In de loop van de tijd heb ik zoveel echtparen zien komen en gaan. Deze gezinnen leken gewillig om God te dienen, maar om de een of andere reden verlieten ze De Fellowship. Ik dacht altijd, *Als je er voor de volle honderd procent voor wilt gaan, is De Fellowship de beste plaats. Al je inspanningen worden ingezet om de wereld te bereiken met het Evangelie.* Maar nog steeds verlieten mensen plotseling de kerk. Sterke, stabiele mensen, niet het type dat bang is om betrokken te raken bij wat God aan het doen is. En ik keek hoe ze vertrokken. Het was verontrustend. Ik vroeg me af was er gebeurde, want het gebeurde te vaak.

Op een gegeven moment preekte Valk een hele preek over het woord *phobos*, waarvoor hij een tekstgedeelte gebruikte waarin dat hele woord niet voorkwam. Hij zei dat dat niet uitmaakte, "omdat mensen werden geholpen" door zijn preek.

Chris Hart (een evangelist die vaak in Zwolle werd uitgenodigd) wilde niet met mij "over de Bijbel spreken" toen ik hem erop wees dat het Grieks in het tekstgedeelte waar hij over had gepreekt een paar echte parels bevatte waarvan hij zich misschien niet bewust was. Mensen die de Bijbel onderwijzen, maar die niet geïnteresseerd zijn wat erin staat? Hoe kan dat?

Mijn vrouw werd mijn soms hoorbare reacties tijdens de preek een beetje beu. Ik stond eens versteld, toen ik mezelf hardop hoorde zeggen: "Ik kan niet geloven dat hij dat echt zei" nadat Valk weer eens een van zijn uitgesproken domme opmerkingen had gemaakt. Veel van zijn preekillustraties kwamen uit *Het Beste*, of, zoals hij het zelf noemde "een bekend Nederlands tijdschrift".

Dit was de leider voor Europa die Wayman had gekozen. Van Diermen had Wayman gewaarschuwd dat Valk huwelijksproblemen had en geen geweldig keuze was, maar die ramp werd niet afgewend.

Joe Campbell preekte een preek tijdens de conferentie waarin hij vertelde over een prediker in De Fellowship die een stripper bezocht als hij de stad uit was. Deze stripper kwam tot bekering en was erg enthousiast toen ze deze pastor (zijn naam werd niet genoemd in de preek) tegenkwam. Hij ontkende dat hij haar kende, maar op zeker moment werd de pastor hier toch over bevraagd. Wayman riep uit: "Lieg niet! De Heilige Geest is hier", waarop de pastor alles bekende, tenminste in deze preek.

Maar door de jaren heen bleek Wayman niet genoeg onderscheidings-vermogen te hebben om te weten dat hij vertrouwde op een leugenaar om zijn preken te vertalen tijdens de conferentie. (Klok vertaalde bijna altijd voor de Amerikaanse pastors.) Hij leek het goed te kunnen vinden met Valk, behalve dat hij nooit leerde om zijn naam goed uit te spreken, dus daar was ook geen onderscheidingsvermogen. Achteraf bezien gebruikte Wayman moreel falen als strategie. Iedereen die besmet was, had hij in zijn macht.

Ik ging niet meer naar de conferenties. Ik werd er meer teleurgesteld dan bemoedigd. Ik hoorde een verhaal met een moraal in plaats van voorbeelden en ik zag mensen die zich gedroegen op een manier die ik niet kon rechtvaardigen.

Toen zag ik op een dag Klok in de Zwolle-kerk. Hij ontheiligde het heiligdom en het leek niemand iets te kunnen schelen. Nadat ik naar hem had geschreeuwd en had gezegd dat hij weg moest gaan, zag ik Valk. Ik noemde hem recht in zijn gezicht een dief, leugenaar, usur-pator en huurling. Wat het nog erger maakte, is dat het allemaal ook nog eens waar is.

Greg (de zoon van Wayman en erfgenaam van het Potter's House) moet me hebben gehoord. Ik had hem daar al gezien en iedereen in het gebouw had me gehoord. Ik weet zeker dat Greg me heeft verstaan, want ik schreeuwde in het Engels.

Daarna ben ik nooit meer teruggegaan. Maar dit is nog niet alles. Op een dag zei mijn vrouw dat mijn dochter met me wilde praten, maar ze wilde niet zeggen waarover. Bij mijn dochter thuis, ontmoette ik een vriend van haar en we spraken over koetjes en kalfjes. Het was vreemd. Mijn dochter zei dat ze me iets moest vertellen, maar ik moest beloven dat "ik er niets aan zou gaan doen."

Toen vertelde ze me over Valk. Hoe slecht ik ook over Valk dacht, ik had nooit vermoed dat hij een misbruiker was. Het verklaarde wel veel. Het bleek dat zij ook een slachtoffer was, een van de dertig waarvan ze het wist. Na wat er met haar gebeurd was, begon ze vragen te stellen aan andere meisjes waar ze mee was opgegroeid in de kerk, voordat ze het aan mijn zoon vertelde. Hij was de eerste, buiten haar echtgenoot, die ze het vertelde.

In eerste instantie wilde ze Valk en de kerk niet in gevaar brengen. Wat als mensen terugvielen en naar de hel gingen als gevolg van haar verhaal? Ze wist van een paar andere slachtoffers, maar ze wist niet hoeveel het er waren. Haar therapeut zei tegen haar dat Valk nooit zou stoppen, dat hij verslaafd was. Ze wist dat hij gestopt moest worden en deed aangifte. Valk heeft een bloedfetisj en filmt graag meisjes die vissen doden. Hij filmde een keer een meisje met een kip en een andere keer was er een jongen met zijn zus. De eerste keer was toen Valk nog in Amersfoort was, dus het is al meer dan dertig jaar gaande. Ik wist hier nog niets van toen ik uitbarstte in de kerk. Mijn dochter is persoonlijk bedankt door vrouwen die niet in de gaten hadden dat ze werden klaargestoomd toen alles naar buiten kwam, maar verder heeft niemand zich gemeld. Het (nu ex-)hoofd van de oorspronkelijke Europese Fellowship conferentiekerk, Wayman's persoonlijke keuze, was een beschamende perverseling en ze zouden gaan proberen hem te rehabiliteren (redirection noemen ze dat).

Omdat Valk eruit werd geschopt, besloot zijn dochter om het huis van mijn dochter te bekladden met graffiti. Daardoor kwam het verhaal in de openbaarheid, omdat de politie en de buurt van mijn dochter plotseling in de gaten kregen wat er aan de hand was. Daarna besloot mijn dochter dat ze het ook aan ons moest vertellen en daardoor kwam het ook bij de politie terecht.

Mijn dochter spande een gerechtelijke procedure aan, maar hij beweerde dat alles wat er gebeurd was wederzijds was. Er was een achterstand van een jaar op soortgelijke zaken, toen kwam corona, en toen werd het nog langer uitgesteld. Geen van de andere vrouwen wilde zich bekend maken en de rechter heeft nooit begrepen hoe de mindset (dat de pastor de ultieme autoriteit heeft) iemand beïnvloedt die opgroeit in een sekte, dus hij werd vrijgesproken. Sindsdien nemen mijn beide dochters lessen in Krav Maga, maar De Fellowship is tegen vechtsporten.

Mijn dochter wordt gekweld door de narcistische manipulaties, de lastercampagne van Valk en zijn smoesjes (het was haar schuld), en zijn donkere, demonische kant. Haar therapeut heeft haar gewaarschuwd dat een narcist een verslaafde is die slachtoffers blijft zoeken. Daarom besloot ze aangifte te doen. Therapie heeft haar en mijn zoon geholpen.

Mijn eigen nachtmerries stopten nadat ik de kerk had verlaten. Ik schreeuwde altijd in mijn slaap, omdat ik me opgesloten voelde en ik de mensen niet buiten kon houden die probeerden in te breken. Mijn vrouw moest me wakker maken om me te laten stoppen. Een paar jaar lang had ik niet eens in de gaten dat het was gestopt, nadat ik de kerk had verlaten. Veel mensen in De Fellowship hebben mentale problemen. Ze worden voortdurend voorgelogen en krijgen te horen dat ze het advies van hun pastor moeten opvolgen. Ik kwam zelfs een video tegen van een pastor in Australië die leert dat "het veel erger is om ongehoorzaam te zijn aan God dan om ongehoorzaam te zijn aan de politie. Veel erger om ongehoorzaam te zijn aan God of je pastor."[1] Hij heeft inmiddels een klacht wegens copyright ingediend via YouTube omdat de video waarin hij dit zegt online staat. Daar waar de Geest niet welkom is, komt duisternis en De Fellowship heeft iets kwaadaardigs over zich wat is uitgegroeid tot een wolk die boven de gemeente hangt, als een waas op een raam of roest op metaal.

Ik sprak met mezelf af dat ik me nergens meer mee zou bemoeien als ze niet zouden proberen Valk terug te brengen. Maar zes maanden later liet Nomdo Valk weer toe in de kerk. Hij werd met tranen begroet en bedolven onder medeleven. Ik had van tevoren mijn volgende stap

---

1. The Potter's House Cult, Facebook, November 21, 2022, https://www.facebook.com/watch/?v=1216284752639535&ref=sharing.

bedacht als ze dat zouden doen. Dus ik stapte naar de krant met mijn verhaal over Valk en vertelde de verslaggever ook over Valk en mijn dochter. Ik sprak zo veel mensen als ik kon die bereid waren om met een journalist te praten. De journalist schreef een uitstekende serie over alles wat er gaande was. Als gevolg daarvan stopte Valk met zijn online counseling site (waar hij nieuwe slachtoffers aan de haak kon slaan). Nomdo ondervroeg Valk en realiseerde zich dat Valk ook tegen hem had gelogen. Valk was de tel kwijtgeraakt van het aantal slachtoffers en kon Nomdo geen consistent aantal geven. Dus Nomdo zette Valk de kerk uit. Maar de eerste reactie van Nomdo was het beschermen van Valk geweest. Dat is de standaard procedure binnen De Fellowship. Niemand maakt zich druk om de slachtoffers. Volgens het narratief zijn er geen slachtoffers, dus slachtoffers zijn altijd leugenaars.

Ik vond online een oude brief die was gepost in een Yahoo-groep van ex-Fellowshipleden waarin stond dat Wayman altijd vrouwen de schuld gaf en dat er maar weinig waren die die stelling betwistten. Yahoo-groepen bestaan al lang niet meer, dus het is duidelijk een probleem met een lange geschiedenis. Pastors krijgen redirection en de zonen van pastors komen onder discipline, zes maanden uitsluiting van alles. Vrouwen vertrekken meestal. Ik weet van minstens één online groep voor ex-Fellowship-vrouwen. Als de Fellowship de Geest van Christus zou hebben, zouden ze slachtoffers helpen het kwaad aan het licht te brengen. Ze zouden heel lang nadenken over bekering, wat een verandering van denken en doen behelst, voordat ze een misbruiker weer toelaten op het podium. Ze zouden de waarheid omarmen, maar in plaats daarvan proberen ze die in de doofpot te stoppen. Dus historisch en stelselmatig geven ze een verkeerd beeld van God. God heeft hen niet gezonden om dit te doen.

"En dit is het oordeel, dat het licht in de wereld gekomen is, en de mensen hebben de duisternis liefgehad, meer dan het licht, want hun werken waren slecht. Want ieder die kwaad doet, haar het licht en komt niet tot het licht, opdat zijn werken niet ontmaskerd worden. Maar wie de waarheid doet, komt tot het licht, opdat van zijn werken openbaar wordt dat zij in God gedaan zijn." (Johannes 3:19-21).

HOOFDSTUK 2
DE ZOON VAN EEN REBEL
JOEL

De Deur, Zwolle, Nederland

Want opstandigheid is een zonde van waarzeggerij, en tegenstreven is
afgoderij en beeldendienst. Omdat u het woord van de HEERE verworpen
hebt, heeft Hij u verworpen, zodat u geen koning meer zult zijn.
—1 Samuel 15:23

Ik groeide op in Zwolle, een kleine stad tussen de rivieren IJssel en Vecht in Nederland. Daar was het gras altijd groen, de koeien altijd vet en het kraanwater was schoon en smaakte niet naar chloor. In elke richting was het minder dan dertig minuten fietsen om buiten de stad te komen en te genieten van het platteland waar de landbouw floreerde dankzij de export van tulpen, mais en aardappels. Voor velen zou het wonen in zo'n vredige stad een droom zijn die werkelijkheid wordt. Ik zou het ook vredig hebben gevonden. Maar voor mij is Zwolle niet langer vredig.

Ik verhuisde naar Zwolle in 1997. Ik was drie jaar oud en had alleen vage herinneringen aan ons leven in Duitsland en België. Mijn vader was staff sergeant (tussen sergeant en sergeant der 1^e klasse) in het leger van de VS en werd vaak verplaatst. Na twintig jaar verliet hij het leger, vroeg een verblijfsvergunning aan omdat hij getrouwd was met een Nederlands staatsburger, en verhuisde naar Zwolle, waar hij bijna vijf jaar had gewoond toen hij gelegerd was in 't Harde. Daar ontmoette hij mijn moeder in dezelfde kerkdenominatie waarvan hij lid was in de VS.

Mijn hele jeugd draaide om de kerk. Ik ging naar de zondagsschool en de kinderkerk. Ik sloot me zelfs aan bij het kinderkoor, ondanks mijn plankenkoorts. Mijn pastor omschreef mij als de kapitein van een zinkend schip, omdat ik weigerde te bewegen op de muziek zoals alle andere kinderen.

Voordat ik naar de middelbare school ging, begon ik aandacht te besteden aan de getuigenissen van de oudere kinderen in mijn kerk. Ik was bang dat ik mijn redding zou verliezen en wilde weten wat de valkuilen waren. Hoe kon ik mijn redding zeker stellen? Ik luisterde naar de verschillende getuigenissen en ontdekte dat de meeste kinderen gingen roken en drinken om erbij te horen—dat was niet toegestaan in de kerk. Zoals het bezitten van een televisie of naar de bioscoop gaan ook niet toegestaan was.

Als je zoiets deed en je werd betrapt, werd je voor zes maanden onder discipline gezet en mocht je in die periode geen taken doen in de kerk. Onze kerk leerde dat we een voorbeeld moesten zijn voor zondaren en andere Christenen door onze levensstijl. Dat betekende dat we stevig standpunt innamen tegen alles wat we afkeurden. Ik was bang dat ik zou gaan roken en drinken om te proberen erbij te horen, en vond dat ik mijn redding het beste zeker kon stellen door er trots op te zijn dat ik anders was.

Op de middelbare school hadden mijn klasgenoten direct in de gaten dat ik anders was. Ik kende geen enkel vloekwoord. Als snel begonnen ze me uit te schelden. Ik raakte betrokken bij een aantal vechtpartijen tot ik door een klasgenoot werd bedreigd met een mes en ik gedwongen de school moest verlaten. Ik ging tijdelijk naar een school voor probleemkinderen, voordat ik eindelijk naar het Greijdanus College mocht, een Christelijke school.

Ik was heel enthousiast om naar deze nieuwe school te gaan. Onze vorige pastor had een meningsverschil met de lokale Gereformeerd Vrijgemaakte kerk en als gevolg daarvan werd niemand van onze kerk geaccepteerd op het Greijdanus. Gezien mijn omstandigheden en het feit dat pastor van Diermen al jaren niet meer onze pastor was, accepteerde deze school me op proef.

Ik liet me van mijn beste kant zien en nam mijn proefperiode bloedserieus. Ik had twee maanden nodig om mezelf te bewijzen en daarna zouden andere kinderen van mijn kerk ook toegelaten worden op deze school. Maar na een paar weken werd ik weer gepest. Ik stompte een klasgenoot op zijn oog en meldde mezelf bij een leraar. Gelukkig had dit geen invloed op hun beslissing om kinderen van onze kerk toe te laten tot hun school.

Ze bleven me pesten en af en toe werd ik in elkaar geslagen. Ik begon mensen, school en het leven te haten. Ik wilde liever dood dan nog een dag te moeten leven. Na opnieuw een zware dag van schelden, grapjes ten koste van mij, en blauwe plekken, ging ik naar huis, naar mijn ouders. Op dat moment ging de gezondheid van mijn vader hard achteruit. Hij was afhankelijk van drie handen vol pillen per dag om ternauwernood in leven te blijven. Hij leed ondragelijk pijn en was de meeste dagen bedlegerig.

Hij wilde met me praten, maar ik was depressief en heel erg boos. Ik had vaak ruzie met mijn zus die ook met me wilde praten, maar ik zei tegen haar dat ze zich er niet mee moest bemoeien. Ik wilde met rust gelaten worden. Om te ontsnappen aan de echte wereld, om mezelf op te sluiten in mijn kamer, in mijn bed te liggen en spelletjes te spelen op mijn laptop. Ik had geen behoefte aan menselijk contact en ik wilde ook niet meer naar de kerk. Ik hoorde er niet bij bij mijn leeftijdsgenoten en ik voelde me vaak het eenzaamst als ik in de kerk was. Mijn moeder vroeg me vaak om mijn vader gezelschap te houden als zij moest werken, wat ik met tegenzin deed. Op andere dagen probeerde ze me zover te krijgen dat ik naar de kerk ging, ook als zij moest werken en ik alleen moest gaan.

In de kerk had ik geleerd dat ik advies moest vragen aan mijn pastor. Ik vroeg een gesprek aan en vertelde hem dat ik worstelde met depressie. Ik vertelde hem ook hoe het thuis ging en over mijn moeizame relatie met mijn vader. Pastor Valk luisterde naar mijn problemen tot ik uitgepraat was en toen begon hij te praten.

"Als je je depressief voelt, moet je gewoon lachen," begon hij. "Als je lacht, komt er een stofje vrij in je hersenen waar je blij van wordt."

Ik vond het een vreemd advies afkomstig van een man van God en ik had verwacht dat hij voor me zou bidden of een demon uit zou drijven, maar ik had respect voor hem en besloot te doen wat hij adviseerde.

"En over je vader," ging hij verder. "Je vader is een rebelse man. Je kunt beter op zoek gaan naar een ander vaderfiguur in de kerk."

Ik had eerder gehoord dat mensen mijn vader een rebel noemden, maar dat had vaak te maken met het feit dat hij moeilijke vragen stelde of de pastor openlijk corrigeerde als hij een fout maakte tijdens een preek. Ik schaamde me vaak als hij de aandacht naar zich toe trok. Iedereen in de kerk wist dat het niet de bedoeling was dat je de pastor ondervroeg of corrigeerde—behalve mijn vader. Als je de pastor corrigeerde, deed je dat privé en niet voordat je had uitgelegd wat je motivatie was om hem te corrigeren. Maar te horen hoe pastor Valk mijn vader een rebel noemde, sloeg alles. Nu schaamde ik me niet meer alleen voor mijn vaders daden; ik schaamde me ook om zijn zoon te zijn.

Lachen werkte niet in de strijd met depressie. En mijn relatie met mijn vader werd gespannen (net als de relatie met mijn zus). Ik probeerde zo veel mogelijk tijd in de kerk door te brengen om mijn vader te ontlopen, maar voelde een voortdurende noodzaak om te bewijzen dat ik niet zo was als hij. Ik had niet dezelfde band met mijn pastor als mijn leeftijdsgenoten, ondanks mijn inspanningen om een band met hem op te bouwen. En ik wist dat het kwam omdat mijn vader een rebel was.

Toen ik mijn eindexamen had gehaald en ging studeren, liep ik stage bij een meubelzaak. Op een dag fietste ik naar huis en ik voelde me erg depressief. Ik wilde niet naar huis, maar ik kon ook nergens anders heen. Naast het fietspad lag een spoorlijn en er kwam een trein aan. In een fractie van een seconde besloot ik mijn fiets op de rails te sturen, maar de trein nam een wissel, waarvan ik niet wist dat die er lag, naar een ander spoor. Als de trein op de rails was gebleven, weet ik niet of ik uit de weg zou zijn gesprongen. Later heb ik nog een paar keer geprobeerd mezelf te verdrinken in de badkuip, maar ik kon het niet volhouden.

Op een woensdagavond ging ik naar de kerk en ik zat waar ik altijd zat. Ik wilde daar niet zijn en weer een kerkdienst alleen uitzitten. Ik haatte het om alleen te zitten. Opeens kwam er een jongen die ik nog niet eerder had gezien naast me zitten. Hij stelde zich voor als Ricardo. Hij vroeg me of ik nieuw was, hoewel ik in deze kerk was opgegroeid en hij zelf duidelijk een bezoeker was. Hij had een zware stem en een luide lach. Hij zag eruit en gedroeg zich alsof hij van mijn leeftijd was, maar hij was tien jaar ouder dan ik. Tegelijkertijd liep en gedroeg hij zich als een zeventigjarige man. Hij was nogal eigenaardig en ik had de energie niet om me met hem bezig te houden, maar ik werd geacht een goede discipel te zijn, dus ik was beleefd. Ik zat de kerkdienst uit en liet me van mijn beste kant zien. Maar ik was van plan te vertrekken zodra de dienst was afgelopen.

Toen de oproep voorbij was en pastor Valk zijn gebed afsloot, stond ik onmiddellijk op om te vertrekken. Maar voordat ik het wist, zat ik vast in nog een gesprek met de nieuwkomer. Ik luisterde beleefd terwijl ik in gedachten wilde vertrekken. Toen begon Ricardo me dingen te vertellen die hij onmogelijk kon weten. Ik begon oplettend te luisteren in de hoop iets te horen wat niet klopte, maar alles wat hij zei was een schot in de roos.

Hoe weet hij dit? dacht ik.

"En nu denk je, 'Hoe weet hij dit?'" eindigde de vreemdeling.

Mijn ogen glinsterden en ik barstte in lachen uit. "Dat is precies wat ik dacht", proestte ik.

Vanaf dat moment werd Ricardo mijn beste vriend. Ik ontdekte hoe goed hij mensen kon lezen, vooral als ze anders waren, zoals ik. Hij had zelf een moeilijke jeugd gehad en hij had geleerd anders naar mensen te kijken dan de meeste mensen gewoonlijk doen. Hij nodigde me uit bij hem thuis. Het was er netjes en schoon, maar dingen stonden niet waar ze hoorden. Hij had twee kledingkasten, maar bewaarde zijn kleren in plaats daarvan in boodschappentassen die op elkaar waren gestapeld. Zijn pannen stonden in het bovenste keukenkastje, hij had heel veel knuffelbeesten en een dekbedovertrek voor kinderen.

Er was iets heel erg anders aan mijn nieuwe vriend. Hij was als kind verwaarloosd en had geen basisvaardigheden geleerd van zijn ouders. Ik hielp hem zijn appartement op te ruimen en leerde hem dingen die een achtentwintigjarige al lang had moeten weten. In ruil daarvoor hielp hij me met mijn sociale angst en depressie.

Hij hield van showbusiness—toneel, zingen en alles waarbij hij in het middelpunt van de belangstelling stond—en was een natuurtalent. Hij haalde me over me aan te sluiten bij het dramateam van de kerk en bij het tienerkoor. Ik had vreselijke plankenkoorts, maar hij hielp me daar overheen.

Na verloop van tijd hield het koor audities voor solisten waarvoor ik me besloot aan te melden. Ik hoopte dat het me zou helpen mijn angst te overwinnen en ik wilde voor één keer in de spotlight staan. Ik wilde dat mijn leeftijdsgenoten me zouden uitnodigen voor hun verjaardagsfeestjes, ik wilde de goedkeuring van pastor Valk en ik wilde dat iedereen zag hoe anders ik was dan mijn vader en dat ik een goede discipel was. Ik wilde erbij horen.

Niemand in de kerk had me ooit horen zingen en hetzelfde handjevol mensen als altijd meldde zich als solist voor het koor. Toen de koorleider mijn aanmelding zag, was hij verbaasd. "Als je gekozen wordt, zing je een solo op de donderdagavond van de internationale Bijbelconferentie", legde hij uit.

Angst greep me aan. Onze kerk hield twee keer per jaar een conferentie die een week duurde. We huurden een enorm gebouw zodat mensen van over de hele wereld konden komen om te luisteren naar zeventien preken van verschillende sprekers. En de donderdagavond was altijd het drukste—dan werden echtparen uitgestuurd om nieuwe kerken te planten in andere steden. Misschien zou de grondlegger van onze kerk, Pastor Wayman Mitchell, wel naar Nederland komen om te preken. Als dat zo was, zou hij me horen zingen. Hoewel ik banger was dan ooit, zette ik toch door. Ik oefende het lied net zo lang tot ik tevreden was dat mijn auditie goed zou gaan.

Op de dag van de audities werd ik naar boven geroepen, naar een oude opslagruimte. Daar zat de koorleider met twee andere mensen. Ze speelden het lied en toen ik mijn gedeelte zong, was de koorleider sprakeloos.

"Waar heb je die stem al die tijd verstopt?" lachte hij. "Je hebt de solo."

Ik was door het dolle heen! Na een aantal koorrepetities begonnen mijn leeftijdsgenoten me eindelijk te zien en ze moedigden me aan. Toen begon de conferentie. Die donderdagavond zong ik "The Power of Christ" (De kracht van Christus) voor twaalf honderd mensen en ik overwon voor eens en altijd mijn sociale angst.

Ricardo had zoveel invloed op mijn leven dat ik nu dingen kon doen waarvan mensen me hadden gezegd dat ik die nooit zou kunnen doen. Ik raakte meer betrokken bij de kerk. Ik schreef sketches en voerde ze uit; ik was een actief koorlid en begon zelfs mijn eigen rockband, Vanguard, waarvoor ik teksten herschreef zodat ze pasten bij onze Christelijke boodschap. En eindelijk had ik vrienden in de kerk.

De kerk werd zo belangrijk in mijn leven dat ik bijna nooit meer thuis was. Ik was in de kerk, op school, aan het werk, bij Ricardo, of thuis om te slapen. Mijn ouders klaagden dat ik haast nooit meer thuis was. Dat snapte ik wel. Maar het was toch wat mijn moeder wilde; zij probeerde me naar de kerk te krijgen, ook als ik geen zin had om te gaan. Mijn vader klaagde het meest; hij zag me bijna niet meer. Ik was er blij om, want ik probeerde hem toch al te ontlopen.

Mijn vader zat nu in een rolstoel. Er was iets mis met zijn benen. Ik begreep het niet en de dokters ook niet. Hij had een open wond aan een van zijn hielen en als hij uit de douche kwam, kon je zijn achillespees zien. In het tapijt in zijn kamer zaten vlekken van het vocht dat uit zijn wonden sijpelde. Hij was een moderne versie van Job.

Het begon allemaal toen de artsen de diagnose hepatitis stelden. Daar kreeg hij medicijnen voor, maar de bijwerkingen veroorzaakten ook weer een ziekte. Op een gegeven moment had hij meer dan tien ziektes, waarvan ik de namen niet eens kon uitspreken en een medicatie-overzicht van drie pagina's. De artsen wisten niet was ze moesten doen, maar ze leken het er over eens dat ze van de hepatitis af moesten, voordat ze de andere ziektes konden aanpakken. In een tijdsbestek van veertien jaar, kreeg hij drie behandelingen, die samen vier jaar duurden, met een experimenteel medicijn. De artsen waarschuwden dat zelfmoord en moord bijwerkingen waren. Ze schreven het medicijn voor in combinatie met antidepressiva en opiaten.

Deze nieuwe medicijnen maakten mijn vader erg onvoorspelbaar. Ik leerde zijn stemming te bepalen door hem memes te laten zien. Als hij lachte, waren we veilig. Als hij niet lachte, moesten we oppassen. Onze buren hielden eens een verjaardagsfeestje en maakten te veel lawaai toen ze gedronken hadden. Mijn vader werd woedend. Zonder waarschuwing stond hij op van tafel en klom bijna over de schutting van de buren, terwijl hij hen bedreigde door met zijn krukken door de lucht te zwaaien.

De eerste keer dat dit gebeurde, wist ik niet wat ik moest doen. In paniek zei ik hem dat hij moest ophouden, terwijl ik de politie belde. Maar ik zwoer dat ik hem fysiek tegen zou houden als het nog een keer zou gebeuren. Twee jaar later gebeurde het weer. En aangezien ik de enige was die fysiek in staat was hem tegen te houden, voelde ik me gedwongen hem tegen de grond te werken en vast te houden tot de politie kwam. Toen de politie met mijn ouders sprak, zat ik op de bank voor me uit te staren. Mijn brein was verdoofd en de herinnering aan wat er was gebeurd veranderde langzaam in een waas. Ik wist dat er iets was voorgevallen, maar ik kon me niet meer herinneren wat. Het beeld was weg en er waren alleen woorden over.

Ik was nog nooit zo boos op mijn vader geweest. Ik haatte hem om wat hij deed. Ik had erop vertrouwd dat hij nooit meer zoiets zou doen, maar hij had mijn vertrouwen beschaamd. *Pastor had gelijk over mijn vader,* dacht ik.

Ik herinner me een zomer waarin ik met mijn hele familie (behalve een van mijn zwagers) naar de Verenigde Staten ging om *grandpa* te bezoeken (mijn opa). Ik was er al twaalf jaar niet meer geweest en ik had mooie herinneringen aan de vorige keer. Ik was er vooral enthousiast over dat we als familie samen gingen; dit was een van de eerste keren dat we meer dan een dag samen doorbrachten aangezien mijn twee zussen al getrouwd waren. *Dit is,* dacht ik, *de perfecte gelegenheid om te proberen de gespannen relatie met mijn oudste zus te herstellen.*

We logeerden al een paar dagen bij *grandpa* toen mijn zus aankwam met een aparte vlucht. De hele familie, inclusief *grandpa* en uncle Gene, ging naar Bentonville airport in Arkansas om haar op te halen. Toen ik haar zag, zei ze out of the blue dat ze niet van plan was nog langer iets van mij te accepteren. Ik had op dat moment niets gedaan om zo'n reactie uit te lokken. En aangezien ik haar geen aanleiding had gegeven om gemeen te zijn en echt had gehoopt onze relatie te herstellen, wilde ik haar een reden geven om dat te zeggen. Maar dat deed ik niet, ten minste niet in eerste instantie. Ik stond de bank aan haar af en ging op een matras op de grond slapen. Ik was aardig tegen haar en deed mijn best een beleefd gesprek met haar te voeren.

Op een dag waren we in gesprek terwijl we naar de Dollar General store wandelden.

"Heb je wel eens een dier gedood?" vroeg ik haar.

"Waarom vraag je dat?" antwoordde ze, terwijl ze me met een bleek gezicht en grote ogen aankeek.

"Gewoon, zomaar," zei ik. "Waarom, heb je dat wel eens gedaan?"

Ik dacht dat ze misschien was gaan jagen tijdens een van haar reizen naar Zuid-Afrika en zich slecht voelde omdat ze een gazelle, wildebeest of ander dier had geschoten.

"Ik wil er niet over praten", antwoordde ze en maakte heel duidelijk dat dit het einde van het gesprek was.

Later die week kregen mijn zus en ik ruzie bij mijn opa thuis. Ze begon tegen me te schreeuwen en ik duwde haar tegen de grond, voordat ik me opsloot in een slaapkamer. Mijn moeder kwam achter me aan en vroeg me haar binnen te laten in de hoop de boel te kalmeren. Maar vlak nadat ik haar had binnengelaten, kwam mijn vader binnen en hij sloeg me.

Dit was de derde keer dat hij door het lint ging en ik kon er niet meer tegen. "Je bent gek", schreeuwde ik. "En nu weet je familie het ook." Toen sloeg hij me nog een keer. Ik werd woedend op hem. Ik stond op, gooide hem op het bed en drukte zijn handen tegen het matras. Uncle Gary ging achter me staan en hield me in een houdgreep. Ik draaide me los en stormde de deur uit.

"Laat hem gaan", zei *grandpa* "Hij komt wel terug."

Ik rende zo hard als ik kon. Ik wist waar ik heen ging en ik was niet van plan terug te gaan. Mijn moeder wist waar ik heen ging en probeerde me bij te houden. We waren allebei buiten adem en uitgeput en ik liet me vangen. Ze smeekte me om samen in een andere richting te lopen dan waar ik nu heen ging.

"Ik kan niet terug," huilde ik. "Het gaat niet beter worden."

Ik wist dat ik iedereen weer onder ogen moest komen om terug te vliegen naar Europa, maar dat kon ik niet, niet na alles wat er was gebeurd. Ik vreesde de onvermijdelijke confrontatie en ik zag geen manier waarop onze familie hiervan zou kunnen herstellen. Er liep een spoorlijn aan het einde van de weg waar *grandpa* woonde waar de treinen altijd met grote snelheid voorbij kwamen. Ik wilde voor een aankomende trein springen en daar zelfmoord plegen.

Terwijl mijn moeder me probeerde te kalmeren, stond mijn zus opeens voor me. Ze rolde haar mouwen op en daagde me uit te vechten. Ik begon weer te rennen; ik hoopte dat ik het deze keer zou halen. Maar ik raakte al snel buiten adem en mijn moeder haalde me weer in. Ze smeekte me mee terug te gaan naar het park. *Grandpa* en uncle Gary vonden ons, dwongen ons in de auto en reden terug naar het huis van *grandpa.*

We hadden de rest van de dag tot laat in de avond nodig om onze onenigheden uit te praten. Ik legde mijn kant van het verhaal uit en mijn zus haar kant. Hoewel we het niet eens waren en deze ruzie nog niet voorbij was, zetten we onze meningsverschillen opzij voor de rest van onze vakantie.

Zodra we thuiskwamen, werd alles weer zoals het was. Ik werd in beslag genomen door kerkactiviteiten en ontliep mijn vader. Sporadisch had ik een counselinggesprek met pastor Valk over de gespannen relatie met mijn zus. Hij adviseerde me om op alle mogelijke manieren mijn excuses te maken, ook als ik het idee had dat ik niets verkeerds had gedaan.

"God ziet je inspanningen", zei hij. "Hij zal je belonen als je jezelf vernedert."

Ik kocht bloemen voor mijn zus en schreef haar brieven waarin ik dingen zei waarvan ik zou moeten huilen als ik ze hardop zou zeggen. En hoewel ik niet tot haar door leek te dringen, werd haar boosheid jegens mij minder.

Op een zondagmorgen ging ik met mijn ouders naar de kerk toen pastor Klok was overgekomen uit Amersfoort om te vertalen voor pastor Greg Mitchell—de zoon van de stichter van onze kerk. Toen mijn vader pastor Klok zag, ging hij door het lint. Dit was de vierde keer en deze keer gebeurde het in de kerk. Ik had me nog nooit zo geschaamd om een zoon van mijn vader te zijn. Hij begon tegen pastor Klok en pastor Valk te schreeuwen en te gillen dat ze leugenaars en dieven waren. Daarna weigerde mijn vader om ooit nog een voet binnen de kerk te zetten.

Enkele maanden later verliet ook mijn moeder de kerk. Ik voelde me vernederd—mijn ouders hadden het begin van de kerk meegemaakt en ik was een kerkkind; dat maakte me trots. Maar nu hadden ze de kerk verlaten en ons gezin viel uit elkaar. Ze gingen praten met voormalige leden en begonnen zich te verdiepen in informatie die niet behoorde tot de door-De-Deur-goedgekeurde bronnen. Ze nodigden een keer mensen uit die ik weigerde te begroeten omdat ze oud-leden waren.

Ik zorgde ervoor dat ze zich rot voelden omdat ze waren vertrokken. Ik had geleerd dat er geen legitieme reden was om de kerk te verlaten, omdat God je specifiek in die kerk heeft geplaatst en omdat Hij daar een bestemming en een plan voor je leven voor je had. Als je de kerk verliet, zou je jezelf buiten de wil van God plaatsen en je zou een rebel zijn. Ik was er al aan gewend dat mijn vader een rebel was, maar mijn moeder? Een rebel? Dat was iets nieuws.

Ik had meer dan ooit strijd met mijn ouders en ontliep hen allebei. Elk moment dat ik niet thuis was, was winst. Op een gegeven moment trok ik voor twee maanden in bij een van mijn beste vriend om mijn ouders te ontlopen. Ik wilde uit huis. Zodra ik uit huis zou zijn, zou ik mijn ouders nooit meer hoeven te zien. Ik zou vrij kunnen zijn.

Een aantal maanden later had mijn oudste zus medische problemen en ze mocht niet rijden vanwege de medicijnen die ze slikte. Maar ze had online een schilderij gezien dat ze graag wilde hebben en ze vroeg me of ik haar kon brengen. Dat wilde ik maar wat graag. Alleen al het feit dat ze het vroeg, betekende dat er nog steeds een kans was dat we onze onderlinge verschillen zouden kunnen bijleggen.

Maar tijdens de rit begon ze me vragen te stellen over onze reis naar de VS, waarvan ik had gehoopt dat we die achter ons konden laten. "Weet je nog dat je me die vraag stelde?"

"Welke vraag" vroeg ik.

"Die vraag of ik ooit een dier had gedood", antwoordde ze.

"Oh wauw", lachte ik. "Die was ik helemaal vergeten."

"Die vraag heeft me de afgelopen drie jaar gekweld", biechtte ze op.

Ik verbleekte en mijn vingers begonnen te tintelen bij haar ernstige toon. Ik had geen idee gehad van de impact van die vraag. Maar ze legde me uit dat ze geloofde dat de Heilige Geest haar drong om mijn vraag van drie jaar geleden te beantwoorden. Ze kon het niet langer voor zichzelf houden.

Ze legde uit dat onze pastor, pastor Valk, haar had gevraagd om vissen te slachten voor een dramavideo die hij aan het opnemen was. Hij wilde die video gebruiken voor een tienerrally. De video zou moeten gaan over een jonge man die wordt verleid door een vrouw en achter haar aan rent als een rund ter slachting, zoals er staat in Spreuken 7. "Hij had clips nodig van iemand die een vis slachtte, een levende vis. Ik vond het vreemd. Maar hij had ook veel voor mij gedaan. Later zei hij dat hij de video kwijt was omdat zijn computer was gecrasht."

Het slachtritueel moest minstens vier keer herhaald worden. Bij elke herhaling werd ze achterdochtiger. Ze begon hem vragen te stellen. "Waarom wilt u elke keer vissen doden?"

Hij beleed dat hij vrouwen met messen opwindend vond. Bepaalde voorwerpen of rituelen, het oprollen van mouwen en het slachten van dieren wonden hem op. Hij vroeg haar of ze af en toe met een mes zou willen poseren en of hij een foto van haar mocht maken.

Pastor Valk vertelde haar dat hij er soms over fantaseerde dat hij zelf werd geslacht en opgegeten. Hij associeerde zijn voornaam, Evert, met everzwijn, en beleed dat hij zich een zwijn voelde.

"Hij heeft me betast", zei ze. "Een andere keer sprak pastor Valk in tranen over zijn seksuele frustraties. Hij dreigde naar prostituees te gaan en zei dat ik hem kon ontmoedigen door hem seksueel te bevredigen."

Ik was verbijsterd. Ik kon mijn oren niet geloven. De man waar ik tegen opkeek en die me had verteld dat mijn vader een slecht persoon was, die me advies had gegeven over mijn zus, was een pervers seksuele misbruiker. Kun je het niet aan de kerkenraad vertellen?" vroeg ik.

"Dat zijn allemaal mannen", antwoordde ze, waarmee ze duidelijk maakte dat ze zoiets vernederends niet aan een man zou gaan vertellen.

"Maar een van hen is je oom. Kun je het dan niet aan hem vertellen?" smeekte ik.

De volgende drie maanden—gedrukt onder het gewicht van het geheim van mijn zus—kon ik amper slapen. De spanning had invloed op mijn gedrag; ik ontliep mijn vriendin en weigerde haar te vertellen waarom behalve "Als iemand je vraagt iets te doen in de kerk, zeg nee." Niet lang daarna verbrak ze de relatie. Elke keer als ik mijn zus sprak, sneed ik het onderwerp voorzichtig aan en drong er bij haar op aan de kerkenraad in de situatie te betrekken. Ik kon niet naar de kerk gaan wetende dat mijn pastor kwaadaardig was. Uiteraard zou de kerkenraad hem uit de bediening zetten. Tot mijn verbazing zei mijn zus dat ze erover na zou denken. En drie maanden later ging ze naar de kerkenraad.

De volgende kerkdienst preekte pastor Valk zijn zondagochtendpreek alsof er niets veranderd was. Na de dienst stond ik buiten met een paar vrienden en ik zag Evert in zijn kantoor met de kerkenraad. De jaloezieën waren omhoog en ik kon alles zien wat er gebeurde. Maar iets voelde niet goed; het zag eruit als een normaal gesprek. Er kwam geen enkele emotie bij kijken. Werd hij uit de bediening gezet of niet? De drie mannen stonden op en verlieten het kantoor. Pastor kwam het kerkgebouw uit en zag dat ik naar hem keek. Toen kwamen zijn emoties boven. Ik heb nog nooit iemand zo kwaad zien kijken. Hij stapte snel in zijn auto en vertrok.

Die zondagavond preekte pastor de Sain. Naast me was de kerktechneut bezig met de livestream op zijn telefoon. Toen ik vroeg wat hij aan het doen was, zei hij dat hij de livestream handmatig zou beëindigen na de oproep. Ik wist meteen wat er zou gaan gebeuren. Na de oproep kwam pastor Etienne de Sain naar voren om af te kondigen dat pastor Valk uit de bediening was gezet vanwege moreel falen. Ik keek naar mijn huisgenoot (die toevallig de zwager van mijn zus was) die inmiddels van de situatie wist, en hij keek opgelucht terug. Na de afkondiging stond ik op en liep naar de uitgang, maar iedereen bleef zitten. Ik keek om me heen en zag dat er mensen huilden. Ik was de afgelopen drie maanden door een hel gegaan. Waarom huilden deze mensen?

Direct na de afkondiging vertelde mijn vriendin dat ze wist dat ik ermee te maken had, waarna ik haar alles vertelde wat er was gebeurd. Daarna kregen we weer een relatie. Een paar kerkdiensten later werd afgekondigd dat Nomdo Schuitema Evert zou vervangen. (Later ontdekte ik dat ze beste vrienden waren.)

Zes maanden gingen voorbij en mijn zus en haar echtgenoot hadden het advies gekregen niet naar de kerk te komen totdat de pastors zeiden dat ze terug konden komen. Intussen was Evert Valk als kerklid teruggekeerd. In zijn eerste kerkdienst terug, reageerde hij op de oproep en gaf openlijk zijn leven aan Jezus. Dit was vooral voor de bühne, omdat hij een voorbeeld moest zijn voor de rest van de gemeente, maar het was apart om mijn pastor het zondaarsgebed te zien bidden—dat gebeurde anders nooit. Na de dienst, ging ik naar hem toe; zijn vrouw en hij hadden een angstige blik en wisten niet goed wat mijn intenties waren, maar ik schudde alleen zijn hand en heette hem welkom terug in de kerk. Ik wilde laten zien dat ik een goede discipel was. Ik wilde hem laten weten dat ik nog steeds niet zo was als mijn vader. Maar na mijn interactie met hem, ging ik naar buiten en huilde. Ik walgde ervan dat ik die man had aangeraakt.

Daarna veranderde er niets. Overal in en om de kerk waren nog steeds foto's van Evert te zien. *Een man die zo pervers is moet zeker negatieve geestelijk invloed op de kerk hebben gehad,* dacht ik. De nieuwe pastor zou de leerstellingen moeten herzien, maar dat gebeurde niet. Ik werd sceptisch. Ik had aangenomen dat Evert een rotte appel aan een vruchtdragende boom was, maar nu vroeg ik me af: Was de appel rot, of de boom?

De ergste pijn waar ik ooit in mijn leven doorheen ben gegaan, was vanwege de kerk. Zoals ik het zag, had ik de hele gemeente gered uit de klauwen van een monster. Ik had iets goeds voor de kerk gedaan, iets wat niemand anders in de kerk ooit zou hoeven doen. Ik voelde me verantwoordelijk voor het welzijn van de kerk. Ik voelde me alsof ik had bijgedragen aan een goede zaak. En daarom geloofde ik dat ik van man tot man met mijn pastor kon spreken zonder angst voor de consequenties van wat ik zei.

Ik sprak de nieuwe pastor maar een paar keer. Sporadisch sprak ik mijn bezorgdheid uit over de inhoud van Everts preken in het algemeen, maar meestal gingen onze gesprekken over wat er gebeurd was met mijn zus.

"Het was een wederzijdse relatie", zei Nomdo tegen mij. "Je zus heeft Evert verleid."

Hoe kon het een wederzijdse relatie zijn als hij autoriteit had over haar? Maar ik zou hem toch bijna geloven omdat hij het zo standvastig zei en omdat hij een hogere positie had dan ik. Later leerde ik dat dit een manipulatietechniek is die gaslighting wordt genoemd en dat die werd gebruikt om mij te laten twijfelen aan mezelf en aan wat ik wist. Geleidelijk verloor ik het vertrouwen in mijn pastor. Misschien was Evert Valk niet de enige slechte pastor in onze fellowship. Misschien waren er meer.

Toen werd Ricardo het doelwit van enkele beschuldigingen die door pastor Schuitema tegen hem werden geuit. (Deze bleken vals te zijn.) Dat was voor mij de druppel.

"Waarom is De Deur een slechte kerk?" vroeg ik aan mijn ouders, zus en zwager—die toen allemaal De Deur al hadden verlaten.

"Laat me zien welke tekstgedeeltes jullie aantijgingen ondersteunen." Ik betwijfelde of ze me enige Bijbels bewijs zouden kunnen laten zien en nam aan dat ze teksten uit de context zouden trekken om hun rebellie te rechtvaardigen. Ik was wanhopig op zoek naar iets dat zou aantonen dat ik gelijk had en dat zij ernaast zaten. Ze schreven drieëndertig pagina's vol met Bijbelteksten en verklaringen. Ze lieten me zien hoe de pastors teksten uit de context hadden getrokken. Alles wat ik geloofde, stortte als een kaartenhuis in elkaar.

Maar ik wilde nog steeds heel graag dat mijn familie het mis had, dus ik besloot mijn pastor om advies te vragen. Ik wilde weten wat het ultieme weerwoord was wat ik zou kunnen geven om hen voor eens en voor altijd het zwijgen op te leggen. Maar voordat ik eraan toekwam om mijn vier vragen te stellen, vroeg pastor de Sain: "Geloof je nog in tienden en leiderschap?"

Geen van mijn vier vragen had hier iets mee te maken en ik dacht: *Als dit het allerbelangrijkste voor hen is, moet ik daar misschien niet meer in geloven.*

De pastor maakte snel een einde aan ons gesprek en liet mijn vragen onbeantwoord.

Ik gaf mijn tienden sporadisch. Ik gaf mijn tienden niet elke maand; meestal betaalde ik de achterstallige tienden elke paar maanden. Na mijn gesprek met pastor de Sain voelde ik me ongemakkelijk en ik vroeg me af of ik die dag mijn tienden zou moeten betalen. Ik besloot het niet te doen.

Ik plande een nieuwe afspraak voor een gesprek met Nomdo Schuitema om hem toestemming te vragen om mijn vriendin een aanzoek te doen. Ik kreeg zijn toestemming en vroeg haar ten huwelijk onder de Eiffeltoren in Parijs op 25 mei 2019. We wilden die zomer trouwen, maar Nomdo Schuitema beantwoordde mijn berichtjes niet als ik hem vroeg om een trouwdatum.

Na een zondagavonddienst riep hij mijn verloofde en mij bij zich voor een gesprek, eerst met mijn verloofde, daarna met mij en dan met ons samen.

Hij vertelde dat hij ons niet zou trouwen, omdat ik niet stabiel was. "Als je met hem trouwt, zul je in de put vallen."

"Maar als we ergens anders trouwen dan?" bood mijn verloofde aan. "Zouden we dan nog steeds hier naar de kerk mogen komen?"

Pastor Schuitema begon te lachen. Mijn verloofde begon te huilen, en hij keerde zich boos naar mij alsof het mijn schuld was. Hij draaide terug en vroeg: "Wat haal je uit mijn preken? Hoe kijk je aan tegen leiderschap?"

Ik zei niets, ik hield me stil. *Als ik niets zeg, is het gesprek sneller voorbij,* dacht ik. Na deze monoloog fietsten we weg van de kerk.

"Hoorde je hoe hij over jou praatte?" huilde mijn verloofde, "alsof je een stuk vuil was."

"Ja", antwoordde ik. "Daar ben ik ondertussen wel aan gewend."

We fietsten een stukje verder. Toen vroeg ze: "Joel wat moeten we nu doen?"

Ik had gewacht tot we ver genoeg van de kerk waren voor ik het haar vertelde. Ik had mijn besluit genomen. We zouden de kerk verlaten.

Ik hield er rekening mee dat ik vrienden zou kwijtraken als we de kerk verlieten en ik nodigde slechts vier vrienden uit voor onze bruiloft. Ik wist zeker dat zij voor altijd mijn vrienden zouden blijven. Maar twee van hen bleven weigeren mijn bruiloft bij te wonen. Ze vertelden me dat ik buiten de wil van God was gegaan en dat ze mijn keuzes afkeurden. Ik was een kerkkind; ik zou beter moeten weten. Ik antwoordde niet op hun berichten en sprak niet meer met hen tot ze drie jaar later allebei de kerk verlieten.

Een week voor de bruiloft werd mijn verloofde gebeld door haar broer. Hij vertelde haar dat het een slecht plan was om met mij te trouwen en hij keurde ons huwelijk af. Zelfs haar zus, die een van onze getuigen zou zijn, vertelde ons dat ze niet achter ons huwelijk stond—we besloten een nicht van mijn verloofde te vragen in haar plaats. We trouwden op een prachtige dag halverwege september, vier maanden nadat we de kerk hadden verlaten. De broer en zus van mijn vrouw trokken allebei hun bezwaren tegen ons huwelijk in, maar ze bleven lid van de kerk.

Mijn beste vriend, Ricardo, verliet de kerk zes maanden na ons. Hij had niet één keer geprotesteerd toen we de kerk verlieten en ik zal voor altijd bevriend met hem blijven. Hij herstelde de vriendschappen met de vrienden waar hij mee optrok voor hij lid werd van de kerk, ging werken op het Greijdanus (de school waar ik heen ging), sloot zich via zijn werk aan bij een christelijk koor en werd actief in het jeugdwerk in een andere kerk.

Mijn zus en ik herstelden onze relatie. Ze vocht zich door haar ervaringen heen en leerde om te gaan met haar trauma. Ze ontdekte dat ze was gemanipuleerd door een narcist die emoties en macht misbruikte om van zijn slachtoffers (minstens dertig waarvan we weten in een bestek van dertig jaar) te krijgen wat hij wilde.

Toen ze met therapie begon, had ze nog niemand over haar ervaringen verteld behalve haar man en mij. Ze aarzelde om het aan iemand anders te vertellen omdat ze bang was dat Evert uit zijn bediening zou

...len gezet. Hij zei dat het haar schuld zou zijn als de opwekking
...e. Haar therapeut legde haar uit dat het niet op zou houden; Evert
...verslaafd en zou anderen keer op keer pijn blijven doen. Ze wist
...et hoeveel slachtoffers hij al had gemaakt.

Later zocht een meisje mijn zus op om haar te bedanken dat ze haar
mond open had gedaan; ze werd al een half jaar lastiggevallen door
Evert en vertelde mijn zus over de lange berichten die hij haar stuurde.
Mijn zus worstelt nog steeds met de lichamelijk integriteitsschending,
narcistische manipulatie, lastercampagne en de demonische kant van
hem die ze ervaren heeft. Ze heeft het in het bijzonder moeilijk met het
feit dat zo'n demonische macht zich zo in het zicht kan verschuilen en
anderen infecteren. Toch heeft ze nu een mooi leven en je zou niet
geloven dat iemand als zij zoiets gruwelijks kan hebben meegemaakt.
Ik bewonder haar kracht en vraag me vaak af hoe ze in staat is zo voorspoedig te zijn na alles wat haar is aangedaan. Ik weet dat het Jezus is
die over haar waakt.

We wonen nog steeds in Zwolle, maar in onze kleine stad komen we
nog regelmatig leden van onze oude kerk tegen. Dat vind ik moeilijk.
Deze mensen hebben me verbannen en geëxcommuniceerd. De ergste
pijn waar ik doorheen ben gegaan, is vanwege die kerk. Ik associeer ze
met de kerk en ik associeer de kerk met pijn. Daarom is wonen in
Zwolle, een verder vredig stadje, alles behalve vredig voor mij. Het is
vooral moeilijk als ik de pastors zie. Ze gebruikten altijd vreselijke
preekillustraties van voormalige leden die de kerk hadden verlaten en
die in rampzalige situaties terecht kwamen. Mij werd geleerd dat dat
zou gebeuren als ik de kerk verliet, omdat het Gods wil voor mijn
leven was daar te blijven. Maar mijn eigen ervaring staat daar haaks
op. Ik ben nog steeds een Christen, ik heb een gezond huwelijk en ik
heb de relatie met mijn zus hersteld. Ik heb eindelijk erkend dat ik een
verkeerd beeld had van mijn vader. Hij is een geweldige vader. Ik ben
trots op mijn vader en trots dat ik zijn zoon ben.

Ik ben trots om de zoon van een rebel te zijn.

HOOFDSTUK 3
SUPERDISCIPEL
NATHAN

Potter's House, Londen, Verenigd Koninkrijk

*Want zij binden lasten samen die zwaar zijn en moeilijk om te dragen, en zij
leggen ze op de schouders van de mensen; maar zij willen die zelf met geen
vinger verroeren.*
—Mattheüs 23:4 (HSV)

Het welkom was warm, als het ontmoeten van familie die je lange tijd
niet hebt gezien. Ze halen je binnen met gelach en gezang, lofprijs en
aanbidding. Het was één grote show en mijn achtjarige verstand was
totaal verbijsterd. Wat was dit voor fantastische plek waar we binnen-
gewandeld waren? Het was opwindend, nieuw en levendig en ik had
direct het gevoel dat ik hier thuishoorde. Tot nu toe was ik Katholiek
opgevoed en gingen we naar een Katholieke kerk, een Katholieke mis.
Er werden hymnes gezongen en er werd lof gebracht, maar dat viel in
het niet bij de vreugde die je voelde als je binnenkwam in de Potter's
House. Het waren mijn ouders die me voor het eerst meenamen naar
de kerk; zij hadden wat vrienden die de diensten bijwoonden en die
mijn ouders aanmoedigden en overtuigden om te komen kijken en het

zelf te zien. "Kom eens kijken wat dit voor kerk is. Jullie zullen het geweldig vinden."

Destijds gingen we naar de Katholieke kerk. Tot die ene zondag dat we na het bijwonen van de Katholieke mis in de auto stapten en mijn vader ons naar de Potter's House bracht. De kerk waar wij heengingen, stond in Oost-Londen en stond bekend als de moederkerk, de hoofdkerk in het VK. We wisten toen niet dat we juist daar waren uitgenodigd. Na de mis reden mijn vader en moeder, mijn jongere broertje en ik naar de Potter's House-kerk en terwijl mijn moeder, broertje en ik in de auto bleven zitten, ging mijn vader naar binnen om een kijkje te nemen. Hij zei dat het maar even zou duren, maar het voelde alsof hij minstens een half uur weg bleef. Ik vroeg me af waarom het zo lang duurde.

Hij kwam naar buiten rennen en schreeuwde enthousiast naar ons: "Kom gauw, kom gauw! Dit moeten jullie zien." Ik weet nog hoe verschrikkelijk opgewonden ik toen was. Ik stapte een nieuwe wereld binnen die fascinerend en leuk was. De kerk leek niet op een gewone kerk; het was gewoon een grote hal met een verlicht bord voorin waarop de naam van de kerk stond. Mijn eerste indruk was een vrolijke. We liepen naar binnen en werden begroet door een rij mannen van de ordedienst met een brede glimlacht op hun gezicht die ons de hand schudden en zeiden dat we ons thuis moesten voelen. Overal zag ik mensen glimlachen; iedereen leek zo blij en gastvrij.

"Welkom, welkom." Dat was alles wat iedereen bleef zeggen. Ik voelde dat ik erbij hoorde, de sfeer was warm en vrolijk. De ruimte bruiste van liederen en lofprijs en van mensen die zongen en lachten. Het was magisch. Ik draaide me om en keek naar mijn vader, ik had nog nooit zo'n brede lach gezien. Dat was mijn eerste herinnering aan de Potter's House-kerk en sindsdien het enige wat ik kende. We werden officieel lid.

Het enige wat ik kende, waren mijn nabije familie, moeder, vader, broer en de kerk. Dat was mijn leven. Tot ik de kerk verliet, had ik me nooit gerealiseerd dat er een reden was waarom het zo'n hechte gemeenschap was. Als je eenmaal lid werd van de kerk, werd je aangespoord om in de kerk te blijven en de banden met invloeden van buitenaf door te snijden, inclusief vrienden of familieleden die niet behoorden tot de kerk. Zo ging het nou eenmaal. Er werd heel veel gesproken en gepreekt over "apart gezet zijn" en niet mengen met "wereldse mensen" en "zondaars". Tijd doorbrengen met mensen die geen lid zijn van de kerk: familie, vrienden, collega's, klasgenoten en anderen, werd ontmoedigd. In combinatie daarmee werd er heel veel nadruk gelegd op kerkaanwezigheid en er was altijd wel iets waardoor je zo druk was met kerk gerelateerde activiteiten dat je niet eens tijd had voor iemand buiten de kerk.

Ik werd grootgebracht in die cultuur, dus voor mij was dat de norm. Ik kende mijn familie (neven, nichten, ooms en tantes) nauwelijks. We waren zelden bij familiebijeenkomsten als verjaardagen en bruiloften. Ik speelde nooit echt met andere kinderen en op de middelbare school was ik nogal geïsoleerd. We mochten ook geen televisie hebben. Dit maakte mijn tienerjaren moeilijk en het maakte dat ik me nog eenzamer voelde. Als gevolg daarvan werd de kerk de enige plek waar ik me thuis voelde. Het zou niet eerlijk zijn om te zeggen dat ik me daar rot bij voelde. Dat was niet zo, omdat ik gewoon niet anders gewend was. Wat je niet kent, mis je ook niet. Als ik er nu op terug kijk, ben ik bedroefd over die kleine jongen en boos dat hij zo veel van zijn kindertijd en zo veel andere herinneringen is misgelopen.

Die achtjarige jongen werd al snel een tiener, en zoals bij elke tiener die opgroeit (binnen of buiten de kerk) gierden de hormonen door mijn lijf. Ik voelde me aangetrokken tot meisjes en één meisje in het bijzonder. Ik was met haar opgegroeid; we namen altijd deel aan dezelfde jeugdactiviteiten. Maar op de rijpe leeftijd van zestien jaar besefte ik dat ik haar echt leuk vond. Verlegen probeerden we elkaars blik te vangen, stiekem naar elkaar te kijken, ongemakkelijk te lachen en weg te kijken. Mijn hart bonsde als ik haar zag en ik kwam vaak vroeg naar activiteiten omdat ik haar zo graag wilde zien. We konden niet anders dan elkaar gewoon leuk vinden; al het andere kwam niet eens in ons op, omdat we erg strikt waren opgevoed in de kerk waar heel veel werd gepreekt tegen zonde. Er werd ons verteld dat we naar de hel zouden gaan als we een zondaar waren—het onderwijs was behoorlijk zwaar.

"Je gaat naar de hel als je iets verkeerds doet." Dat is wat we leerden en dat is wat we geloofden. Hoererij of seks voor het huwelijk of enige seksuele activiteit of contact was verboden; als je zondigde, kwam je onder discipline te staan, dat betekende dat je ofwel uit de kerk werd geschopt of dat je onder een disciplinaire straf kwam te staan. Dit joeg ons de angst aan dat we niet konden zondigen; het was gewoon geen optie. We mochten zelfs niet alleen zijn met iemand van het andere geslacht voor het geval we in de verleiding mochten komen; als we vielen voor de verleiding, zouden we zondigen.

Op een dag reed ik met de pastor door de stromende regen toen we een vrouw van de kerk zagen lopen, ze was doornat. We reden haar gewoon voorbij. Hij vertelde me dat we haar niet mee mochten nemen, omdat we niet met een vrouw alleen in onze auto gezien mochten worden. We mochten haar zelfs niet verderop in de straat afzetten en haar laten schuilen voor de regen, want dan zouden we de regels overtreden. Destijds vond ik dat wreed; die arme vrouw was helemaal doorweekt. Wat voor kwaad konden we doen door haar te laten schuilen voor de regen? Maar je betwijfelde niet aan de regels; je volgde ze gewoon op.

Hoewel het volkomen onschuldig was, kwam ik toch een keer in de problemen omdat ik alleen met een meisje in een kamer was. Ik was veel jonger en we waren gewoon aan het kletsen, we waren ons er totaal niet van bewust dat we de regels braken omdat we alleen waren. Ik begreep niet waarom we niet alleen met een vrouw mochten zijn; in mijn jonge brein was dat gewoon niet logisch. Toen ik ouder werd, ging ik uiteindelijke begrijpen waarom.

Dus vanwege deze regels kon ik niet veel tijd doorbrengen met het meisje dat ik leuk vond. Tenzij we het officieel wilden maken, maar aangezien we allebei zestien waren, wisten we dat dat niet ging gebeuren, omdat we te jong waren. We konden niet trouwen en we mochten geen serieuze relatie hebben. We wisten gewoon dat we van elkaar hielden en meer mocht het niet worden, dus we moesten afstand tot elkaar bewaren tot we de leeftijd hadden om het officieel te maken en te trouwen. Mensen om ons heen legden een boel druk op ons. "Je weet wat je moet doen als je van haar houdt. Je moet met haar trouwen."

Jong trouwen was niet alleen de norm; het werd zelfs aangemoedigd. Je werd aangemoedigd om snel een partner te vinden, te trouwen en "iets voor God te gaan doen", zoals pastor worden. Als je dat deed, werd je gezien als een uitstekend voorbeeld, een prijswinnend koppel. Zoals ik al zei, voelde ik toen een boel druk om te gaan trouwen en dat gold ook voor mijn toekomstige vrouw. Maar met de druk om jong te trouwen, komt nog veel meer druk. Je kunt niet zomaar met iemand trouwen; je moet eerst zorgen dat je alles op orde hebt. Je moet een fatsoenlijke baan en een leuk huisje hebben, zodat je vrouw onder de pannen is.

Ik had net eindexamen gedaan en was begonnen aan een studie, maar ik was intensief betrokken bij de kerk. Ik haalde niet veel voldoening uit studeren, dus ik stopte binnen zes maanden. Ik wilde een baan vinden, omdat ik in mijn hoofd had dat ik dat moest doen om te kunnen trouwen. Mijn eerste baan was in de detailhandel en ik was zo trots op mezelf, mijn eerste baan. Als ik er nu op terugkijk, was het een verschrikkelijke baan! Ik werkte slechts een paar uur per dag op de winkelvloer of in het restaurantgedeelte. Ik verdiende er amper mee, beslist niet genoeg om mijn eigen huis te kunnen betalen of een vrouw te onderhouden. Ik besefte al snel dat ik met deze baan niet genoeg verdiende en dat ik op zoek moest naar iets anders. Gelukkig zag mijn moeder in de krant een advertentie voor een leerarbeidsplaats. Dat betekende vier dagen per week werken en één dag naar school, en ik zou tot tweehonderd pond per week verdienen. Dat leek me toen heel veel geld en ik was dolblij. Dit was fantastisch! Eindelijk zou ik iets betaald krijgen dat in de buurt kwam van een fatsoenlijk loon.

Na de eerste maand dat ik had gewerkt en betaald kreeg, maakte ik plannen om uit huis te gaan; ik was pas zeventien of achttien jaar oud. Ik trok in bij twee of drie jongens van de kerk. Dit was een andere opzet die ook erg werd aangemoedigd door de kerk. Ze noemden het jongens- en meisjeshuizen, maar feitelijk waren het gewoon huizen waar mensen van de kerk samen woonden, zoals wanneer je een appartement deelt, maar dan met andere goddelijke mensen. Dit werd gezien als de juiste weg om te bewandelen en een stap in de goede richting voor een jonge man in de kerk.

Mijn relatie met mijn toekomstige vrouw bloeide op. Ik had mijn eigen woonruimte en een baan, en in de ogen van de kerk was ik nu een man. Een huwelijk begon tot de mogelijkheden te behoren, ik kon mijn vrouw en een potentieel gezin onderhouden. We begonnen te daten en toen ik negentien jaar was, vroeg ik haar ten huwelijk. We trouwden toen we twintig waren. Ik voelde me toen een man. Ik deed wat mannen deden en had het gevoel dat ik op de goede weg was. Als ik er nu op terugkijk en erover spreek met vrienden, realiseer ik me dat ik veel te jong was om te trouwen. Ik was zelf nog een kind. Ik dacht dat ik een man was, omdat mensen tegen me zeiden dat ik een man was, ik had een baan en woonruimte. Ik was getrouwd, dus ik was een man. Het voelde alsof ik de juiste sporten van de ladder tot succes binnen de kerk beklom. De kerk prees me voor de keuzes die ik maakte en ze zagen me als een succes.

Ik volgde het pad dat voor me was uitgestippeld en was er bijzonder gelukkig mee. Ik was een superdiscipel in de ogen van de kerk, het schaap dat de herder volgde; de kerk had me goed gedisciplineerd. Ik was intensief betrokken bij het kerkkoor en muziek en werd al snel gevraagd om het koffiehuis te leiden. Ik stond bekend als getalenteerd, een man met talenten. Muziek is het speerpunt van de kerk; we schreven veel liedjes en traden vaak op. Deze muziekscene hielp om mensen te lokken, we hielden ervan. Ik kon uitreiken en me verbinden aan heel veel jonge mensen van binnen en buiten de kerk. Ik was geliefd en werd beschouwd als iemand met enorm veel invloed. Ze zeiden dingen als: "Kijk eens naar deze jonge man. Hij is een man van God. Kijk eens wat hij doet voor God. Als je Gods wil doet, kun je net zo worden als hij."

Ik genoot ervan om als positief voorbeeld te worden beschouwd en ik voelde dat ik positieve invloed had binnen de kerk. Een paar jongens en ik hadden veel invloed onder de jeugd; we werden gezien als mensen die dingen voor elkaar kregen, de movers en shakers. We organiseerden evenementen en concerten en leidden vele evangelisatieprojecten om andere mensen te bereiken en te proberen hen naar de kerk te krijgen. Ik was ook betrokken bij het opzetten van een jeugdband die behoorlijk populair werd en veel invloed had. Ik leidde veel van de jeugddiensten die parallel aan de normale diensten liepen. Ik was de voordienstleider voor de jeugd en ik was megatrots op die titel.

We organiseerden vergaderingen met de gemeenteraad om in de publiciteit te komen en te laten zien dat we echt een verschil maakten. We dachten dat we de maatschappij beter maakten door jonge mensen naar de kerk te krijgen, omdat er dan minder geweldsmisdrijven met messen en pistolen in de gemeenschap zouden zijn.

Ik begon op de leeftijd te komen dat mijn betrokkenheid en invloed verschoven van de jeugdgroepen naar de hoofddienstgroepen en ik werd nu een onderdeel van het muziekteam. Al snel werd ik de leider van deze groepen. De week nadat ik terugkwam van huwelijksreis kreeg ik te horen dat ik voordienstleider kon worden, nu ik getrouwd was. Dat was nogal wat en een enorm privilege. Ik kan onmogelijk onder woorden brengen hoe geweldig ik me hierdoor voelde. Dit was de moederkerk, een enorme kerk waarbij honderden mensen betrokken waren, dus voordienstleider worden, was een enorme kans.

Als ik erop terugkijk, werd ik geprezen, verhoogd en op een voetstuk gezet door de kerkleiders en -leden. Ik glom van trots en voelde me een succes.

Naast zangdienstleider werd ik ook de dirigent van het koor en Bijbelstudieleider. De kerk kent niveaus van privileges waartoe mensen behoren:

- De rand: Deze mensen zijn alleen bezoekers en bevinden zich aan de rand van de kerk. Ze waren niet echt betrokken.
- Regelmatige bezoekers: Ze wonen alle diensten en activiteiten bij en sluiten zich aan bij de verschillende groepen en activiteiten binnen de kerk.
- Leiders. Deze mensen, zoals ik, worden stevig aangespoord en hebben eigenlijk geen keus dan aanwezig te zijn in elke

kerkdienst, bij elk evenement en bij elke activiteit. We waren de
inspiratie, de bemoediging voor andere kerkleden, en als we
onze leiderschapspositie wilden behouden en mensen in de
kerk wilden blijven inspireren, moesten we aanwezig zijn bij
alles.

Dat klinkt zwaar en als ik erop terugkijk was het enorm veel druk die op iemands schouders werd gelegd. Maar toen voelde ik me voorspoedig. De kerk was mijn leven, dus ik gaf mijn eigen leven op voor de kerk. Dat betekende dat ik elke dag van de week naar de bidstond ging, naar vier diensten op zondag en de midweekse dienst op woensdag, Bijbelstudie op vrijdag en evangelisatie op zaterdag. Als leider werd er van je verwacht dat je overal bij was. Hoewel ze het niet met zoveel woorden zeiden, had je gewoon geen keus. Als je niet aanwezig was, kon je berispt worden. Je kon publiekelijk de wind van voren krijgen, vernederd worden, er kon tegen je geschreeuwd worden en je kon bespot worden. Soms deden ze alsof het voor de grap was, maar jij en alle anderen wisten wat de intentie erachter was.

Op een keer zong een man een lied tijdens een doopdienst toen zijn microfoon ermee ophield (het bleek dat de batterij leeg was). Ik stond naast het mengpaneel net als de pastor. Hij begon te mopperen op de geluidsman. (Ik denk dat hij dacht dat de geluidsman iets verkeerd deed.) Maar ik zei: "Oh, het is de microfoon maar. Hij doet het niet meer."

Hij schreeuwde terug: "Nou waarom doet de microfoon het niet meer? Los het op!" Ik was geschrokken en geschokt net als anderen die erbij stonden. Bovendien was het niet mijn fout en ik kon het ook niet oplossen. Maar dit was onderdeel van de cultuur. Als de pastor spreekt, luister je; als hij iets gedaan wil hebben, zorg je gewoon dat het gebeurt.

Een andere keer hadden we een teamvergadering voor de muziekbediening toen de pastor binnenkwam en de vergadering overnam. Hij begon indirect tegen me te snauwen. Hij sprak over hoe we "geestelijk en niet vleselijk" zouden moeten zijn bij deze beslissingen. Hij diste bepaalde liedjes die we zongen. Het was allemaal erg persoonlijk, want iedereen in de ruimte wist dat ik als enige verantwoordelijk was voor de keuze van de liedjes. Na de vergadering kwamen er zelfs mensen naar me toe om te vragen om het goed met me ging.

Berispingen kunnen zo ver gaan dat ze uitlopen op discipline waardoor je positie je wordt afgenomen en je een poosje helemaal niets mag doen. Dit kon gebeuren als je de regels niet strikt naleefde. Ik beleed eens aan de pastor dat ik naar porno had gekeken toen ik jonger was. Ik werd onderworpen aan een slopend een-op-een gesprek met hem waarin ik specifieke informatie over wat er precies was gebeurd, waar, wanneer, hoe vaak, enz. moest prijsgeven. Toen het gesprek eindelijk over was, kreeg ik te horen dat ik mijn bediening voor drie maanden moest neerleggen. Uiteraard viel het mensen op dat ik niet meer op het podium stond te zingen of actief ergens aan mee deed en ze vroegen me waarom. Dus ik moest hen uitleggen dat ik onder discipline stond.

Voor anderen kon de discipline erger uitpakken (bijvoorbeeld uit de kerk gezet worden). Als ik er nu op terugkijk, is het me duidelijk dat het allemaal tactieken waren om mensen bang te maken om zo de controle te behouden. Ik voelde beslist angst om verkeerde beslissingen te nemen, omdat ik daarvoor openlijk te schande kon worden gemaakt of gedegradeerd. Alles draaide om reputatie en er werd een heleboel druk op je gelegd om een smetteloze reputatie te hebben. Niemand vindt het fijn om de les te worden gelezen of publiekelijk te schande te worden gemaakt, dus het werkte om je te dwingen de perfecte goddelijke man te zijn. Ik deed er mijn uiterste best voor. Ik wilde een lichtend voorbeeld zijn. Ik had mezelf tot doel gesteld een man te zijn waar iedereen tegen opkeek en die iedereen inspireerde ook zo te worden.

Ik maakte deel uit van de Purple Circle. Dat betekende dat ik zeer nauw betrokken was bij iedereen met een hoge positie binnen de kerk. Ik was betrokken bij kerkleiderschap en had een nauwe band met de pastor. Mijn vrouw en ik waren de eersten buiten zijn familie die ooit bij hem thuis werden uitgenodigd om kerst te vieren. Hierdoor voelden we ons ongelofelijk bijzonder.

"Wauw, we gaan naar pastor Brown met Kerstmis!" We stapten door de paarlen poorten. Niemand had ooit dit privilege gekregen, en kijk ons nou eens!

Een van de vrienden van de pastor zei tegen ons: "Nou, jullie moeten wel iets heel erg goed hebben gedaan, want hij vindt jullie echt leuk als hij jullie bij hem thuis uitnodigt voor Kerstmis."

We voelden ons verheven, speciaal, goed ingeburgerd en geliefd. We hadden een hoogtepunt bereikt en alles bleef maar goed gaan voor ons. Als snel werd ik zelf een pastor. Net zoals toen ik trouwde, voelde ik een enorme druk om pastor te worden. Dit was gebruikelijk en de volgende stap die ik moest zetten binnen de kerk. Ik wilde het de leiders naar de zin maken, dus ik bleef de ladder beklimmen en werd uiteindelijk pastor. Wilde ik dat? Ik denk dat ik het toen wel wilde, omdat ik genoot van hoe ingeburgerd en geliefd ik was binnen de kerk. Maar ik voelde ook de druk om succesvol te zijn en de juiste dingen te doen, tenminste wat de kerk me leerde dat het juiste was. De kerk zegt altijd dat het gebruikelijk is binnen de kerk om erop uit te gaan en te preken over de wil van God. Het ultieme doel was pastor worden en zelfs veel van de echtgenotes spoorden hun echtgenoten aan dit te doen.

"Voel je geen roeping om te preken?" Mijn toenmalige vrouw vroeg me dit zelfs al voor we getrouwd waren. Ik denk dat ik toen de roeping wel voelde, omdat ik wilde doen wat ik leuk vond in de kerk: alle muziek, koor en evenementen. Ik vond het allemaal fantastisch. Ik vond het geweldig om een leider te zijn, dus ik voelde me zeker geroepen om dit te doen. Toen voelde ik een roeping om pastor te worden, want dat was immers de volgende stap. Ik kreeg ruzie met mezelf en mijn vrouw, omdat ze me aansprak op het feit dat ik haar aan het begin van ons huwelijk had verteld dat ik de roeping voelde om te preken. Dus ik werd niet alleen onder druk gezet door de kerk en de pastor, maar ook door mijn vrouw. Theoretisch had ik een keuze, maar was dat wel echt zo? Als ik succesvol, geliefd en invloedrijk wilde blijven binnen de kerk, moest ik de volgende stap zetten of ik er nou klaar voor was of niet. Zo ging het nou eenmaal.

Ik werd uitgestuurd naar het zuiden van het VK om de pastor te worden van een kleine kerk daar. Het was de bedoeling dat ik alles wat ik had geleerd in de moederkerk zou kopiëren naar deze nieuwe kerk en dat ik het de mensen in deze gemeente zou leren. We organiseerden heel veel evenementen en evangelisatieprojecten om mensen te lokken om zich aan te sluiten bij deze nieuwe kerk. Het doel was te bouwen en te groeien en mensen binnen te halen. Toen ik de kerk overnam, waren er slechts tien mensen. Veel van de kerken van de Potter's House zijn klein, maar daar was ik toen nog niet aan gewend omdat ik uit de grootste tak kwam. Ik kende alleen het enorme aantal mensen dat mijn thuiskerk bezocht; een kleine kerk en gemeente waren nieuw voor me. In deze kerk legde ik een relatie met twee plaatselijke universiteiten. De studenten begonnen naar de kerk te komen en ze vonden het fantastisch!

Als je pastor wordt, geeft de moederkerk je geld om te verhuizen en je leven op de rit te krijgen, daarna word je geacht het allemaal zelf draaiende te houden. In mijn geval betekende dat dat ik een baan moest zoeken om mijn gezin te onderhouden; mijn vrouw en mijn twee kinderen. Ik moest ervoor zorgen dat deze nieuwe kerk waarvan ik nu de pastor was, groeide, zich ontwikkelde en succesvol en invloedrijk werd. Ik stond onder hoge druk en kreeg persoonlijk ook nog te maken met een boel stress, dit trok een flinke wissel op mijn huwelijk.

In onze thuisbasis Londen hadden we ons altijd op ons gemak gevoeld en we hadden er vrienden en familie. We waren er allebei opgegroeid en nu waren we afgevoerd naar een ander deel van het VK, kilometers van huis zonder vrienden, familie of andere ondersteuning. Ik werkte fulltime en probeerde ondertussen een succesvolle kerk te bouwen. Het bouwen van die kerk was niet het moeilijkste; op dat gebied was ik behoorlijk doorgewinterd. De kerk begon met slechts tien mensen en toen ik vertrok waren het er meer dan negentig. Dat was niet wat ik moeilijk vond; wat ik moeilijk vond was het bestieren van mijn huwelijk. Mijn vrouw en ik, alleen wij tweeën, waren in een vreemde stad. Ik zag haar meer dan ik haar ooit had gezien en bracht heel veel meer tijd met haar door. In Londen was ik elke avond in de kerk, aanwezig bij verschillende activiteiten, diensten en repetities en ik vervulde mijn verantwoordelijkheden als leider. Nu was ik een pastor in deze nieuwe stad en was dat allemaal weggevallen. Er waren niet zoveel activiteiten en diensten die me weg hielden van huis en van mijn gezin, dus ik bracht veel meer tijd door met mijn vrouw. Helaas ontdekten we dat we elkaar op de zenuwen werkten.

Ons huwelijk begon af te brokkelen. Mijn vrouw had wat mentale problemen waarvan we—en ik zeker—niet wisten, maar die waarschijnlijk waren verergerd na de geboorte van ons tweede kind. Achteraf had ze waarschijnlijk een postnatale depressie, hoewel ik dat toen niet begreep of wist. Een postnatale depressie kan ervoor zorgen dat iemand in een diepe depressie terecht komt. Maar in de Potter's House wordt niet gesproken over problemen met mentale gezondheid en er wordt zeker nooit over gepreekt. Over het onderwerp van mentale gezondheid hield je je stil. Als je leed aan mentale problemen had je ofwel een demon die uitgeworpen moest worden, of je werd geestelijk aangevallen. Zo benaderde de Potter's House die dingen.

Na de geboorte van ons tweede kind was mijn vrouw op zichzelf aangewezen, ver weg van haar familie. Als gevolg van wat de kerk leerde en door gebrek aan de juiste informatie, begreep ik niet wat er met haar aan de hand was. We hadden veel ruzie. Ze werd heel erg achterdochtig jegens de jonge meisjes die naar de kerk kwamen en dacht dat ze achter haar rug over haar praatten en haar uitlachten. Ik probeerde de situatie te de-escaleren door haar uit te leggen dat ze het mis had, maar dat maakte het alleen maar erger omdat ze daardoor dacht dat ik iedereen beschermde behalve haar.

We hadden zoveel meningsverschillen die steeds escaleerden; meningsverschillen begonnen klein en werden steeds groter. Verschillende keren bereikten we een punt dat we allebei naar buiten stormden. Na de zoveelste ruzie stapte ze in de auto en reed weg. Ik had geen idee waar ze naar toe ging tot haar moeder me belde om te zeggen dat ze bij hun voor de deur stond. Ze had twee en een half uur gereden terug naar Londen om weg te zijn van mij en bij de mensen te zijn die ze op dat moment nodig had. Het was een pittige tijd voor ons allebei.

Mijn vrouw belde de pastor van de moederkerk in Londen en vertelde hem dat het haar niet beviel waar we woonden en dat ze het niet leuk vond hoe ik haar behandelde. Ik vroeg haar wat ik kon doen om het haar naar de zin te maken. Ik begreep het gewoon niet tot haar moeder op een dag belde en zei dat ze dacht dat haar dochter een probleem had met haar mentale gezondheid. Ik worstelde ermee om dit te accepteren omdat ik geen signalen had opgevangen die hierop wezen. Ik zag alleen dat mijn vrouw die tot nu toe gezond en normaal was geweest opeens moeilijk deed en ruzie zocht. Maar ik had geen idee van wat er met haar aan de hand was.

Op een ochtend toen ik op het punt stond om naar mijn werk te gaan, vertelde mijn vrouw dat ze met spoed naar het ziekenhuis moest, maar ze aarzelde om te vertellen waarom. Toen ik haar bleef vragen waarom, gaf ze uiteindelijk toe dat ze een berg pillen had ingenomen. Haar gezondheid was zo verslechterd dat ze op het punt was gekomen dat ze een zelfmoordpoging had gedaan. Ik was in shock. Ze vertelde me dat ze alleen naar het ziekenhuis wilde gaan, dus ze reed er zelf heen en ik belde mijn werk om calamiteitenverlof te regelen en bleef thuis bij de kinderen. We hebben nooit meer over dit incident gesproken, omdat ze doodsbang was dat als we het aan de pastor in Londen zouden vertellen, hij deze nieuwe kerk van ons af zou nemen. Dus we spraken er nooit meer over.

Vanwege deze ingewikkelde situatie kreeg ik kortsluiting in mijn hoofd. Ik kon er alleen nog maar aan denken dat ik geacht werd een pastor te zijn en mensen te helpen, en ondertussen probeerde mijn vrouw zelfmoord te plegen. Het landde niet meer in mijn hoofd. Alles ging fout en het werd alleen maar erger tussen ons. Uiteindelijk belde ze de pastor in Londen en vertelde hem dat ze het niet meer aankon. Ze wilde naar huis en het was mijn schuld.

De pastor belde me en zei dat we terug moesten komen naar Londen. Ik had er niets over te zeggen. Toen ik hem vroeg waarom zei hij dat ik aan mijn huwelijk moest werken. Dus we werden teruggetrokken uit de kerk en ik was geen pastor meer.

Dus daar zat ik, terug in Londen en ik had schaamde me verschrikkelijk. Nog niet zolang geleden was ik het wonderkind: succesvol,
getrouwd, invloedrijk, een voorbeeld, en een pastor. Ik deed alles goed
en werd er voortdurend om geprezen. Ik was op een voetstuk gezet en
als ik eerlijk was, genoot ik ervan. Iedereen streefde ernaar om als ik te
zijn, maar nu was ik terug in Londen in plaats van daarbuiten om de
wil van God te doen. In mijn gedachten was ik nu een mislukkeling en
de kerk dacht er waarschijnlijk hetzelfde over.

De Potter's House-kerk stopte de hele situatie in de doofpot; ze wilden
niet dat mensen wisten dat ik huwelijksproblemen had, dus ze deden
alsof alles prima was. Ze vertelden mensen dat we terug waren
gekomen voor redirection, terwijl we, feitelijk, terug waren gekomen
omdat mijn vrouw ongelukkig was, maar ik wist niet hoe ik het moest
oplossen. Ik vroeg de pastor om hulp, richting en leiding, maar het
enige wat hij zei was dat ik met mijn vrouw moest praten. Maar zij
wilde niet met mij praten; elke keer als we in gesprek gingen, kregen
we ruzie. Ik had geen idee wat ik moest doen. Ik kreeg geen hulp van
de mensen die me zouden moeten leiden. Ik kwam op een punt dat ik
me gewoon afsloot. Ik kon niet meer omgaan met de ruzies, dus ik
koos ervoor haar te negeren. Ik negeerde haar telefoontjes en berichtjes
en ging gewoon naar de kerk. Maar hoe kun je een probleem oplossen
als je het negeert? Je moet communiceren om de zaken op te lossen,
maar op dat moment wist ik niet meer wat ik moest doen. Ik wist niet
hoe ik ermee om moest gaan, dus sloot ik alles buiten. Dat was hoe ik
ermee omging.

Toen ik terugkwam in Londen vertelde de pastor me ook dat ik niet
meer betrokken mocht zijn in de bediening: geen Bijbelstudieleraar,
geen zangdienstleider, geen koorlid, geen ordedienst, of enige andere
taak. Dus het kerkleven waar ik zo aan gewend was, werd nu van me
afgenomen. Hij vertelde me dat dit zo was omdat ik aan mijn huwelijk
moest werken. Ik raakte zo gefrustreerd, omdat ik niet wist hoe ik aan
mijn huwelijk moest werken. Ik kreeg geen enkele richting en wist niet
wat ik moest doen. Ik voelde me aan de kant geschoven en in de steek
gelaten om mijn problemen in mijn eentje aan te pakken. Ik kon niet
met de pastor praten, want hij zei alleen maar dat ik met mijn vrouw

moest praten. Als ik met haar sprak, hadden we binnen de kortste keren ruzie. Ik voelde me gevangen en stond met mijn rug tegen de muur. Het voelde alsof ze me opsloten in een doos om mijn problemen uit zicht te houden.

Mijn vrouw was ook niet blij met de kerk, want ze voelde zich hetzelfde als ik: We werden gewoon aan ons lot overgelaten. We kregen geen enkele counseling; we kregen te horen dat we zelf het wiel uit moesten vinden, onze huwelijksproblemen moesten oplossen en dan terugkomen. Maar we wisten niet hoe we dat moesten doen. We voelden ons alleen, geïsoleerd en verlaten door de kerk. We kregen geen hulp en uiteindelijk had mijn vrouw er genoeg van, dus ze besloot dat ze de kerk ging verlaten. Ons huwelijk was op een punt gekomen dat we niet eens meer met elkaar praatten. Ze ging niet meer naar de diensten op zondag en doofde langzaam uit als ze er een keer wel was. De pastor kreeg hier ook lucht van en riep me in zijn kantoor. Ik zat daar met hem en de assistent-pastor en hij zei: "Het lijkt erop dat je vrouw de kerk gaat verlaten, en als zij besluit om te vertrekken, moet jij ook vertrekken."

Ik begreep dat niet; het sloeg helemaal nergens op. Ten eerste was ik opgegroeid in deze kerk, los van mijn vrouw. Als zij besloot om te vertrekken, dacht ik dat ik nog steeds kon blijven. En ten tweede waren wij niet het eerste pastorsechtpaar met huwelijksproblemen dat terug werd geroepen. Ik kende meerdere echtparen zoals wij, met slechte huwelijken. Sommigen waren zelfs gescheiden, maar in hun situaties had één partner de kerk verlaten, terwijl de andere was gebleven. Waarom kon dat wel bij hen en niet bij mij? De kerk zou mijn toevlucht moeten zijn, een plek waar ik me thuis voelde; maar het voelde alsof ik aan de kant werd gezet, uitgesloten. De woorden resoneerden in mijn gedachten: "Als zij gaat, ga jij ook."

Dit leek de manier om om te gaan met de afbraak van ons huwelijk.

Waarschijnlijk kon hij de tekenen aan de wand zien dat ons huwelijk zou eindigen en hij wilde niet dat een dergelijke geruchtmakende zaak zou ontploffen in zijn kerk. Dat zou de brandschone en heilzame reputatie, die de kerk zo hard probeerde hoog te houden, verpesten. Een mislukt huwelijk zou die reputatie bezoedelen. Als ons huwelijk zou stranden buiten de kerk konden ze er echter elk willekeurig etiket op plakken. "Ze zijn de weg kwijtgeraakt." "Ze hebben God uit het oog verloren." "Hun huwelijk is gestrand, omdat ze de kerk en God hebben verlaten." Maar dat kon niet als wij nog steeds een deel van de kerk zouden zijn.

Na dat gesprek voelde ik nu eindelijk ook dat ik niet langer deel uit wilde maken van deze kerk. Ik zat daar en hoorde hoe hij preekte, deze goddelijke man, perfect in alle opzichten, prekend over een perfect leven. Maar ik voelde me alsof hij me eruit had geschopt en achtergelaten in de modder zonder enige zorg en zonder geweten. Ik was gewend om naar elke dienst, elke activiteit en alles wat de kerk deed te gaan, maar nu merkte ik dat ik de kerk steeds eerder verliet en uiteindelijk helemaal niet meer ging. Ik verloor al mijn geloof in de pastor en de kerk. Oudere mensen hadden zich om me heen verzameld, me overtuigd te trouwen door te zeggen dat dat was wat ik moest doen, me geleid in de goede tijden en me vooruit geduwd. Waar waren die mensen nu? Maar waar was de steun nu mijn leven ineen stortte? Waar was mijn leiding?

De kerk verlaten was de moeilijkste keuze die ik ooit heb gemaakt; tot nu toe was ik zo intensief betrokken geweest bij de kerk. De kerk was mijn leven. Uiteraard spreken leiders en leden niet al te best over je als je de Potter's House verlaat. De kerk verlaten had een negatieve bijklank als gevolg van de strikte leer in de kerk. Mensen die voor ons waren vertrokken, stonden te boek als terugvallers, zondaars en rebellen en werden in preken vaak gebruikt als voorbeeld van wat je niet moest doen. In die wetenschap, wilde ik niet vertrekken, maar ik had niet het gevoel dat ik nog kon blijven. Ik had het gevoel dat ik niet langer Christen kon zijn als ik vertrok, dat mijn relatie met God dan voorbij was en dat ik geen geloof had. De Potter's House-kerk verlaten, betekende dat ik mijn geloof achter me liet; er zat niets anders op. Destijds kon ik God en de kerk niet van elkaar scheiden, dus als ik besloot om de kerk te verlaten, betekende dat, in mijn hoofd, dat ik had besloten God te verlaten.

Dat gevoel heb ik nu niet meer, maar toen ging ik er bijna aan onderdoor. Ik had alleen maar vrienden in de kerk; ik kende niemand buiten de kerk en ik had ook geen leven opgebouwd buiten de kerk. Vertrekken betekende dus dat ik al mijn schepen achter me zou verbranden en helemaal opnieuw moest beginnen. Het is bijna niet te bevatten hoe moeilijk het voor mij was om die beslissing te nemen. Als je deel uitmaakt van de Potter's House-kerk draait je hele leven om de kerk. Je wordt gefeliciteerd en krijgt schouderklopjes als je weigert om te gaan met mensen buiten de kerk, of ze nou familie zijn of niet. Vertrekken betekende dat ik moederziel alleen zou zijn. In hun ogen behoort de kerk altijd je eerste prioriteit te zijn; de kerk kwam voor alles, inclusief familie en werk. Dat werd ons geleerd en dat was de cultuur. De pastor die de Potter's House heeft opgericht ging zelfs niet naar de begrafenis van zijn dochter, omdat hij ervoor koos in de kerk te zijn. Zo ging het in de Potter's House; de kerk stond op de allereerste plaats.

Je kunt je voorstellen dat de beslissing om de kerk te verlaten nogal wat angst en stress opleverde. Maar uiteindelijk ben ik vertrokken en ik realiseer me nu dat het de beste beslissing is die ik ooit heb genomen. Nu ik weg ben, voel ik een enorme vrijheid. Ik leef nu buiten de kleine bubbel die de Potter's House-kerk had gecreëerd en waar ze je graag binnen willen houden. Buiten deze bubbel ben ik me bewust van dingen die ik hiervoor nooit heb gezien en ik zie alles nu vanuit een compleet andere invalshoek. Ik zie de dingen nu zoals ze zijn. Ik heb dingen af moeten leren en nieuwe dingen moeten leren. Pas toen ik mensen ging vertellen over mijn ervaringen, realiseerde ik me dat wat ik heb meegemaakt niet goed was. Ontelbare keren heb ik al gehoord dat datgene waar ik bij betrokken was absoluut geen kerk is, hoewel het zich wel als dusdanig presenteert, maar iets anders. Ik ben nu blij dat ik ben vertrokken, maar het heeft lang geduurd om op dat punt te komen. Zo veel mensen hebben ons gewaarschuwd en ons gezegd dat we de Potter's House moesten verlaten. Maar ik wuifde hun zorgen weg; ik vertelde hen dat we natuurlijk een vrije wil hadden. Maar was dat wel zo?

Ik had een leven vol ervaringen in de Potter's House-kerk waar ik was opgegroeid; ik was het wonderkind, de leider en influencer; ik was succesvol en werd zelfs aanbeden; maar ik werd van de ladder getrokken, aan de kant geschoven en de deur uit gezet. Het brak mijn hart en ik verloor mijn geloof. Maar nu ik aan de andere kant sta, zie ik dat dit het beste is wat me had kunnen overkomen.

Ik ben nu wat de Potter's House een zondaar zou noemen. Ik ben gelukkig gescheiden en heb een geweldige relatie met mijn kinderen. Ik ben opnieuw verliefd geworden en heb nu een relatie met iemand van hetzelfde geslacht, ik ben gelukkiger dan ik ooit ben geweest. Liefde is geen zonde, hoewel ze ons deden geloven dat deze vorm van liefde dat wel was. Toen ik nog pastor was voor de Potter's House-kerk bezocht een lesbisch stel de dienst. Toen ik dit aan de pastor in Londen vertelde, zei hij me dat ik over bepaalde verhalen en Bijbelgedeeltes moest preken, waardoor ze nooit meer zouden komen. Ze wilden niet dat mensen die anders waren naar de diensten kwamen. Die pasten niet bij hun brandschone reputatie. Ik weet hoe deze kerk en de pastor te werk gaan. Het was hun bedoeling me te isoleren: De manier waarop ze me de kerk uit hebben gewerkt was tot in de puntjes gearrangeerd. Als je niet voldeed aan de brandschone reputatie die ze op wilden houden, wilden ze je niet in hun kerk. Ze wilden niet iemand in hun kerk met een mislukt huwelijk die van zijn voetstuk was gevallen. Ik paste niet meer in het perfecte plaatje, dus ze losten het probleem op door mij te dwingen te vertrekken.

Dan mag je jezelf wel afvragen wat voor kerk dat is?

HOOFDSTUK 4
EEN WEB VAN LEUGENS
NICK

Potter's House, Byron Bay, Australië

Sta dan vast in de vrijheid waarmee Christus ons vrijgemaakt heeft, en laat u niet weer met een juk van slavernij belasten.
—Galaten 5:1

In 1995 lag ik in bed met een bijl stevig tegen mijn borst geklemd. Mijn handen trilden oncontroleerbaar en ik kneep mijn ogen stijf dicht. Mijn hart klopte zo snel dat ik bang was dat het uit mijn borstkas zou springen en ik worstelde om mijn ademhaling te bedaren. Hoe hard ik ook probeerde mijn angst te kalmeren, het ging niet weg. Ik zei tegen mezelf dat het voorbij was en dat ik veilig was. Er zat niemand achter me aan, er was niemand in mijn huis. Ik was alleen en ik was in orde.

Ik geloofde die woorden niet, omdat ze niet waar waren. Ik verkeerde in groot gevaar. Als ze weer door mijn deur zouden komen, zouden ze me vermoorden. De bijl was mijn zwakke poging mezelf te beschermen omdat dat nodig was, maar laten we de feiten onder ogen zien, als een bende mannen door mijn huis trok met als enige doel met mij af te rekenen, dan zou die bijl niet veel uithalen. Als gevolg van deze diepgewortelde angst deed ik iets wat ik nog nooit eerder had gedaan. Ik sloot mijn ogen en bad: tot God, tot Jezus, tot iedereen die me maar zou horen. Ik had hulp nodig. Ik had amper het woord *God* uitgesproken of mijn hele kamer vulde zich plotseling met het helderste witte licht dat ik ooit had gezien. Er kwam een hand naar beneden die op mijn borst rustte als de aanraking van een moeder die voor haar baby zorgt. Alles wat ik kon horen was: "Het komt goed. Alles zal goed komen."

Het was zo vreemd. De woorden werden niet hardop uitgesproken, maar het leek alsof ze mijn gedachten vulden. Zo wist ik ook dat het niet mijn woorden waren; mijn brein had ze niet uitgesproken. Onmiddellijk voelde ik een troost en vrede die mijn hele wezen omhulden. Ik deed mijn ogen dicht, maar het heldere licht verblindde me nog steeds met zijn schoonheid. Wat ik ook deed—mijn hoofd verbergen onder de dekens en mijn ogen sluiten—ik bleef dit ongelofelijk heldere licht zien. Het was alsof mijn leven instant veranderd was op het moment dat ik bad. Vanaf dat moment hoorde ik voortdurend de stem van God. Hij vertelde me dat ik me geen zorgen moest maken, dat er niets met me zou gebeuren, dat Hij er was voor mij en dat Hij me zou beschermen.

Ik begon de Bijbel te lezen. Ik stopte met roken en drinken en ik was enorm gemotiveerd om een beter mens te worden.

Ik was niet opgevoed als Christen, maar grootgebracht in een atheïstisch huishouden. Ik was op alle mogelijk manieren anti-Christen; als ik een Christen tegenkwam, bespotte ik hem. Ik dacht dat het Christendom stom was, maar ik was wel geïnteresseerd in spiritualiteit. Ik was op zoek naar antwoorden, een doel, iets; ik wist alleen niet wat. Ik las heel veel boeken over Scientology en spirituele zaken en probeerde zo te ontdekken wat de zin van het leven was.

Er zaten veel slechte mensen achter me aan. Diep van binnen wist ik dat ik niet op dezelfde voet verder wilde leven, maar ik wist ook niet hoe dan wel. Ik wist niet hoe ik van dit pad af kon stappen. Mijn leven was vol van zonde, kwaad en misdaad. Mijn dagelijks leven bestond uit werken om te feesten en drugs te nemen en te vechten. Ik was een ruige kerel. Mijn vrienden waren ruig en mijn leven bevond zich in een neerwaartse spiraal richting de gevangenis. Het kon me niets schelen. Onze vriendengroep hield van heavy metal en struinde de stad af op zoek naar vechtpartijen; we wilden feesten, we wilden de boel kort en klein slaan en we hadden geen enkele hoop voor de toekomst. We waren depressief, we hadden geen doel om voor te leven, dus we vulden de leegte op met feesten en criminaliteit.

Op een dag gingen we naar het huis van een drugsdealer en deden alsof we drugs wilden kopen. Hij woonde in een kleine caravan die ergens in een veld stond en toen hij het niet zag aankomen, sloegen we hem in elkaar en stalen al zijn drugs. De man had een gebroken been; ik geloofde niet dat hij achter ons aan zou komen. Dit was een eitje, een lachertje; we zouden de drugs stelen en er gemakkelijk mee weg komen, omdat hij ons niet achterna kon komen met een gebroken been. Hij zou ons nooit te pakken krijgen, hij zou nooit weten wie we waren. Maar toen we wegliepen met de drugs, giechelend om de ultieme beroving die we juist hadden gepleegd, draaide ik me om. Hij rukte het gips van zijn been terwijl hij op ons afstormde. Hij greep me en sloeg me in elkaar. Achter hem kwamen tien van zijn vrienden uit de caravan en ook zij sloegen me.

Onbeschrijfelijke angst greep me aan toen ik deze tien gespierde ruige mannen op me af zag komen. Ik dacht dat ik er geweest was, dat ze me dood zouden slaan. Ik weet niet hoe, maar ik slaagde erin te ontsnappen. Ze konden me doden en zouden dat zonder twijfel hebben gedaan. Maar ik vond een uitweg en vluchtte.

Ook een van de jongens die bij me waren, wist te ontkomen. Dat was het begin van het einde, de start van wat er toe leidde dat ik dit allemaal achter me liet uit angst voor mijn leven.

Ze kwamen me halen, met dertig tegelijk. Ze kwamen naar mijn huis en gooiden mijn ramen in, ze gooiden stenen en kwamen binnen, ze maakten alles wat ik had kapot. Ze hadden stokken en honkbalknuppels en liepen gewoon door mijn hele huis, en sloegen alles wat ze voor handen kregen kapot. Ik kon niets doen, ik stond daar als aan de grond genageld, doodsbang. Ik dacht dat ze me zouden vermoorden.

Mijn vrienden slaagden erin uit het raam aan de achterkant te klimmen en te ontsnappen, maar ik niet, dus in plaats daarvan stond ik hier moederziel alleen met deze kerels. Ik belde de politie; het was het enige dat ik kon bedenken en zij kwamen voordat ik een honkbal- knuppel tegen mijn hoofd kreeg. Maar daarna vreesde ik voortdurend voor mijn leven. Deze kerels zouden me ooit een keer vermoorden.

Ik had altijd drugs gedeald en mijn dealer kwam kijken hoe het met me ging. Hij zei dat ik de stad moest verlaten. Hij zei dat hij had opge- trokken met de kerels die naar mijn huis waren gekomen en hij had ze over mij horen praten. Ze waren zo kwaad geworden dat ze een honk- balknuppel hadden gepakt en net zolang op de tafel hadden geslagen tot het een berg splinters was. Hij zei bot tegen me: "Vanavond komen ze naar jouw huis en dan vermoorden ze je."

Hij was niet de enige die me dit soort boodschappen overbracht. Ik begon met een bijl te slapen in afwachting van het moment dat deze kerels weer langs zouden komen. Ik voelde me ellendig, uitgeput en bang voor de rest van mijn leven. Ik deed het enige wat ik nog kon bedenken: ik sloot mijn ogen en bad. Mijn ervaring maakte me wakker en van toen af aan sprak God met mij.

Om eerlijk te zijn, was dit allemaal nieuw voor me en ik voelde me niet veilig. Ik was doodsbang. 's Avonds liep ik angstig over straat, bang dat er een auto voorbij zou rijden met iemand erin die me zou vermoorden. Als ik alleen was en ik hoorde een auto, kroop ik in de bosjes. Gods stem zei me dan dat het goed zou komen en dat ik me geen zorgen hoefde te maken. Ik begon antwoord te geven, het was alsof we met elkaar praatten. Ik bouwde een relatie met God op en vertrouwde op Hem. Dat duurde ongeveer zes weken. Ik probeerde de Bijbel te lezen, maar worstelde met waar ik moest beginnen. Ik ging niet naar een kerk. Ik was nu een Christen, ik geloofde in God en ik vertrouwde Hem volledig, maar ik miste de richting en leiding om te weten hoe ik Hem kon dienen zoals het hoorde. Ik wist niet hoe ik verder moest. Toen zocht mijn zus contact met mij en zij bracht de Potter's House-kerk onder mijn aandacht.

Mijn zus bezocht sinds kort een Potter's House-kerk twee duizend kilometer verderop, vlakbij Byron Bay. Ze moedigde me aan daarheen te verhuizen en me aan te sluiten bij de kerk. Ik wilde ontsnappen aan het leven dat ik leidde, een beter mens worden en de drugs, bendes en het geweld achter me laten, dus ik verhuisde. Ik pakte al mijn spullen in en reisde naar Melbourne om aan mijn nieuwe leven te beginnen en me aan te sluiten bij de Potter's House-kerk.

Veel mensen in deze kerk hadden een achtergrond die leek op de mijne; ze hadden hun leven veranderd van een leven vol alcohol en drugs in een leven waar ze zelfs geen drankje of sigaret aanraakten. Ze hadden een nieuwe, frisse start gemaakt en dat trok me enorm aan. Als deze mensen hun leven konden veranderen, dan kon ik het ook. Ik was volkomen toegewijd aan het Christendom, zelfs voor ik verhuisde al; de Potter's House gaf me gewoon het gevoel dat ik richting had. Ze gaven me iets waar ik al mijn energie in kwijt kon, een uitlaatklep voor al het goede dat ik wilde doen. Ze gaven me leiding. Het ene moment hing ik rond met drugsdealers, junks en alcoholisten, het volgende hing ik rond met hetzelfde soort mensen die nu clean waren. Ze hadden hun leven omgekeerd. Ik dacht, *Wow, deze jongen was een heroïneverslaafde en nu is hij clean. Hij heeft een geweldige familie en een goede baan en het gaat goed met hem.* Het sprak me aan en het was enorm inspirerend.

De eerste keer dat ik naar de Potter's House-kerk ging, preekte er een pastor uit Nieuw-Zeeland; hij vertelde een verhaal over een boot die zonk in Zuid-Afrika. Hij beschreef hoe deze boot, in tegenstelling tot het beroemde verhaal over de Titanic waar alle vrouwen en kinderen eerste werden geëvacueerd, een soort parallel universum was. De kapitein zei: "Het is ieder voor zich", en alle mannen sprongen als eerste in de reddingsboten en lieten de vrouwen en kinderen achter om te vergaan. Hij gebruikte dit om te illustreren hoe hedendaagse mannen zijn, waarmee hij zei dat mannen niet meer echt mannen zijn; ze zijn egoïstisch en denken alleen aan zichzelf. Dat prikkelde me. Ik dacht dat hij in veel opzichten gelijk had, ik was zo'n man: egoïstisch en alleen gericht op mezelf. De pastor spoorde de gemeente aan de handen op te steken voor de oproep, en dit verhaal moedigde mij aan dat te doen. Dus ik stak mijn hand op en ging naar voren. Iemand bad met mij, voor hen was dat God ontmoeten. Ze zeiden: "Nu heb je een ontmoeting met God gehad."

Het was geen kwestie van: "Nu heb je je aangesloten bij de kerk"; het was: "Nu heb je een ontmoeting met God gehad." In mijn getuigenis werd dit eerste bezoek aan de Potter's House de dag was dat ik Christen werd. Dat was tenminste wat ik zou zeggen. Eigenlijk was ik al Christen geworden toen ik mijn ervaring met God had in mijn slaap-kamer. Toch vertelde ik iedereen dat ik naar de Potter's House was gekomen en dat ik daar Christen was geworden. Ik weet niet zeker waarom ik dat deed, maar ik weet dat ik me op de dag dat ik me aansloot bij de Potter's House eindelijk veilig voelde. Ik had me aange-sloten bij een kerk, dus voelde ik me, onbewust, veilig, omdat ik overal terecht had kunnen komen als ik op mezelf aangewezen was geweest. Nu was het goed, omdat ik in de Potter's House-boot zat; ik maakte deel van iets uit, van de Potter's House-familie.

Toen ik me aansloot bij de Potter's House-kerk sprong ik er met beide voeten in. Ik spon me helemaal in in de kerk. Ik ging mee preken op straat, voor nachtclubs, overal. Ik was niet bang voor de confrontatie, ik wilde het Woord bekend maken en ik geloofde dat ik mensen kon helpen hun leven te veranderen. Ze konden een frisse start maken, zoals ik ook had gedaan, en de kerk zou hen daarbij kunnen helpen. Ik ging mee op zendingsreizen, ik deed alles wat de kerk van me verwachtte en ik geloofde echt dat ik het goede Christelijke leven leidde. Mijn invloed bracht een heleboel mensen naar de kerk. Alle-maal samen waren we net een grote familie; op zeker moment waren er ongeveer honderd mensen deel van deze kerk. Ik werd goede vrienden met veel mensen in de gemeente. Sommige werden pastors en we ondersteunden hen altijd; sommigen zou ik mijn laatste cent hebben gegeven.

In mijn tijd daar zette ik een website op, The Potter's Club, die zich richtte op leerstellingen en wat de Potter's House geloofde. We richtten ons op fundamentele Baptistenleerstellingen met een vleugje Pinkster. Ik had veel boeken en informatie die inging tegen de Toronto-blessing en andere soortgelijke verschijnselen. Ik beargumenteerde dat de

Potter's House zich nooit had ingelaten met het drama van vallen in de Geest, lachen, schreeuwen of schudden—daarom was het goed. Deze andere kerken doen dat (en ze zijn overdreven emotioneel), dus wij zijn de correcte kerk.

Achteraf gezien maakte louter het feit dat onze diensten niet vol waren van dit soort praktijken, ons nog niet goed. Ik was heel fanatiek en kreeg online voortdurend vragen van voormalige leden die beweerden dat ik het niet snapte, dat het helemaal niet goed was en ik weerlegde alles wat ze beweerden en bewees dat ze het mis hadden. Helaas hadden sommigen het daadwerkelijk mis en sommigen logen over de Potter's House en ik schold ze uit. Maar als ik terugkijk op deze tijd zou ik misschien wel hebben geluisterd als iemand het anders had aangepakt of het me op een andere manier had verteld. Dan was ik misschien een heel stuk eerder wakker geworden. Ik was 100 procent pro-Potter's House. Ik was de belangrijkste stem tegen al de voormalige Potter's House leden. Zij beweerden dat de kerk een sekte was en ik smeet hen de feiten om de oren. Ik vroeg: "Nou, wat maakt een sekte een sekte?" Voor zover ik het zag, volgden we gewoon de Bijbel.

Dertien jaar lang was ik een deel van de kerk; veel van mijn vrienden werden pastors. Ik leefde voor de kerk; ik geloofde in het Christendom, in God en de kracht van het geloof. Ik luisterde naar de preken van de pastors en nam alles in me op alsof de woorden kwamen van een almachtige goeroe. Pas toen ik afstand nam van de kerk besefte ik hoe toxisch die was. Ik had nooit iets betwijfeld toen ik er nog middenin zat. Bij nader inzien merkte ik, onbewust, altijd al een paar gebieden op waar ik me ongemakkelijk bij voelde, punten waar ik het niet altijd mee eens was. Toch wogen mijn geloof en mijn geloof in de kerk ruimschoots op tegen deze kleine hikjes die ik opmerkte, totdat deze hikjes me te groot werden om nog mee om te kunnen gaan.

Mijn ogen gingen open toen ons leiderschap uiteindelijk een slechte pastor aanstelde die voortdurend loog. We betrapten hem vaak op een leugen, maar als de kwestie aan de orde werd gesteld door degenen boven hem, kwam hij er zonder consequenties vanaf. Ze wilden het probleem niet oplossen en in plaats daarvan wilden ze mij laten geloven dat ik het probleem was. Ongeacht met wie in de keten we contact opnamen, niemand rekende af met deze kerel; ze deden er niets aan. Dus ik verloor het vertrouwen in de kerk en besloot dat het tijd was om te vertrekken, maar alleen tot de problemen met het leiderschap waren opgelost. Zodra dat was opgelost, was ik vast van plan terug te komen.

Ik had een vriend die pastor zou worden; hij had te horen gekregen dat hij naar Papoea-Nieuw-Guinea zou gaan om daar een nieuwe kerk te beginnen; hij was heel erg enthousiast over deze nieuwe uitdaging en het avontuur. Dus hij gaf de kerk, deze pastor, tachtigduizend dollar om zijn nieuwe kerk te beginnen. Hij geloofde dat het echt ging gebeuren en begon zichzelf voor te bereiden op dit nieuwe leven. Toen trok de pastor, out of the blue, de stekker eruit. Zonder enige verklaring zei hij: "Sorry dit gaat niet meer door". Het geld? Nou, hij leek van plan dat allemaal voor zichzelf te houden.

Mijn vriend was een zeer succesvol zakenman en het plotselinge verlies van zoveel geld maakte dat hij vragen ging stellen: "Waar gaat al dat geld naar toe? Hoezo heeft hij het een andere bestemming gegeven ergens anders?" We hadden onze twijfels over deze kerel; wat er gebeurde, zat ons niet lekker en maakte dat we zijn acties gingen onderzoeken en we werden achterdochtig ten aanzien van zijn bedoelingen. Hij was de kerk binnengekomen als een wervelwind, maar hij leek geen hart voor de mensen te hebben. Hij maakte racistische grappen over Aboriginals, waardoor twintig Aboriginals de kerk verlieten. Ik confronteerde hem hiermee en hij loog tegen me. Hij zei dat hij dat niet had gezegd. In eerste instantie gaf ik hem het voordeel van de twijfel, misschien was er sprake van miscommunicatie of hadden die mensen de kerk verlaten zonder geldige reden.

Anderhalf jaar later sprak ik met een voormalig lid van de kerk over de situatie. Diegene bevestigde aanwezig te zijn geweest toen dit gebeurde en dat hij weldegelijk racistische grappen had gemaakt. Het duizelde me en ik nam contact op met iedereen die die avond aanwezig was geweest (ongeveer zes of zeven mensen), en ze vertelden allemaal hetzelfde verhaal. Dus wederom confronteerde ik de pastor, nu met bewijs. Ik zei: "U zei dat dit niet was gebeurd."

Hij antwoordde onmiddellijk: "Je moet me vergeven."

"Ik moet helemaal niets. Ik ben niet het probleem", antwoordde ik. "U moet zich bekeren. U heeft tegen me gelogen. Waarom heeft u gelogen? Waarom heeft u deze grappen gemaakt?" Mensen waren vertrokken als gevolg van deze grappen en ik had hem blind verdedigd. Ik had gedacht dat hij een vriendelijk, oprecht hart had. Ik schaamde me en was geïrriteerd dat hij al die tijd had gelogen en dat hij deze afschuwelijke beledigende grappen had gemaakt. Hij had helemaal geen goed hart en ik begon alles te betwijfelen, inclusief waar het geld naartoe was gegaan. Alles wat er gebeurd was, kwam terug en ik moest alles heroverwegen met deze pas ontdekte kennis dat de pastor een leugenaar was. Waar was hij nog meer toe in staat? Ik ging rondvragen in de kerk of er nog meer gemeenteleden waren die slechte ervaringen hadden met deze man, en ze zeiden allemaal: "Ja, hij heeft tegen me gelogen."

Hoe meer we onderzochten, hoe meer we tot de conclusie kwamen dat deze man weg moest. Hij was niet goed voor de kerk. Met hem op de preekstoel liep het aantal leden terug van honderd mensen naar vijfendertig; mensen voelden zich beledigd en vertrokken. Ik besloot dat ik iets drastischer moest doen: het Australische leiderschap bellen. Grappig, op het moment dat ik dit dacht, kreeg ik een teken. Tijdens de bidstond 's ochtends keek ik toevallig op en op de achtermuur hing een poster: Bel dit nummer als je een probleem hebt met het leiderschap.

Geweldig! Ik dacht: *Dat is precies wat ik nodig heb. Ik ga het Australische leiderschap bellen en dan komt het goed. Alles wordt anders. We krijgen een nieuwe eerlijke pastor. Het zal weer worden zoals het was en we zullen doorgaan met het werk van God.*

Het kwam niet goed.

Terwijl ik de trap afliep om het nummer te gaan bellen, hield een ander kerklid me tegen. "Heb je het al gehoord? De Australische leider van de Potter's House heeft vanmorgen al zijn taken neergelegd". Mijn mond viel open. Ik stond op het punt hem te bellen en nu was hij ermee opgehouden. De hele kerk stond op het punt een enorme omwenteling te maken; veel leiders en kerken hadden de Potter's House verlaten. De problemen in onze kleine kerk werden opeens onbeduidend. In vergelijking tot de enorme scheuring die gaande was in Australië, stelde ons probleem niets voor. Toch wist ik dat ik het niet op mocht geven; deze pastor was slecht en hij moest weg. Ik moest en zou het probleem oplossen, dus we vlogen onze pastor van de moederkerk in en zorgden ervoor dat hij in gesprek ging met alle leiders in onze kerk. Allemaal vertelden we hem dat de pastor het probleem was en dat we het op moesten lossen. Zonder blikken of blozen zei hij direct dat we rebellen waren— iedereen die zich uitgesproken had. We waren kwaad; we wisten dat we het bij het rechte eind hadden; hoe konden wij dan rebellen zijn? Daarna spraken we met de pastor van een andere kerk. Deze pastor zei ons dat hij de kwestie zou oplossen en dat hij zou zorgen dat we een nieuwe pastor kregen. Maar toen het tijd was voor de conferentie, bracht hij de kwestie niet ter sprake en hij sprak ook niet met Wayman Mitchell. Toen ik hem daarmee confronteerde en vroeg wanneer hij de kwestie op ging lossen, zei hij ons dat hij dat niet ging doen. Hij liet ons ook in de steek en steeds meer mensen verlieten de kerk. Ik confronteerde onze pastor in de kerk; dat was de laatste druppel. Ik wilde antwoorden en vroeg hem waarom hij had gelogen. Hij zei me dat ik demonen had. "U bent degene die liegt, u bent degene die steelt, en dan heb ik een demon?" zei ik rustig tegen hem. De situatie was te bizar voor woorden. Ik was niet eens meer kwaad, ik vond het lachwekkend. "U bent een huurling. U bent van het padje en u moet zich bekeren".

Hij stormde naar boven. Een paar minuten later, tijdens de dienst, vroeg hij me het ochtendgebed te doen. Ik kon alleen maar lachen, zo absurd was het. *Als u denkt dat ik demonen heb, waarom vraagt u mij dan om het ochtendgebed te doen?* Die avond ging ik naar huis met het gevoel dat de situatie hoe langer hoe gekker werd.

In de volgende dienst begon hij de mensen die waren vertrokken en de pastors en gemeentes die uit de fellowship stapten te belasteren. Toen knapte er iets in mij. Ik had er genoeg van. Middenin de dienst stond ik op en zei tegen iedereen: "Deze man is een leugenaar en een huurling. Hij liegt over mij en over iedereen. Als iemand de waarheid wil weten, neem dan contact met me op, maar ik vertrek. Ik kom niet terug voordat deze man vertrokken is". Ik stond op en liep naar buiten.

Ik nam contact op met Wayman Mitchell en vertelde hem alles wat er was gebeurd, en hij antwoordde dat er meer dan twee duizend kerken waren in De Fellowship en dat hij zich niet met elke ruzie kon bezighouden. Ik moest tot God blijven bidden en naar God toe het goede doen, maar er was niets wat hij kon doen. Ik besloot dat het het beste was als ik weg bleef.

Ik verliet de kerk niet omdat ik dacht dat die slecht was. Ik verliet de kerk ook niet omdat ik dacht dat die toxisch was. Ik verliet de kerk niet met de intentie nooit meer terug te komen. Ik verliet de kerk, omdat ik niet gelukkig was met de situatie in die tijd. Ik verliet de kerk met de intentie terug te komen als de situatie weer beter was. Ik had geen idee dat vertrekken mijn ogen zou openen voor de waarheid.

Toen ik vertrok, begon ik hun visie op autoriteit in twijfel te trekken. Ze onderwezen het concept dat pastors waren als Oudtestamentische koningen, zoals koning David. Als David met zijn vingers knipte en zei: "Ik wil wat water uit die bron", renden de soldaten, braken door het vijandige kamp, bereikten het water en brachten het hem. Pastors zagen zichzelf als deze koningen; ze dachten dat ze hun discipelen konden commanderen en van hen eisen wat ze maar wensten. Ze herintroduceerden het principe van koningschap onder het oude verbond en pasten het toe op hun eigen leven. Zij maakten de dienst uit en zij bepaalden welke baan je aannam, met wie je trouwde, waar je ging wonen en hoe je je kinderen opvoedde. Je deed wat hij zei omdat je geloofde dat hij boven jou stond en dat hij superieur aan jou was. Hij was je koning, de grote pastor. Bij sommige pastors sloofde de hele kerk zich voor hem uit, ze renden voor hem het vuur uit hun schoenen, en bedienden hem op zijn wenken.

Wayman Mitchell werd beschouwd als een soort gezalfde klasse, als een goeroe in de ogen van de mensen van de kerk. Dat is ook precies het probleem. De Bijbel leert ons dat we allemaal hetzelfde zijn; we zijn allemaal gelijk. Er staat niemand boven of onder ons. We hebben allemaal Jezus in ons hart. De Potter's House heeft een piramidestructuur van hiërarchie. Wayman Mitchell staat helemaal bovenin, gevolgd door zijn gekozen raad van oudsten, nationale leiders en gebiedsleiders. En zo werkt de structuur door naar beneden: Bijbelstudieleiders en mensen die verantwoordelijk zijn voor de collectes tot de gewone kerkleden. Mij werd verteld dat het was als de zalving die door Aärons baard en over zijn kleren loopt. Op dezelfde manier vloeit de zalving van Wayman Mitchell naar beneden over De Fellowship. Het probleem is dat dit niet is wat Jezus leert. Jezus wordt immers geacht het hoofd van de kerk te zijn, toch? De Bijbel verklaart dat het concept van hiërarchie een werelds concept is. Zo zou het niet moeten zijn in het koninkrijk. In werkelijkheid zou het andersom moeten zijn en is hij die dient de grootste van allemaal. Maar dat is niet hoe het werkt in de Potter's House-kerk.

Een van de fundamentele leerstellingen die ik oppikte in de Potter's House is het geven van tienden, je geld geven voor je redding. Dit houdt mensen in de Potter's House en brengt hun hart in lijn met de kerk. In hun preken halen ze vaak Maleachi 3:10 aan. Ze beweren dat je God berooft als je niet aan Hem geeft. Maar de Bijbel zegt dat dit louter wetticisme is. Ze adverteren dat het helemaal gratis is om Christen te worden, het gratis geschenk van eeuwig leven. Maar zodra je een voet over de drempel van de Potter's House zet, zeggen ze dat het gratis is tegen een vergoeding. Zodra je je aansluit bij de kerk, moet je gaan betalen. Alsof je je redding koopt.

Ik ging 10 procent van mijn inkomen geven. Met plezier, want het wordt van je verwacht en iedereen doet het. Als ik het niet zou doen, zou ik stelen van God en zou ik Hem niet dienen zoals het hoorde. In het begin vond ik het prima, maar na een paar jaar begon ik me te realiseren dat ik wel heel veel geld gaf. Maar ik moest de kerk toch ondersteunen? Ze moesten nog steeds betalen voor het gebouw, het licht en de verwarming en al die andere rekeningen. Daar moest ik aan bijdragen omdat ik een lid was. Ze leren je dat je de kerk berooft als je niet aan de kerk geeft. Wayman Mitchell leert zelfs dat je naar de hel gaat als je niet geeft aan de kerk. Dus geven aan de kerk is niet iets wat je doet omdat het goed is. Je doet het uit angst voor de hel; je bent bang dat je anders geen goede Christen bent.

Dat betekent dat binnen de Potter's House je redding louter afhankelijk is van werken. Als je tot Jezus komt, zijn al je zonden vergeven en
je schulden betaald. De Potter's House zegt dat dit waar is, zolang je
maar je tienden blijft betalen. Behoud je redding door je maandelijkse
betalingen. Deze slimme methode beïnvloedt uiteindelijk wie je wordt.
Je betaalt je zuurverdiende geld aan de kerk om zendelingen te ondersteunen en te betalen voor je redding, daardoor raakt je hart verweven
met de kerk, omdat je erin hebt geïnvesteerd. Zo dacht ik erover en ik
begon de Potter's House te verdedigen. Mijn geld zat in die kerk en ik
wilde dat het werk doorging, bloeide en succesvol was. Ik had geïnvesteerd in, zat vast aan, en was verankerd in de kerk, omdat mijn hart en
geld erin zaten.

Een heleboel dingen aan de kerk zaten me niet lekker. Toen ik die
dingen eenmaal begon te zien, werd het me steeds duidelijker. De
Potter's House vindt het bijvoorbeeld niet prettig dat er mensen binne-
komen die al Christen zijn. Ze willen dat je een oproep beantwoordt,
omdat jij en de kerk dan innig verbonden worden, omdat je daar God
hebt ontmoet. Ze willen graag dat je God en de Potter's House tegelijkertijd leert kennen.

Zo ging het niet bij mij. Ik had God al buiten de Potter's House leren
kennen toen ik in bed lag en vreesde voor mijn leven. Na mijn ontmoeting met God sloot ik me aan bij de kerk. Dat werd beschouwd als
gevaarlijk. Ik had een vriend die op straat preekte. Hij vond vaak
iemand op straat, preekte over God en de kerk en bad voor hen. Onze
pastor riep hem bij zich en vermaande hem hiervoor. Hij kreeg te
horen dat hij hen naar de kerk moest brengen en daar voor hen moest
bidden omdat ze dan verbonden waren met de kerk.

Als je je aansloot bij een Potter's House-kerk geloofden ze dat je in de
kerk zou moeten blijven. Als je eenmaal gered bent in een kerk kun je
niet vertrekken, tenzij de mensen boven je toestemming geven. Of ze je
nou toestemming geven om te trouwen met iemand uit een andere
kerk, of dat ze je uitsturen om ergens anders te gaan preken, je hebt
toestemming nodig voor elke stap. Je kunt niet zomaar even besluiten
om te vertrekken of naar een andere kerk te gaan, zelfs niet als het een

andere Potter's House-kerk is. Als je dat toch doet, word je beschouwd als een rebel.

Dat staat niet in de Bijbel, dus waarom maken ze er een leerstelling van? Toch heeft Wayman Mitchell de Foursquare Church verlaten. Hij zag dat daar gebreken waren, dus hij pakte zijn boeltje bij elkaar, vertrok, en zette zijn eigen kerk op. Waarom mocht hij het wel en wij niet? Waarom mag ik niet vertrekken als ik gebreken zie in mijn kerk en mijn eigen kerk opzetten zonder een rebel en uitschot te worden genoemd? Het is alsof ze echt geloven dat ze de enige kerk ter wereld zijn.

De Potter's House-kerk heeft zichzelf samengesmolten met God; als je betrokken raakt bij de kerk, raak je betrokken bij God. Als je de kerk verlaat, verlaat je God. Ze preken dat je je geld aan God geeft als je geld geeft aan de kerk. Maar dat is niet zo—je geeft je geld aan de kerk. Er wordt zo vaak gepreekt dat de leden diep in hun ziel voelen dat ze niet kunnen vertrekken, want als ze dat doen, geven ze God op. Ik voelde het ook zo. Toen ik vertrok was ik doodsbang dat ik beschouwd zou worden als iemand die God verliet, hoewel dat niet het geval was. Vertrekken uit de Potter's House is als het verlaten van de Maffia. Je verlaat al je vrienden en familie en stelt iedereen teleur. Je kunt de kerk verlaten, verder gaan en een succesvolle bediening opzetten buiten de Potter's House, maar het zal nooit erkend worden. Of je nu een kerk opzet in Afrika of op straat preekt in de Filippijnen, ze zullen nooit spreken over hoe goed je het doet. Ze zullen iedereen vertellen dat je een rebel bent, ongeacht hoe goed je het doet en hoe je voor Jezus leeft. Al het goede wordt bezoedeld en beschouwd als niets omdat je muiterij hebt gepleegd. Je wordt gezien als onderdeel van de vijand. In hun ogen wordt het gezien als rebellie, omdat je voor of tegen hen bent. Toen ik een stap achteruit deed, zag ik hen duidelijker en ik maakte me zorgen. Was het de bedoeling dat een kerk zo functioneerde en zo omging met de gemeente? Het leek me niet goed.

Van al die mensen die me jaren geleden inspireerden, al die drugsverslaafden die een radicale ommekeer in hun leven hadden gemaakt, al die alcoholisten en heroïneverslaafden die clean waren, is 95 procent geen Christen meer. Ze zijn teruggegaan naar welke levensstijl ze ook maar verkozen, omdat de perfecte wereld waarvan de Potter's House je doet geloven dat je erin kunt leven niet houdbaar is. Als je uit de gratie valt, willen ze je niet meer kennen. Ze zullen je niet langer ondersteunen omdat je niet langer past binnen hun brandschone inspirerende reputatie. Dat willen ze niet, dus brandmerken ze je als rebel, iemand met demonen en stoten je uit.

Ik geloof dat alle bovennatuurlijke ervaringen die mij al die jaren geleden overkwamen (toen God als een helder licht tot mij kwam in mijn slaapkamer), maar ook die van alle mensen die deel uitmaakten van de kerk, echt waren. De mensen die al die ervaringen hebben gehad, kunnen onmogelijk doen alsof. Ik geloof absoluut dat ze echt waren, en ik ben getuige geweest van een heleboel bovennatuurlijke genezingen binnen de kerk die ik niet kan verklaren. De Potter's House heeft nooit deel genomen aan overgedramatiseerde, tele-evangelische wilde genezingen. Ze roemden erin dat ze zich niet bezighielden met dergelijke nepgenezingen en dat hun wonderen van God zelf kwamen. Het feit dat ze genezing niet dramatiseerden zoals al die andere kerken maakte hen superieur, echter. Hoewel ik heel veel van de dingen die de Potter's House deed en geloofde niet geloof, geloof ik wel dat ik getuige ben geweest van echte wonderbaarlijke genezingen toen ik deel uitmaakte van de Potter's House.

Toen ik de kerk verliet, verliet ik God niet. Ik ging nog steeds om met Christenen, ik preekte nog steeds op straat en ik had een Christelijke levensstijl. Ik reisde naar heel veel verschillende landen en werkte aan Bijbelvertalingen. Ik ga naar ziekenhuizen en bid voor de mensen. Bij nader inzien doe ik nu veel meer dan ik ooit deed toen ik in de Potter's House zat. Daar werd ik erg beperkt in wat ik mocht doen. Ze beperken een heleboel van de dingen die je doet, zo mag je bijvoorbeeld niet langer dan twee weken wegblijven uit de kerk.

Toen ik vertrok, besloot ik een lijst te maken: al het goede, slechte en lelijke; in het Engels: the good, the bad, and the ugly. Ik wilde al mijn gedachten op een rijtje zetten om te kunnen beslissen hoe ik verder zou gaan. Onder het goede schreef ik dat ze evangeliseren en bidden voor de zieken. Daar stond ik ook achter. Onder het slechte schreef ik tienden en het autoritaire leiderschap. Ik keek naar hoe ik werd behandeld in vergelijking tot mijn vrienden. De hele periode dat ik in de Potter's House zat, was ik vrijgezel en hoewel ik in vele opzichten beperkt werd, was ik bij lange na niet zo beperkt als sommige van mijn getrouwde vrienden. De kerk bemoeide zich met alles wat ze deden, van met wie ze trouwden tot hoe ze hun kinderen opvoedden, en waar ze naar school gingen en woonden. Ze gaven hen zelfs huwelijkscounseling. Ik ondervond geen enkele van deze beperkingen.

Waarschijnlijk heb ik heel veel gedaan waarvoor ze hun wenkbrauwen fronsten, maar vanwege mijn aard en persoonlijkheid, werden me hier nooit vragen over gesteld. Toen ik de Potter's Club online opzette, waren veel mensen daar niet blij mee. Ik had geen toestemming om het te doen, en ik brak een heleboel van hun regels, toch hield niemand me tegen. Als ik terugkijk, ben ik nog ziek van hoeveel geld ik aan deze kerk heb gegeven. Ik werd aangespoord om te geven; ze zeiden me dat hoe meer geld ik gaf hoe gezegender ik zou zijn. Het was een enorme bevrijding toen ik stopte met het betalen van tienden. Ik betaal niet meer voor mijn redding.

Toen ik vertrok, voelde ik me opeens vrij. Tot dan toe was ik me er nooit van bewust geweest hoe beperkt ik werd. De geest was uit de fles. Ik hoefde niet meer steeds een pak aan om te bidden, ik kon gewoon vertrekken en mijn eigen bediening opzetten als ik dat wilde, en ik kon preken in andere landen zonder dat ik daar eerst goedkeuring voor nodig had. Ik wilde de Potter's House succesvol verlaten, ik wilde mijn geloof behouden en ik wilde nog steeds een goede Christen zijn. Ik heb zoveel mensen zien vertrekken en terugkeren naar hun vroegere leven, een leven van alcohol en drugs. Dat wilde ik niet. Ik was vastbesloten om verder te gaan als een goed Christen. Vertrekken maakte me vrij. Het kwam niet direct binnen, maar hoe langer ik weg was hoe bevrijder en vrij ik me voelde. Ik was me er niet van bewust geweest hoe gevangen ik had gezeten in mijn geloof in mijn tijd in de Potter's House.

Soms passeer ik mensen die nog steeds naar de Potter's House gaan en ze erkennen mijn bestaan niet eens. Ik ken deze mensen al vele jaren, maar ze lopen me voorbij alsof ik niet besta. Het maakt me verdrietig, maar ik weet dat hun hoofd gevuld wordt met verhaaltjes over hoe ik demonen in me heb; ze kunnen er met hun verstand niet bij dat iemand een goed en succesvol Christen kan zijn buiten hun kerk, dus spreken ze slecht over hen. Ik weet dat ze mijn naam hebben bezoedeld. Ik ben niet boos, maar ik heb medelijden met de mensen die nog steeds diep in de klauwen van de kerk zitten. Ik hoop dat ze uiteindelijk de waarheid gaan zien en vrijgezet worden.

Ik moest de kerk verlaten om te kunnen zien hoe toxisch die echt was, en het is het beste dat ik kon doen. Het was alsof er een last van me af viel. Ik voel me vrij en bevrijd en ik heb buiten de kerk meer van het goede nieuws kunnen verspreiden dan toen ik er nog deel van uitmaakte. Ik weet dat dit niet geldt voor iedereen die de Potter's House heeft verlaten. Ik ben boos dat ik zo verblind was. Ik kan niet ontkennen dat ze me hebben geholpen mijn leven doel te geven en dat er veel goed is binnen de kerk. Helaas voert alles wat slecht en toxisch is er echter de boventoon.

HOOFDSTUK 5
GODS ROEPING BEANTWOORDEN
LINTON

Potter's House, Birmingham, Verenigd Koninkrijk

Deze zes haat de HEERE, ja, zeven zijn een gruwel voor Zijn ziel:
hoogmoedige ogen, een valse tong en handen die onschuldig bloed vergieten,
een hart dat zondige plannen smeedt, voeten die zich haasten om naar het
kwade te rennen, een valse getuige die leugens blaast, en die tussen broeders
twisten teweegbrengt.
—Spreuken 6:16-19

Ik hielp haar met het verscheuren van de enige foto die ik van mijn vader had en keek toe hoe de kleine stukjes fotopapier door de lucht vlogen en op de grond voor me vielen. Ze vervloekte zijn naam. Het belang van waar ik mijn moeder mee hielp is mijn jonge brein ontgaan. Ik heb hem nooit gekend, hem nooit ontmoet. Die foto was het enige wat ik van hem had, en die was nu vernietigd. Het enige wat ik van hem wist, was dat hij een gewelddadige man was; hij sloot mijn moeder op in huis toen ze zwanger was van mij tot ze op een dag wist te ontsnappen door een open raam.

"Jij was een ongelukje!" zei ze vaak, alsof ze walgde van mijn aanwezigheid. Ik vermoed dat ik het resultaat was van een relatie waarin mijn moeder het slachtoffer was. Zij werd zwanger van een man waar ze niet van hield, maar ik voelde me afgewezen en niet geliefd, alsof ik er niet mocht zijn. Ik werd geboren en opgevoed in een eenoudergezin in Newtown, een slechte buurt in Birmingham in het Verenigd Koninkrijk. Ik groeide op in een gebroken gezin zonder mannelijke invloed, behalve van de schare mannen die mijn moeder mee naar huis bracht na een avond uit, maar die hadden weinig interesse in het kind van hun minnares. Ik verlangde naar een vaderfiguur, maar geen van de vriendjes van mijn moeder bleef lang genoeg om indruk te maken. En zelfs als ze dat wel zouden doen, waren ze er toch nooit. Mijn moeder liet me dagenlang achter bij mijn oma, terwijl ze bij haar vriendjes was. Ze had haar prioriteiten als ouder niet helemaal op orde.

Mijn moeder was de vierde in een gezin van tien. Mijn oma kreeg haar eerste twee kinderen op heel jonge leeftijd in Jamaica. In 1960 kwam ze naar Engeland waar de rest van haar kinderen geboren werden. Mijn oma worstelde om al haar tien kinderen groot te brengen, dus groeiden ze allemaal op in verschillende huishoudens, wat leidde tot nogal wat frictie, rivaliteit en teleurstelling tussen de broers en zussen. Sommige van haar broers en zussen woonden bij familieleden, sommige werden in kindertehuizen geplaatst en sommige woonden bij pleeggezinnen. Mijn moeder was de enige van de broers en zussen die bij haar moeder woonde.

De conflicten in de familie resulteerden in zowel verbaal als fysiek geweld. Mijn moeder was driftig; zoals ik als kind met grote regelmaat mocht ervaren. Ze was zeer beschermend jegens mijn grootmoeder, dus ze had voortdurend ruzie met haar broers en zussen over kwesties waar ik nog te jong voor was. Ze vloekte, sloeg op de muren en gooide met dingen; daarna hoorden en zagen we mijn ooms en tantes weer een hele poos niet. Ik haatte het. Ik wilde zo wanhopig graag een normale familie, maar hun ruzies maakten dat onmogelijk. Mijn moeder liet haar broers en zussen nooit dichtbij genoeg komen om een band te krijgen met hun eigen moeder. Veel van hen, waaronder mijn moeder, leden aan mentale problemen. Toen ik een kind was, was ze erg emotioneel; ik keek toe als ze huilde. Dat ik haar zag huilen heeft mij beschadigd en getraumatiseerd. Nu ik volwassen ben, vind ik het moeilijk om mijn emoties te laten zien. Ik heb er een hekel aan om mijn gevoelens te laten zien, dus die houd ik voor mezelf.

Toen ik opgroeide kregen we te maken met de kinderbescherming en ik moest bijna naar een pleeggezin. Mijn jongere zusje moest wel naar een pleeggezin. Mijn moeder gaf haar op, ze zei dat ze haar emotioneel en mentaal niet langer aankon. Mijn moeder trok mij voor. Ik heb nooit begrepen waarom. Zou ze niet evenveel van ons allebei moeten houden? Het was wel duidelijk dat dat bij haar niet zo was. Mijn zusje was een heel stuk jonger dan ik, dus het was mijn plicht een vaderfiguur voor haar te zijn. Geen van onze vaders was er ooit, dus ik was haar enige kans om een soort van vaderfiguur te hebben. Dat is te veel gevraagd van een jonge tiener en ik heb nooit een band met haar gekregen; tot op de dag van vandaag beïnvloedt dat onze relatie.

We zaten altijd krap toen ik opgroeide, maar mijn moeder deed haar best me op te voeden. Ze zorgde al sinds ze een jonge tiener was full-time voor mijn oma, dus ze kon geen baan krijgen. Maar dit weerhield haar er niet van te proberen mij een goed leven te geven. Ze gaf me een stevige morele basis en betoonde me liefde en genegenheid. Ondanks haar tekortkomingen was ze een lieve moeder. Helaas had ze zelf ook een moeilijke jeugd gehad; deze ervaringen kunnen doorgegeven worden aan de volgende generatie, wat leidt tot secundair trauma. Het is een patroon in het leven wat je alleen zelf kunt doorbreken.

Op de basis- en middelbare school werd ik gepest, dus ik worstelde met afwijzing. Ik werd depressief en ontwikkelde gedragsproblemen. Ik was een intelligent kind, maar had altijd moeite met huiswerk maken en ik kon met niet goed concentreren. Ik worstelde ook met zelfvertrouwen, een laag zelfbeeld en vooral met het aangaan van echte vriendschappen. Ik probeerde altijd vrienden te maken door speelgoed uit te delen of door me raar te gedragen om mezelf geliefd te maken, maar ik begreep niet dat dit niet hielp. Uiteindelijk slaagde ik erin een paar echte vrienden te maken op school; met sommige heb ik nog steeds contact. Op school had ik echter zo veel problemen met sociale verhoudingen dat ik op een kostschool terechtkwam die leek op een PRU (Pupil Referral Unit), een soort tuchtschool. Kinderbescherming was het ermee eens toen ze me vroegen wat ik wilde. Het enige wat ik wist was dat ik niet naar een pleeggezin wilde.

Ik vond het echt leuk op deze school, omdat de klassen kleiner waren en ik slaagde erin om echt goede relaties aan te gaan met een aantal verzorgers en leraren. Voor mij werkte het.

Op deze school werkten een paar wedergeboren Christenen als leraar, onderwijsassistent en verzorger en ze hadden een positieve houding: Ik kon altijd gemakkelijk met ze praten. Ik hield van hun rustige en positieve energie, misschien omdat het zo anders was dan ik gewend was. Ze praatten onderling over de Bijbel. Dat trok mijn aandacht.

Ze draaiden reggaemuziek in het schoolbusje, waar ik heel blij van werd. Het herinnerde me aan de muziek van de jaren '80 en '90 waar ik met mijn moeder naar luisterde en op danste. Ze had een passie voor reggae, en ik dacht dat ze deze muziek leuk zou vinden. De chauffeur van de minibus legde uit dat het gospelmuziek was. Tot dat moment had ik geen interesse in het Christendom gehad, maar deze muziek raakte me tot in mijn ziel. Ik vroeg de man een kopie om zelf naar te luisteren. Behalve dat had ik geen Christelijke invloed in mijn leven, maar als ik naar deze muziek luisterde, deed het iets met me op een dieper niveau dan ik me ooit had kunnen voorstellen. Vanaf dat moment begon mijn zoektocht naar redding.

Ik waardeerde deze Christelijke werkers die me de liefde lieten zien waar ik zo wanhopig naar op zoek was. Er was een leegte in mij, veroorzaakt door de afwezigheid van een vaderfiguur in mijn leven en gebrek aan een normale familie; deze eerste interactie begon de leegte binnenin mij te vullen.

Op een zaterdag fietste ik naar huis van mijn moeders huis toen een Jamaicaanse man met een sterk accent uit de stad Bristol vanaf de overkant van de straat naar me riep. Hij leek ongeveer midden veertig, was informeel gekleed en vriendelijk. Wat hij zei over het Christelijk geloof maakte dat ik onmiddellijk stopte en naar hem luisterde; door zijn energie wilde ik hem horen spreken over liefde en vergeving. Hij vertelde me het Evangelie en hij vertelde me over Jezus. "Wil je weten hoe dicht je op dit moment bij de hel bent?"

Hij gaf me een folder en nodigde me uit om naar zijn kerk te komen; een plotseling gevoel van verplichting om te gaan maakte zich meester van mij. Ik had niets te verliezen. Ik was op zoek naar antwoorden en een soort van liefde; misschien was dit Gods manier om mijn gebeden te beantwoorden. De volgende dag ging ik naar deze kerk in een wijkcentrum in Newtown even verderop in een wijk die Lozelles heette. De korte reisafstand sprak me aan, ik kon er op de fiets heen.

Het was een kleine kerk van ongeveer twintig mensen, heel gezellig. De mensen waren oprecht en lieten zien dat ze echt om me gaven, ze hielpen me zelfs toen ik financiële problemen had. Dat was ik niet gewend; ik groeide op met afwijzing op elk gebied van mijn leven, zelfs van mijn eigen familie. Dit gevoel van welkom en geliefd zijn dat deze mensen me gaven, was buitenaards, maar het smaakte naar meer.

Ik zag de Jamaicaanse man die me de vorige dag had uitgenodigd, dus ik ging naast hem zitten in de dienst. Een Nigeriaanse man van begin dertig nodigde iedereen uit te gaan staan. Ik deed gewoon wat de anderen deden, ik had geen idee wat ik moest verwachten. Ik zong mee met de opwekkings- en aanbiddingsliederen en bedacht hoe goed die man eruit zag in zijn pak met stropdas, terwijl hij op het keyboard met ingebouwde beats speelde. Toen stond de jonge Nigeriaanse man op en preekte. Ik was stomverbaasd dat hij de pastor was; ik verwachtte dat de pastor oud en grijs was, maar hij was jong en levendig.

Door zijn prediking, strekte de Heilige Geest zich uit tot in mijn ziel. Ik begreep het gevoel niet, maar ik wist dat het zo moest zijn. Hij sprak tot mijn ziel en eindelijk begreep ik het. Hier hoorde ik. Kort daarna ging ik naar een concert in de kerk; de ruimte bruiste van muziek en drama. De jonge pastor preekte, zijn armen in aanbidding opgeheven terwijl hij gepassioneerd het Evangelie verkondigde. Ik hing aan zijn lippen en mijn hart vulde zich met vreugde en passie. Hier en nu besloot ik mijn leven aan Jezus te geven.

Toen ik mijn eerste stappen als Christen zette, begon ik met een nieuwe familie die er opeens was als het antwoord op een gebed. Mijn lijf liep over van vreugde toen ik me eindelijk geaccepteerd voelde. Deze mensen waren er voor me, luisterden naar al mijn bedenkingen bij het geloof als nieuwe gelovige en beantwoordden al mijn vragen. Het enthousiasme stroomde door mijn aderen bij de gedachte dat ik naar de kerk mocht, omdat ik er zo veel nieuwe mensen ontmoette, jonge tieners zoals ik, die net zo graag naar de kerk kwamen als ik. Een paar maanden lang bezocht ik de diensten elke zondagochtend. Toen werd ik aangespoord om eens naar een woensdagavonddienst te komen. Vanaf dat moment ging ik naar alle diensten en ik ging deelnemen aan steeds meer activiteiten. Ik wist nu dat God me riep om het Evangelie te preken. Ik was gelukkig, ik werd geaccepteerd en ik was thuis.

Elke zaterdagmiddag gingen ze evangeliseren, ze gingen de straat op om mensen aan te spreken en het Evangelie te delen. Ik vond het fantastisch om mee te gaan en te kijken hoe de leden mensen benaderden, het woord van God spraken en hen aanspoorden naar de dienst te komen. Sommige leden waren agressief, anderen waren vriendelijk; ze deden het allemaal op hen eigen manier en hielpen de kerk uit te breiden. Ik was dolblij dat ik deel mocht zijn van iets dat zoveel goed deed.

Destijds hield de kerk twee keer per jaar een Internationale Bijbelconferentie waar verschillende pastors van de Christian Fellowship Ministries zeventien preken in één week preekten. Het begon op maandag en eindigde op vrijdagavond. De mensen kwamen van over de hele wereld en pastors uit verschillende landen preekten over allerlei onderwerpen en vertelden wat God aan het doen was in hun kerken. Deze preken gingen onder andere over waar de Christian Fellowship Ministries-organisatie voor stond en wat haar visie was. Elke spreker had zijn eigen preekstijl. Sommigen hadden zo'n monotone stem dat ik bijna in slaap viel, anderen grepen me met hun charismatische preken en hun energie.

Eén preek inspireerde me; die was volkomen logisch. De spreker sprak over de stappen die je moet zetten om je eigen kerk te beginnen, "uitgestuurd worden" noemden ze dat. Ik kon mijn ogen niet van hem af houden en ik begroef zijn woorden diep in mijn hart. Dit was mijn tocht; dit was wat ik moest doen. Ik wilde aangesteld worden om een pastor te zijn en mijn eigen kerk te starten. Dit werd mijn droom. Ze noemden het discipelschap. Stel je voor dat je in een supermarkt werkt en alles leert van je filiaalmanager om uiteindelijk zelf een filiaalmanager te worden en dat je je tijdens je opleiding houdt aan de bedrijfsnormen die je worden uitgelegd. Destijds had ik me erop toegelegd een toegewijd kerklid te worden en ik uitte mijn verlangen om te preken naar mijn pastor. Ik was vastbesloten om uitgestuurd te worden en mijn eigen kerk te starten en ik was bereid alles te doen om te bewijzen dat ik het waard was. Ik had mijn eerste stappen gezet en mijn pastor begon me te discipelen. Ik had geen flauw idee wat dat inhield.

Het gedrag van mijn pastor veranderde onmiddellijk. In plaats van de aardige man die gemakkelijk benaderbaar en aanspreekbaar was, werd hij koud, niet langer de liefhebbende vaderfiguur waarvan ik ooit had gedacht dat hij dat was. Hij werd controlerend en manipulatief. Elke keer als ik iets verkeerd deed, vernederde hij me waar anderen bij waren. Hij zei dat hij een voorbeeld van me maakte, hij noemde het vermaning en hij had zelfs een Bijbelse rechtvaardiging om mij te kwetsen. Ik voelde me zo waardeloos en afgewezen. In het begin hielp ik met het opbouwen van de apparatuur voor de kerk en voor concerten en elke keer dat ik een kabel voor de microfoon vergat of om brandstof in de generator te doen, of elke keer tijdens een openluchtconcert op straat, schreeuwde mijn pastor "Denk eens na!"

Als ik laat in de kerk kwam of een evangelisatie-activiteit of kerkdienst miste zonder geldige reden, of als ik vergat een stropdas om te doen naar de kerk, of niet gekleed was zoals een discipel gekleed behoorde te zijn, schreeuwde mijn pastor tegen me. Hij was een hypocriet! Hij maakte zelf heel veel fouten. Als hij laat in de kerk kwam (en dat gebeurde best vaak), zou ik hem daar niet op aan durven spreken, maar aangezien ik een discipel was, een pilaar, senior-lid, of hoe ze het ook maar noemden, golden voor mij andere standaarden. Zowel privé als in het bijzijn van anderen schreeuwde mijn pastor tegen mij. De anderen vonden het grappig en lachten terwijl ik gedegradeerd en vernederd werd.

Mijn pastor en andere gastsprekers legden er door hun preken de nadruk op dat meer kerkactiviteiten bijwonen, betekende dat je een betere discipel van Jezus was. Hoe meer je bad, studeerde en in de kerk was, hoe beter. Ze vertelden me dat het een goede discipline was om naar de bidstond in de kerk te komen voor ik naar mijn werk ging, dat betekende dat ik serieus was met God. Diep van binnen had ik het gevoel dat ik het vooral deed voor de bühne en om de goedkeuring van mijn pastor te krijgen. Als ik laat was of de ochtendbidstond oversloeg, moest ik verantwoording afleggen of kreeg ik zelfs de wind van voren.

Het duurde niet lang of de kerk slokte mijn hele leven op. Drie of vier keer per week was ik aanwezig bij kerkactiviteiten. Doordeweeks ging ik zo vaak als ik kon naar de ochtendbidstond. De ochtendbidstond was gewoon een tijd waarop je 's ochtends naar het kerkgebouw kon komen om stille tijd met God te houden. Ik worstelde ermee omdat ik altijd geloofde dat ik thuis zou moeten bidden, maar de kerk geloofde dat als je als discipel naar de bidstond kwam je een voorbeeld was door je goddelijke levensstijl. Als je een leider was in de kerk was de ochtendbidstond verplicht en als je ooit had uitgesproken dat je een pastor wilde worden, had je geen excuus.

Ze legden er de nadruk op dat je een uur voor de dienst begon naar de kerk kwam om te bidden; daarmee liet je zien dat je een honger naar God had. Ik had zo'n strak tijdschema dat ik mijn kerkkleren meenam naar mijn werk en me uit mijn werk naar de kerk haastte, waar ik mijn uniform verwisselde voor mijn kerkkleren, zodat ik passend gekleed en netjes was voor de kerk. Het was hectisch. Ik had niet veel tijd om mezelf toonbaar te maken en het herentoilet was de enige plaats waar ik me kon omkleden.

Op zaterdag was er evangelisatie om 11.00 uur. We reisden door het hele VK voor een hele dag van activiteiten om nieuwe kerken te helpen en we kwamen altijd heel laat thuis. Toch werden we de volgende ochtend op tijd in de kerk verwacht, vooral als je een zichtbare bediening had, zoals ordedienst of zangdienstleider. Als je de bestuurder van het kerkbusje was, was het nog erger, want dan was je de laatste die naar huis mocht. Toch werd je de volgende ochtend alweer vroeg in de kerk verwacht, ongeacht hoe moe je was. Soms waren ze een beetje genadig, maar het was de gewoonte en als anderen voor jou in de kerk aanwezig waren, was je een slecht voorbeeld en werd je berispt.

Elke keer als mijn pastor me bij hem riep, klopte mijn hart in mijn keel en vroeg ik me af of ik iets verkeerd had gedaan. Soms riep hij me voor een informeel gesprek alvorens me te vragen extra verantwoordelijkheden in de kerk op te pakken of iets voor hem te doen; soms wees hij me terecht omdat ik iets niet goed deed in zijn ogen. Misschien vervulde ik mijn bediening niet naar de standaard van hoe het hoorde in de organisatie, of hij vond iets aan mij niet goed en gaf me een standje.

"Je doet je taken niet zoals het hoort", kafferde hij me uit en daarna las hij me de les over iets dat niet voldeed aan zijn standaard. Ik was bang als hij me riep; ik wist nooit wat ik kon verwachten. Ik was oprecht bang voor hem. Hij vreesde zijn pastor net zo erg als ik hem vreesde. Toen hij jonger was, gaf zijn eerste pastor hem dezelfde behandeling en dat deed hij dus ook weer bij mij. Hij was nu ergens in de dertig en ik was een achttienjarige jongeman; hij was nu in de positie waarin zijn pastor was geweest toen hij jonger was. Hij intimideerde me. Ik was jong en kwetsbaar en had geen familie om me te beschermen; in zekere zin was hij mijn familie. De pastor had het op zich genomen om een zogenaamd vaderfiguur te zijn om mij en een paar andere jongeren voor zich te winnen. Een vaderfiguur was alles wat ik wilde. Ik wist niet beter; ik wist niet dat het niet goed was hoe hij me behandelde.

"Mannen moeten leerbaar zijn. Als je pastor je terecht wijst, moet je dat verdragen als een man! Wees geen lafaard die niet tegen correctie kan!" dit preekte een gastprediker. Leerbaar zijn is één ding, maar als er tegen je wordt geschreeuwd en je publiekelijk wordt vernederd en belachelijk gemaakt, is dat een heel ander verhaal. Als je emotie toonde, kreeg je een label, maar ook als je het opkropte en niets zei, ook al maakte het je van binnen kapot en voelde je je waardeloos.

Niemand haalde het in zijn hoofd de pastor tegen te spreken. Als je dat deed, werd je beschuldigd van rebellie en behandeld als uitschot. In sommige gevallen werd je zelfs uit de kerk gezet en als voorbeeld gebruikt van achter de preekstoel. Het was allemaal bedoeld om je bang te maken. Ze vertelden horrorverhalen over hoe je nu vervloekt was omdat je buiten de wil van God was.

De Potter's House was erg wettisch. Toen ik betrokken raakte bij de bediening mocht ik geen enkele kerkdienst meer missen, tenzij ik een geldig excuus had. Er waren nog meer regels: je mag geen televisie hebben, je mag niet op social media en je mag online geen informatie opzoeken over de kerk, omdat mensen negatieve commentaren plaatsen. De mensen die dat soort dingen over de kerk zeiden hadden problemen, ze waren rebels en vervloekt door God en als je iets las van of luisterde naar wat ze zeiden, zou de rebelse geest op jou overspringen. Ze controleerden mijn leven zo sterk dat ik toestemming nodig had om me in te schrijven voor de universiteit of om te verhuizen naar een andere stad of een ander land. Maar zelfs als ik het vroeg, kreeg ik toch geen toestemming. Kerkleden mochten alleen bepaalde banen hebben, banen waarvoor je niet hoefde te werken op woensdagavond en in het weekend; die dagen waren gereserveerd voor de kerkdiensten en evangelisatie. Zelfs als ik zou willen daten, moest mijn pastor ermee instemmen en het meisje goedkeuren.

Het was niet alleen de controle waar ik het moeilijk mee had; de mannen in de kerk streden allemaal om de goedkeuring van de pastor, vooral als je was gevraagd om een bediening te leiden of te preken in de kerk. Het was net als op de werkvloer; iedereen streed voor promotie. Als je promotie kreeg, verwierf je status. Als je geen promotie kreeg, werd er op je neergekeken. Ik vroeg mezelf af: "Doe ik wel genoeg om gezien te worden?" Meestal dacht ik dat ik niet genoeg deed, dus ik werkte harder en deed nog meer om op te vallen.

De competitievere mannen kregen het soort posities, waarmee ze status verwierven, terwijl ik over het hoofd werd gezien. Ik werd anders behandeld dan de andere mannen. De pastor maakte het mij moeilijker. Ik werd in het openbaar vernederd voor elk foutje dat ik maakte.

"Hij houdt van je als van zijn eigen zoon. Daarom maakt hij het jou zoveel moeilijker", zeiden mensen. Maar ik heb zelf twee zonen en ik zou hen nooit aandoen wat hij mij heeft aangedaan. Dit was geen echte liefde; zo behandelde hij zijn eigen kinderen ook niet. Hoe konden ze dan zeggen dat hij van mij hield als van een zoon?

Mijn relatie met mijn pastor was gebaseerd op angst. Ik voelde me nooit goed genoeg. Af en toe kon ik met hem lachen, maar meestal wist ik niet waar ik aan toe was. Hij had een narcistische persoonlijkheid en gaf het nooit toe als hij fout zat. Het was ongelofelijk moeilijk om met hem om te gaan en om hem te vertrouwen, ook al kende ik hem al vijftien jaar. Hij sprak nooit met mij over zijn persoonlijke strijd en moeilijkheden in een poging me te bemoedigen; hij zorgde er altijd voor dat hij gezien werd als perfect en smetteloos.

Alles wat ik deed in de kerk deed ik om mijn pastor te behagen, niet God. Ik hield van hem als van een vader en als hij ooit iets nodig had, stond ik voor hem klaar, hij hoefde maar een kik te geven. Ik deed zelfs persoonlijk klusjes voor hem: ik bracht hem naar het vliegveld of haalde hem op en ik bracht zijn kinderen naar school. Als ik diende in de kerk deed ik alles wat ik deed zonder te klagen. Het was doodvermoeiend. Hij toonde zijn dankbaarheid hoogstzelden, afhankelijk van zijn stemming. Soms gaf hij me geld voor de brandstofkosten, maar dat was het dan ook wel. Uiteindelijk hield ik ermee op, het kon me niets meer schelen.

Toen ik zonder baan zat, moest het gebouw dat de kerk huurde gerenoveerd worden. Ik werd geacht om te helpen met schilderen en het gebouw inrichten. Ondanks mijn financiële positie en het feit dat ik werkloos was, werd ik niet betaald voor mijn werk. "Je doet het voor het Koninkrijk", zei de pastor.

Ik was bijna twintig toen ik onder druk werd gezet om te gaan trouwen. Ongetrouwde mannen boven de dertig worden in twijfel getrokken of zelfs bespot. "Als je op je dertigste nog niet getrouwd bent, ben je ofwel betrokken in pornografie of je verbergt iets", zei een gastprediker.

Onzin, dacht ik. Ik kende veel vrijgezelle mannen die voorbeeldige Christenlevens leidden.

"Je moet wachten tot God je vrouw in de kerk brengt", zei de pastor in de begintijd van de kerk. "Het is niet nodig om ergens anders op zoek te gaan."

Het was ingewikkeld om te daten in de kerk en ik maakte veel fouten. Als ik meisjes benaderde was ik me er niet bewust van dat ik de goedkeuring van de pastor nodig had. Wie ik ook maar leuk vond, ze moest eerst door de pastor gekeurd worden. Hij wist precies hoe hij mij het gevoel kon geven dat ik niet wist waar ik mee bezig was. Als mijn pastor me een algemeen advies had gegeven, had ik daarmee kunnen leven, maar in plaats daarvan greep hij elke gelegenheid aan om me te kleineren en te manipuleren. Ik wilde dat het anders was geweest. Het zou mijn keuze moeten zijn of ik een meisje wilde benaderen.

Ik noemde de naam van een meisje bij mijn pastor, maar hij keurde haar niet goed. Wat een rotervaring! Op een keer riep hij me om me terecht te wijzen. "Ik trek mijn handen van je af", zei hij kwaad.

De tegenstrijdige boodschappen waren moeilijk en verwarrend. Aan de ene kant zette de pastor me onder druk om te gaan trouwen, maar aan de andere kant mocht ik niet afspreken met wie ik wilde en had ik eerst zijn goedkeuring nodig. Toen gingen mijn ogen open, ik begon bepaalde kwesties in de kerk in twijfel te trekken. Diep van binnen wist ik dat het niet goed was hoe hij me behandelde. Ja, ik had fouten gemaakt, maar de pastor was te ver gegaan en deed alsof hij niets meer met me te maken wilde hebben. Ik mocht geen meisje benaderen als hij haar niet goedkeurde. Alles ging op zijn voorwaarden en als ik het niet met hem eens was of het anders deed dan hoe hij het wilde, riskeerde ik zijn afkeuring. Hij vertelde me dat hij me niet wilde trouwen. Ik was een van de laatste mannen in mijn vriendengroep die trouwde. Toch was ik pas zevenentwintig, maar de meeste mannen in de kerk trouwden als ze rond tweeëntwintig jaar oud waren. Hoewel ik me had aangesloten bij de kerk toen ik pas zestien jaar was, had ik nog steeds geen vrouw gevonden. Dit was ongewoon en de pastor was er niet blij mee. Maar ik begreep niet waarom er zo'n haast bij was. Het zou vanzelf gebeuren als de tijd er rijp voor was. Waarom was er zoveel druk?

Ik ontmoette mijn vrouw in 2011 en we trouwden in 2013. Ik vroeg God me te zegenen met een vrouw die op dezelfde golflengte zat als ik, vooral als het aankwam op wat ik diep van binnen wist over de kerk. Ik was het oneens met heel veel kerkpraktijken, maar ik hield me stil. Als ze wisten wat ik dacht, riskeerde ik repercussies en zouden ze me beschuldigen van rebellie. Vóór mij waren er ook al mensen op die manier beschuldigd en ik was bang dat het mij ook zou overkomen.

Mijn vrouw en ik stonden voor nogal wat uitdagingen in het begin, omdat we uit verschillende kerken kwamen. Zij kwam uit de Potter's House in Londen en ik uit de Potter's House in Birmingham, de Digbeth-tak. Toen ik haar ontmoette begonnen we met elkaar te praten voordat we het aan onze pastors vertelden. Als snel kwamen we erachter dat we wilden trouwen en daarom moesten we het onze pastors laten weten. Haar pastor kende haar al sinds ze heel jong was en wilde dat ze in de Londen-kerk bleef onder zijn leiderschap. Toen ze haar pastor vertelde dat ze graag terug wilde naar haar geboorteplaats Bristol als ze afgestudeerd was aan de universiteit, werd hij koel en afstandelijk en maakte hij onze verkeringstijd moeilijk.

Ik moest proberen het officieel te maken. Ik maakte een reis van 800 km van Londen naar Birmingham om eerst met mijn pastor te spreken en daarna van Birmingham naar Bristol (nog eens 160 km) om met de pastor daar te spreken, allemaal op één dag. We werden geacht ons te verloven en snel te trouwen; dat was geen probleem aangezien onze liefde sterk was.

Toen we begonnen te daten, kwamen er weer nieuwe regels bij waar we ons aan moesten houden, vooral omdat we niet uit dezelfde kerk kwamen. Mijn pastor trok het stevigst aan de touwtjes. Hij stond me niet toe dat ik een hele zondag in Bristol doorbracht, omdat ik in bediening stond en geacht werd een voorbeeld te zijn. Ik mocht haar maar één keer per twee weken opzoeken op zondagmiddag, omdat ik 's ochtends in de kerk moest zijn om de collecte te tellen. Haar pastor was een stuk minder streng, hij stond mijn vriendin toe me op te zoeken van zondagmorgen tot zondagavond.

Verkering betekende niet alleen een heleboel nieuwe regels, maar ook een heleboel geroddel. Mensen waren nieuwsgierig en bemoeizuchtig met betrekking tot onze relatie, maar we beantwoordden hun vragen niet. Het ging ze niets aan; we waren volwassenen. Soms beschuldigden mensen ons vals, of ze gingen achter onze rug om naar de pastor, zodat we verantwoording moesten afleggen. In de kerk mochten we geen enkele genegenheid naar elkaar laten zien. We mochten niet knuffelen, geen handen vasthouden, niet kussen. Dergelijk gedrag werd beschouwd als zondig en verkeerd. Het was moeilijk om geen enkele genegenheid naar elkaar te laten zien, omdat onze gevoelens voor elkaar sterker werden. Uiteraard werd seks buiten het huwelijk beschouwd als een afschuwelijke zonde. Daarom manipuleerde de kerk mensen in een reinheidscultuur om te voorkomen dat ze in zonde vielen.

Toen we ons verloofden, namen de manipulatie en controle toe. We kregen te horen dat trouwen op een zondag God meer zou eren dan wanneer we op een andere dag van de week trouwden. Door te trouwen op zaterdag zouden we God niet eren en zouden de genodigden geen preek horen. Op een zondag zouden mensen een preek verwachten; dat was goede reclame en misschien zouden mensen zich aansluiten bij de kerk.

Desondanks overtuigde mijn pastor me ervan op een zaterdag te trouwen, zodat hij er zelf ook bij kon zijn. Het maakte me eerlijk gezegd niets uit. Ik wilde dat er zo veel mogelijk mensen bij onze bruiloft waren. Als we zouden trouwen op een andere dag dan zaterdag, zouden mensen in bediening, waaronder een aantal van mijn getuigen, geen toestemming krijgen om naar onze bruiloft te gaan. Het leiderschap raakte verstrikt in allerlei twisten, omdat onze bruiloft op een zaterdag plaatsvond. Vooral mijn verloofde voelde de frustratie van haar pastor in Bristol, omdat hij terecht werd gewezen door de pastor in Londen, de moederkerk van Bristol, omdat hij toestond dat een bruiloft plaatsvond op een zaterdag, ook al was het idee afkomstig van mijn pastor. Het machtsspel veroorzaakte spanning tussen de kerken.

We trouwden en namen drie weken vakantie van Birmingham. We hadden even afstand nodig van al het gekrakeel. Mijn vrouw verhuisde naar Birmingham, omdat de kerkregels vereisten dat de vrouwen zich onderwierpen aan de man en zich bij hem voegden in zijn kerk. Ze fronsten hun wenkbrauwen als je als man dit patroon niet volgde, want dan werd je ervan beschuldigd dat je je geen leiding kon geven aan je huishouden. Toen we na drie weken terugkeerden naar de kerk, klaagde de pastor geniepig dat we te lang weg waren geweest.

Na een tijdje werd de kerk een beetje beter, maar toen viel het gedrag van bepaalde mensen haar op. Ze zag hen zoals ze waren en sprak zich daarover uit, wat die mensen niet zo leuk vonden. Dus begonnen ze haar anders te behandelen.

In januari 2014 sprak God tegen me dat ik dat jaar pastor zou worden. Ik bad alleen maar: "God, als het Uw wil is." Ik begreep niet waar dit vandaan kwam, want ik voelde me nooit goed genoeg. Ondanks mijn invloedrijke en succesvolle inspanningen tijdens evangelisatie om nieuwe mensen uit te nodigen zich aan te sluiten bij de kerk, zag mijn pastor me nooit als invloedrijk. Als hij dacht aan mensen die hij uit kon sturen om pastor te worden, kwamen andere mannen in zijn gedachten dan ik. Ik had nog steeds geen ervaring met preken, maar nadat ik getrouwd was, ging ik een Bijbelstudiegroep leiden. Kort daarna kreeg ik een groep nieuwgelovigen en bezoekers onder mijn hoede; de kerk noemde dat nazorg. Het ware beide geweldige ervaringen; het leerde me veel over het organiseren en leiden van onderwijs, waar ik tot nu toe nog geen ervaring mee had. God zette me in die posities om me klaar te stomen om pastor te worden. Hoe dichterbij de conferentie kwam, hoe sterker God aan me trok om het Evangelie te gaan preken, maar mijn vrouw en ik baden. "Als het Uw wil is." We lieten het verder in Gods handen. Ik had een sterk geloof dat er iets zou gaan gebeuren deze conferentie, maar ik was er niet zeker van hoe.

We overwogen niet naar de conferentie te gaan, omdat we krap zaten aangezien we pas getrouwd waren. Een paar dagen voor de confe- rentie belde onze pastor ons opeens op met de mededeling dat hij voor ons een hotel had geboekt voor de conferentie. Ik wist dat dit Gods wil was, omdat we niet van plan waren te gaan. De conferentie kwam en

God trok steeds harder, maar we wisten niet goed wat we moesten doen. Nadat we hadden gebeden, sprak God tot ons dat we onze pastor moesten aanspreken over uitgestuurd worden. Ik vertelde hem dat God me had geroepen om pastor te worden. We baden samen en we hadden vrede met de volgende stap die we moesten zetten, een stap die niemand van ons lichtvaardig opvatte.

Op de Bijbelconferentie in oktober 2014 beantwoordde ik de roep om te verhuizen naar Newport in Wales in het VK om een kerk te pionieren. Op vrijdagavond in de conferentie na de preek kondigden ze echtparen af die naar het podium moesten komen. Er werd voor hen gebeden en ze werden aangesteld in pastorale bediening. Ergens in de week van de conferentie moest je een gesprek met je pastor hebben gehad om dit te bevestigen. Voor ons had dit gesprek echter nooit plaatsgevonden, omdat we elkaar misliepen op de afgesproken tijd, zodat tegen de tijd dat de conferentie begon we het vereiste gesprek niet hadden gehad. Op dat moment wisten we niet zeker of we die vrijdagavond afgekondigd zouden worden, maar in mijn ziel wist ik dat het zou gebeuren. Toch was het voor mij een verrassing toen onze namen werden afgekondigd om een nieuw werk te starten in Newport in Wales. Dit was een van de meest opwindende en tegelijk beangstigende momenten van mijn leven. Dit was mijn droom die ik had nagejaagd en nu was het eindelijk zover.

Ik was opgewonden over dit nieuwe avontuur. De zenuwen gierden door mijn lijf, de vlinders in mijn buik fladderden in ijltempo weg toen de senior pastors en kerkenraad voor mij en mijn vrouw baden. Ik kreeg twee woorden van kennis van twee pastors. De ene ging over mijn gebrokenheid en hoe God ons allebei zou gaan gebruiken aangezien we allebei uit een gebroken gezin kwamen. Het tweede woord ging over het bestuderen van het woord en dat God me zou toerusten. Beide woorden waren logisch. Dit was een van de meest gedenkwaardige momenten in mijn leven. Deze woorden komen nog steeds van pas, zelfs nadat ik de Potter's House heb verlaten.

De reacties van de mensen in mijn kerk waren wisselend; sommigen waren blij voor me, anderen dachten dat ik niet goed genoeg was om een kerk te pionieren. Verhuizen naar Newport was niet gemakkelijk.

Toen ik daar in de bediening kwam als pastor raakte ik teleurgesteld over een aantal onvoorziene problemen. Ik was teleurgesteld over de mate van corruptie in de bediening. Een heleboel van die zogenaamde mannen van God waar ik tegenop had gekeken, waren niet wat ik had verwacht. Ze waren acteurs en geen weerspiegeling van wat ze preekten vanaf de preekstoel. Mijn vrouw en ik moesten een baan en huisvesting vinden binnen een vastgestelde tijd, omdat we moesten werken met een openingsdatum. Bovendien werd van ons verwacht dat we de ene na de andere promotieactiviteit voor onze nieuwe kerk organiseerden.

De motivatie om te evangeliseren, was anders; het was niet gewoon het evangelie vertellen en maar zien wie er kwam. Ik evangeliseerde veel meer dan voorheen zodat de kerk zou groeien. Ik stond onder een enorme druk om deze kerk te laten groeien, maar ondanks alles genoot ik ervan om pastor te zijn en te preken. Ook de controle en het beleid achter de schermen ontmoedigden me. Ik had me niet gerealiseerd dat ik door voortdurend te evangeliseren een irritante pastor werd die mensen aanspoorde om naar mijn kerk en activiteiten te komen.

Er was ook veel onzekerheid onder de leiders en concurrentie over wie de grootse kerk had. Feit is dat als je het wilde maken als pastor je een behoorlijk aantal mensen in je kerk moest hebben, je als pastor arrogant en zelfingenomen moest zijn en een flink bedrag aan tienden moest betalen aan je moederkerk.

Ik was ook bedroefd over hoeveel geld dat in rekening werd gebracht als uitgaven voor de kerk in werkelijkheid door de pastors werd uitgegeven aan hun eigen pleziertjes. Toen ik nog een discipel was gooide ik van tijd tot tijd mijn laatste cent in de collecte in de hoop dat God me zou zegenen. In plaats daarvan kreeg ik meer financiële problemen. Soms kon ik mijn elektriciteitsrekening niet betalen, omdat ik dat geld had gebruikt voor mijn tienden. Maar deze pastors geven enorme bedragen uit aan dure hotels en restaurants en vele andere luxes, waarvan ik geloofde dat die verkeerd waren. Als er gastsprekers kwamen preken moest ik daar een belachelijke hoeveelheid geld aan uitgeven. Voor sommige van die mannen was het een zelfgecreëerd carrière pad.

Er kwamen niet veel mensen naar mijn kerk, dus ik werd behandeld alsof ik niet vruchtbaar was. Maar God begon mij en mijn vrouw op een andere manier te gebruiken dan wat De Fellowship als effectief beschouwde. We ontwikkelden allebei de geestelijke gave van profetie toen we Gods woord baden en profeteerden over mensen. Hoe meer we baden, hoe meer de aanwezigheid van God ons bovennatuurlijk leidde om de kerk anders te benaderen dan hoe De Fellowship leerde, maar tijdens dat proces kregen we te maken met een heleboel weerstand. Ik werd altijd vergeleken met mijn mede-pastors die meer mensen in hun kerk hadden. Ik stond onder enorme druk om de ene activiteit na de andere te organiseren, elke week twee preken en een Bijbelstudie te schrijven, nazorg te geven aan de mensen die naar de kerk kwamen, naast een fulltime baan en als pasgetrouwde man met een kind onderweg.

Toen mijn eerste zoon werd geboren, zei ik tegen onze pastor dat ik een activiteit waarvoor mijn moederkerk met een team zou komen, ging afzeggen. Ik smeekte hem niet te komen, maar mijn smeekbede werd genegeerd en ik werd geacht de activiteit gewoon te organiseren. Zelfs mijn vrouw die nog moest herstellen van de bevalling, werd geacht te evangeliseren en te helpen de kerk te bouwen. Ik moest bij alle activiteiten die De Fellowship organiseerde aanwezig zijn, van pastorsmeetings tot pastorsconferenties. Bijna alle vakanties van mijn werk werden ingeroosterd zodat ik bij al die activiteiten kon zijn, want dat was belangrijk als je een pastor was. Familieverplichtingen deden er niet toe.

We werden voortdurend onder druk gezet terwijl we probeerden bepaalde aanwezigheidscijfers in de kerk te halen. Soms spoorde God ons aan dingen anders te doen dan de traditie en het patroon van De Fellowship, maar we bleven er weerstand tegen ondervinden. Hoe meer we de Geest van God gehoorzaamden, hoe meer vrucht we zagen, maar dit was in tegenspraak met wat De Fellowship geloofde. Ik werd ervoor berispt en mij werd verteld dat ik niet moest doen wat God ons leidde te doen. Ik kreeg te horen dat ik langer moest bidden en moest doordrukken in Gods aanwezigheid. Ik moest ophouden activiteiten te organiseren die afweken van wat De Fellowship altijd deed.

De controle door anderen maakte dat ik mijn ijver verloor omdat de Geest van God in mij uitgehongerd werd.

Mensen zwermden om vele charismatische predikers in De Fellowship heen. Zo werd de kerk nou eenmaal gebouwd, maar ik was niet als zij en ik had ook niet die intentie. Ik preekte gewoon het Woord van God en ik maakte me er niet druk om of er al dan niet mensen naar de kerk kwamen. Dat was alleen een punt vanwege de druk die mijn pastor uitoefende.

In het midden van deze storm van druk, manipulatie en controle wilde ik De Fellowship verlaten. Dat verlangen werd steeds groter, maar ik bad tot God, omdat ik De Fellowship niet wilde verlaten. Ik genoot ervan pastor te zijn en te preken, maar het beleid en de manipulatie trokken een zware wissel op onze mentale gezondheid. Onze pastor bleef maar bijeenkomsten organiseren tussen mij en mijn mede-pastors om te praten over kerkgroei, maar dat was onnodig. De pastor maakte zich er alleen maar druk om dat hij in een goed blaadje stond bij de hoofdpastor die net de moederkerk in Londen had overgenomen.

Mijn pastor organiseerde een speciale meeting tijdens een kerstmaaltijd in Birmingham die we verplicht bij moesten wonen. Vóór deze meeting was ik niet van plan naar de maaltijd te gaan. We hadden al een meeting twee maanden voor de conferentie om over dezelfde kwesties te praten, dus ik zag het nut niet in van nog een meeting, maar diep van binnen wist ik dat ze er hun redenen voor hadden.

Het was een aanval van de tegenstander waardoor we zwaar onderdrukt werden. Dit gebeurde nadat ik had gebeden voor verbetering van de gespannen situatie tussen mij en mijn pastor en mede-pastors. God verhoorde mijn gebed, daagde me uit en zei dat Hij me niet een geest van angst had gegeven. Hij gaf me wijsheid om op een respectvolle manier mijn gevoelens te uiten en de pastor te confronteren. Als gevolg van alles wat er speelde, kookte ik van frustratie. Zoals ik al voorspelde, ging de meeting tijdens de kerstmaaltijd over dezelfde kwesties als de voorgaande meeting. Toen ik mijn pastor respectvol confronteerde, had dat een averechts effect. "Als ik iemand anders naar Newport zou sturen, zou de kerk wel groeien", antwoordde hij.

"Ik had altijd al twijfels om jou uit te sturen, maar ik deed het omdat je een goede vrouw hebt."

Ik reed weg, verwarring vertroebelde mijn gedachten. Dacht de pastor dat ik niet goed genoeg was en dat ik niet vruchtbaar was? Hij gaf me een onaangenaam gevoel. Ik was onrustig. Ik moest bidden en God zoeken; mijn gezin en ik verkeerden in nood.

God sprak tot me dat ik de pastor van mijn pastor in Londen moest confronteren met alles wat er speelde. Maar toen ik dat deed, luisterde hij niet. Ik vertelde hem hoe ik behandeld werd. Hij deed alsof hij er niets mee te maken had; dat het tussen mij en mijn pastor was. Ik bleef bidden. Daarna zei God me dat ik De Fellowship moest verlaten. Dus ik stuurde een berichtje, blokkeerde alle Potter's House-contacten en vertrok.

Onmiddellijk voelde ik rust en vrede in mijn lijf. Ik wist dat we de juiste beslissing hadden genomen, er viel een last van onze schouders. Toch stuitten we nog op een boel verzet en we verloren veel van onze beste vrienden omdat we de kerk verlieten. Ik werd verstoten door de kerk; De Fellowship gelooft dat verstoten een vorm van discipline is voor iemand die in zonde leeft en weigert zich te bekeren met als doel hen te herstellen.

"Maar nu heb ik u geschreven dat u zich niet moet inlaten met iemand die, terwijl hij een broeder wordt genoemd, een ontuchtpleger is, of een hebzuchtige, of een afgodendienaar, of een lasteraar, of een dronkaard, of een rover. Met zo iemand moet u zelfs niet eten" (1 Korinthe 5:11).

Maar dat was ik helemaal niet, ik leefde ook niet in zonde. Ik leefde zo goed als ik kon voor God, en ik was het slachtoffer van dit alles. Maar zelfs als ik geen Christen was, was de behandeling die ik kreeg geen Bijbelse weerspiegeling van Gods liefde.

Ik verloor mensen waar ik om gaf. Ik werd eenzaam en depressief. Ik had zonder klagen meer dan vijftien jaar van mijn leven opgeofferd om deze fellowship te dienen. Ik had een goede reputatie in mijn tak en andere takken in het district en ik genoot ervan het Evangelie te preken. Ik was niet van plan de kerk te verlaten, maar God wilde verder met mij.

Het berichtje dat ik mijn pastor stuurde was respectvol, maar hij nam het verkeerd op en belaagde bewust mijn familie en vrienden. Hij schetste een heel negatief beeld van mij, zodat ze geen contact meer met me zouden willen.

Als man vond ik het moeilijk me kwetsbaar op te stellen en ik worstelde ermee om open te zijn over mijn eigen pijn. Maar de pijn zat diep, het was alsof iemand me had neergestoken en nu stond toe te kijken hoe ik dood bloedde, terwijl ze me met gaslighting probeerden te doen geloven dat ze me niet neergestoken hadden. Het was een van de ergste pijnen die ik ooit in mijn leven heb ervaren. Mensen die beweerden Bijbelgetrouwe Christenen te zijn, logen over mij tegen vrienden en familie. Ik kon niet begrijpen dat dat zelfs maar mogelijk was. Wat me het meeste pijn deed, was dat deze mensen me al meer dan vijftien jaar kenden en dat ze me uitstootten, zonder mij zelfs maar te bellen en mijn kant van het verhaal te horen. Ze geloofden de pastor op zijn woord. Mijn karakter en mijn reputatie deden er niet toe.

Nu, zes jaar later, heb ik herstel gevonden en een goede balans in mijn gezin. Mentaal, spiritueel en lichamelijk zijn we er een stuk beter aan toe. Ik dien God nog steeds en heb geleerd hoe ik Hem echt moet aanbidden in geest en in waarheid. Er is vrijheid in Christus—vrijheid om het overvloedige leven te leiden waartoe God ons geroepen heeft. We mogen religieuze instituties niet toestaan onze vrijheid, bestemming, geluk en mentale gezondheid te roven. Ik ontvang echte genezing door over mijn ervaringen te praten om anderen en mezelf te helpen.

Nadat ik de Potter's House had verlaten, ben ik een podcast begonnen, *The Refuge Centre Podcast*, waarin ik mijn ervaringen deel en preek over verschillende onderwerpen. Ik heb e-mails gekregen van mensen uit verschillende delen van de wereld die bevestigen dat mijn verhaal hen bemoedigde en ik hoor er nog steeds goede berichten over.

Een hele poos heb ik mijn pijn ontkend; mijn ego deed alsof het leven geweldig was, maar dat deed me meer kwaad dan goed. Daarnaast zocht ik professionele hulp, dat hielp enorm. De therapeut had zelf een zoon met een soortgelijke ervaring, dat schiep een band, waardoor ik me minder alleen voelde. Sinds ik de kerk heb verlaten, heb ik twee artikelen gelezen over twee verschillende pastors die een eind aan hun leven hebben gemaakt als gevolg van depressie. Dat had ik geweest kunnen zijn. Ik kwam uit een omgeving waar mannen werd geleerd mannen te zijn en zelf hun problemen op te lossen. Dat creëerde ongezonde ego's, zodat mannen niet meer met elkaar konden praten. Als je het toch deed, werd alles wat je zegt tegen je gebruikt, waardoor je niemand meer vertrouwde.

Dit leeft al een tijdje in mijn hart en moet nodig gedeeld worden. Jezus is een geneesheer en het is niet Zijn wil dat mensen die we vertrouwen en liefhebben ons pijn doen. Ze deden mij pijn terwijl ik een deel van die kerk was.

Zodra ik wegging, ontving ik vrede en genezing.

HOOFDSTUK 6
DE WONDERBABY
HELEN

Potter's House, Glasgow, United Kingdom
Potter's House, Edinburgh, United Kingdom

"Voordat Ik u in de moederschoot vormde, heb Ik u gekend; voordat u uit de baarmoeder naar buiten kwam, heb Ik u geheiligd. Ik heb u aangesteld tot een profeet voor de volken."
—Jeremia 1:5

Mijn ouders vertelden me dat mijn geboorte een wonder was, geprofeteerd door een van de gastsprekers in de Potter's House. Tijdens een genezingscampagne verkondigde hij dat mijn ouders in het volgende jaar een dochter zouden krijgen: mij. Nu ik ouder ben, ken ik de waarschijnlijkere waarheid: Mijn ouders zochten medische hulp en mijn moeder onderging een kleine ingreep waardoor haar vruchtbaarheid verbeterde. Ik weet zeker dat hier ergens een metafoor in verstopt zit, maar het vat de denktrant van de Potter's House goed samen. Pastors waren een directe link naar God, en door louter gebed en geloof was alles mogelijk.

Ik weet niet zeker wat er zou zijn gebeurd als ik een jongen was geweest of helemaal niet was geboren. Soms vind ik het leuk me voor te stellen dat het mijn ouders wakker had geschud en dat ze de kerk hadden verlaten en in plaats daarvan een gelukkig leven hadden geleid. Ik werd geboren in de Potter's House Christian Fellowship, wat ons allemaal meer dan tien jaar ellende heeft berokkend.

Mijn eerste echte herinnering aan de kerk van toen ik ongeveer drie of vier jaar was, is niets bijzonders. Ik was me aan het uitleven achterin de kerk na de dienst. We kwamen samen in een ruimte bovenin een wijkcentrum met hoge plafonds, dikke muren en een lichte houten vloer. De volwassenen zaten op klapstoelen en dronken thee, gezet door vrouwen uit de kerk, in piepschuim bekers, terwijl ik huppelde en sprong in de lege ruimte achterin de kerk. Mijn vader zat daar in zijn overhemd en pantalon. Soms droeg hij grappige stropdassen die ik voor hem uitkoos, stropdassen in schreeuwende kleuren bedrukt met Mickey Mouse of Wallace en Gromit. Zelfs nu hij zelf een pastor was, droeg hij soms nog steeds grappige stropdassen voor mij. Zoals altijd droeg ik een jurk. Dat was verplicht voor de dochter van de pastor. Ik haatte jurken zo erg dat ik me in de paar uur tijd tussen de twee diensten op zondag omkleedde in een tuinbroek. De meeste gemeenteleden zag ik minstens vier keer per week: op woensdag, zaterdag om te preken op straat en folders uit te delen (ook wel evangelisatie genoemd), en twee keer op zondag. In combinatie met het feit dat mijn ouders naar een nieuwe stad waren verhuisd om de kerk over te nemen, betekende dat dat de gemeente als mijn familie was. Ik zag hen tweeënvijftig weken per jaar, bij elke belangrijke feestdag en vierde elke verjaardag met hen. Ik zou graag willen denken dat ik verdrietig was toen we de kerk sloten en terug verhuisden naar waar we vandaan gekomen waren, maar eigenlijk herinner ik me er weinig van. Ik hoorde of zag nooit meer iets van hen. We verlieten de ene Potter's House-kerk (die van mijn vader) en gingen direct naar een andere Potter's House-kerk—want het was absoluut noodzakelijk om binnen De Fellowship te blijven—en begonnen weer van voren af aan. "Als u van de wereld zou zijn, zou de wereld het hare liefhebben, maar omdat u niet van de wereld bent, maar Ik u uit de wereld heb uitverkoren, daarom haat de wereld u" (Johannes 15:19).

Ik heb gehoord dat sektes vooral werken door hun leden te isoleren, terwijl ze worden gewaarschuwd voor de buitenwereld. Het doel is de sekte te laten lijken op een veilige plaats en alle vormen van informatie van buitenaf, die het lid zouden kunnen beïnvloeden om de sekte te verlaten, te ontmoedigen. Alle tekenen waren aanwezig in de Potter's House, en als ex-lid ben ik stomverbaasd over hoe overduidelijk de waarschuwingssignalen waren. Ik was nog maar een kind, maar toch werd ik onderworpen aan vreemde en eigenaardige regels, alles onder het mom van geleid te worden door God Zelf.

Volwassenen in de Potter's House werden stevig ontmoedigd vriendschappen buiten de kerk te hebben, vooral met mensen die naar andere, niet-Potter's House, kerken gingen. Om de een of andere reden werd dat laatste gezien als erger dan vriendschappen met niet-religieuze mensen. Het woord *religieus* werd gebruikt als een neerbuigende term in de Potter's House, bedoeld om te verwijzen naar aanbidders op zondag en hen die niet volledig toegewijd zijn om elk uur dat ze wakker zijn te spenderen met God. Deze mensen noemden we lauwe Christenen die niet in vuur en vlam stonden voor Jezus.

Als ik erop terugkijk, waren deze maatregelen duidelijk bedoeld om leden te isoleren van andere Christenen en hen met andere geloven, ongeacht hoe sterk hun geloof op het onze leek. Protestant, Katholiek, Joods, het maakte niet uit: Ze waren allemaal fout en ze gingen allemaal naar de hel. Toen ik klein was, bedacht ik hoe leeg de hemel moest zijn als die alleen gevuld werd met mensen uit de Potter's House. Met dat in mijn gedachten vroeg ik een vrouw in onze kerk hoe de hemel zou zijn. Ze vertelde me niet wie er nog meer in de hemel zou zijn, maar antwoordde in plaats daarvan: "We zullen allemaal de hele dag God aanbidden, voor eeuwig."

Dat leek me nogal saai. Maar door haar toon wist ik dat ik hier echt enthousiast over moest zijn, dus ik speelde mijn rol. Ik weet niet meer precies wat ik zei of deed, maar ik reageerde naar tevredenheid, wat werd doorgegeven aan mijn ouders. Ze waren dolgelukkig met het idee dat hun dochter zo veel van God hield.

Als kind mocht ik vrienden hebben buiten de kerk. In de praktijk bleek dat nogal ingewikkeld als gevolg van alle restricties waar ik onder leefde, waarvan sommige echt verbijsterend waren. Karate was verboden, omdat het mijn ziel zou openen voor boze geesten. Hetzelfde gold voor Halloween en Harry Potter. Veel van de restricties waren onschuldig, maar maakten een normale jeugd vrijwel onmogelijk.

Hoe moest ik met andere kinderen praten over hun favoriete televisieprogramma's als de Potter's House het verbood om een televisie te hebben? Hoe moest ik meezingen met liedjes op school als wereldse muziek verboden was? Hoe kon ik mijn beste vriendin uitleggen dat ik niet op haar verjaardagsfeestje kon zijn, omdat ik niet alleen niet naar de bioscoop mocht, maar ook nog eens geacht werd te evangeliseren op straat op zaterdag? Op de een of andere manier slaagde ik erin vriendschappen buiten de kerk te onderhouden en ik klampte me zo vaak ik kon vast aan deze bakens van normaliteit. Ik leerde gauw genoeg wat ik moest zeggen, hoe ik me moest gedragen en ik deed mijn best erbij te horen.

Een cruciaal punt in mijn jeugd was het moment toen ik acht of negen jaar oud was en voor het eerst in de problemen kwam tijdens een godsdienstles. Nadat we les hadden gehad over Sikhisme of Hindoeïsme (ik weet niet meer welke van de twee) en ik thuis trots mijn nieuwe kennis had gedeeld, hadden mijn ouders boos geëist dat ik voortaan niet meer deel hoefde te nemen aan de godsdienstlessen. Ik mocht niet leren over andere godsdiensten dan Christendom en Judaïsme. Een van mijn juffen verwijderde me per ongeluk uit de les over Judaïsme ondanks mijn smeekbede om te mogen blijven, omdat Jezus een Jood was. Mijn juf zei dat ik brutaal was en mijn ouders geloofden haar en dwongen me mijn excuses te maken, hoewel ik wist dat ik gelijk had. Ondanks mijn eerbied voor mijn ouders en de wensen van de Potter's House werd ik in de steek gelaten en verraden. Alles wat ik wilde was me normaal voelen, niet vreemd of buitengesloten. Achteraf was het allemaal onderdeel van de sekte, die kortzichtigheid en gehoorzaamheid aan autoriteit, van ouders tot leraren tot pastors, aanmoedigde. Ik leerde snel mezelf niet te verdedigen en mijn gedachten voor me te houden, want anders zou ik mijn ouders boos maken. "Er is in de liefde geen vrees, maar de volmaakte liefde drijft de vrees uit. De vrees houdt immers straf in, en wie vreest, is niet volmaakt in de liefde." (1 Johannes 4:18).

Voor een kerk die zo mordicus tegen magie en hekserij was, verheugde de kerk zich nogal in preken over Satan, geesten en demonen. Ongeacht de pastor die de preek hield, volgden ze allemaal een soortgelijke presentatiestijl die werkelijk een lust voor het oog was. Ze liepen in hoog tempo heen en weer over het podium als een vrome pendel met een draadmicrofoon stevig in de hand, terwijl de flappen van hun jasje als vleermuisvleugels om hun middel wapperden. Ondanks kleine groepen van om en nabij 30 mensen, bulderden en zweetten ze in de microfoon. Ze namen alleen pauze om hun notities te checken of een slokje water te nemen om de rest van hun preek kracht bij te zetten. Soms keek de pastor me recht aan, alsof God hem vertelde wat ik dacht. Als volwassene ben ik er volledig van overtuigd dat ze dit deden om de gemeenteleden angst aan te jagen; sommige pastors beweerden dat ze de geest van onderscheid hadden, waardoor ze de ware aard van mensen konden lezen. Soms gaven zij aan het eind van een preek een woord van God. Ze spraken over hoe God een boodschap voor iemand in de gemeente op hun hart had gelegd, en terwijl ik daar zat groeide een bodemloze put van angst in mijn maag als een zandloper, ik vreesde dat ik iets zondigs had gedaan.

Het onfortuinlijke gevolg van een kerk die zo geobsedeerd is door demonen was het effect ervan op kinderen. De meeste kinderen hebben een rijke fantasie en geloven in magie, feeën en geesten, en ik was niet anders. Maar omdat ik een kind was in de Potter's House vertelden de volwassenen me dat er een geestelijke wereld was die ik niet kon zien en dat ik demonen en engelen letterlijk moest nemen, als echte wezens. Ze vertelden me dat God overal was en me altijd in de gaten hield. Dit plaatste me voor een raadsel. Keek Jezus naar mij als ik douchte? Zaten er demonen onder mijn bed? Kon ik bezeten zijn als ik me had misdragen en had vergeten te bidden voor het slapen gaan? Ik ontwikkelde een staat van paranoia waardoor ik soms bang was om het licht uit te doen of alleen te zijn voor het geval een kwaadaardig wezen bezit nam van mijn ziel.

Volgens de Potter's House was gered of wedergeboren worden de enige manier om in de hemel te komen. Hiervoor moest je in de Potter's House een zeer specifiek gebed bidden, en ook geld aan de kerk geven en je ook bijna voortdurend bekeren van zonde. Wat ze me echter niet uitlegden, was hoe dit precies werkte. Als kind dacht ik dat God een lijst van al mijn zonden bijhield, zoals Sinterklaas, en als ik stierf terwijl ik me niet bekeerd had van al mijn zonden, zou ik recht-streeks naar de hel gaan.

Ik heb geen idee of dit in overeenstemming is met wat de kerk leert, omdat ik met niet herinner hoe ik bij deze gedachte gekomen ben. Het enige wat ik weet is dat je niet gewoon het speciale gebed kon bidden en dan voor altijd gered was; je moest voortdurend meewerken aan je eigen redding. Als gevolg daarvan werd ik doodsbang om 's nachts in slaap te vallen voor het geval ik in mijn slaap stierf en naar de hel ging. Ik bad routinematig om vergeving voor alles wat ik verkeerd deed en voor de zekerheid voegde ik er "Ik heb ook spijt van alles waarvoor ik vergeten heb vergeving te vragen" aan toe.

Deze angst werd, hoe bizar, nog erger na een veiligheidspraatje over brand op school, waarin ik leerde dat huisbranden vaak voorkwamen. Ik raakte lichtjes geobsedeerd door het risico op huisbrand, veel meer dan een kind zou moeten zijn, uit angst dat ik zou sterven in letterlijke vlammen en dan naar een vurige hel zou worden gestuurd.

Bovendien was ik ook doodsbang voor de opname of de tweede komst van Christus. Na een kerkdienst zat ik een keer in de auto bij een benzinepomp terwijl mijn vader tankte. Ik zat achterin, mijn moeder voorin. In het halfdonker zei ik tegen mijn moeder dat ik een rode vlek onder mijn huid had op de rug van mijn hand en dat ik bang was dat het het teken van het beest was, wat het teken van de Antichrist was. Ze keek me aan via de achteruitkijkspiegel van de auto, fixeerde me met haar blik en vroeg waarom ik dat dacht. Ik maakte me toen zorgen dat ze me ervan beschuldigde een zondaar te zijn. Nu vraag ik me af of ze een flauw vermoeden had dat deze kerk me misschien wel beschadigde. Toen ging mijn vader achter het stuur zitten en reden we naar huis. We hebben er nooit meer over gesproken.

Ik had vaak het gevoel dat ik niet met mijn ouders kon praten over kerkzaken, omdat de kerk altijd op de eerste plaats stond. Kerkleden vertelden vaak trots dat ze meer van God hielden dan van hun man of vrouw en kinderen, dat stak een beetje. Ik hoorde altijd dat God altijd op de eerste plaats stond, boven mij, en dat geloofde ik ook. Een groot deel van mijn jeugd was ik bang: bang voor de hel, voor demonen, voor oordeel en, ten slotte, voor mijn ouders.

Mijn vader was opvliegend. Als hij boos was, maakte hij snelle onvoorspelbare bewegingen, als een slang die aanvalt. Uit het niets greep hij me, trok aan mijn arm of was dreigend naar mij. Desondanks gaf mijn moeder toch lijfstraffen. Mijn ouders hadden ruzie over de beste manier om mij te disciplineren en verdraaiden Bijbelteksten over discipline. Het vers over het niet sparen van de roede namen ze letterlijk, want ze sloegen me met voorwerpen en ik huilde van angst voor mijn ouders. Het slaan hield pas op toen ik wat ouder was en het toevertrouwde aan de dochter van de toenmalige pastor. Zij vertelde me dat dat niet goed was. Dit bracht ik over naar mijn ouders en wonder boven wonder stopte het slaan.

Tot op de dag van vandaag weet ik eigenlijk niet wat er is gebeurd en ik weet niet of de dochter van de pastor het aan haar vader heeft verteld. Daarom zou ik werkelijk niet kunnen zeggen of de kerk heeft ingegrepen om de mishandeling te stoppen. Misschien was het simpele feit dat ik mijn ouders vertelde dat ze een misdaad begingen voldoende, of misschien is de pastor erachter gekomen en heeft hij met mijn ouders gesproken. Hoe het ook zij, ik ken heel veel Potter's House-kinderen die mishandeld werden door hun ouders—ik was niet de enige.

Op een zondag vroeg een gemeentelid in tranen aan een aantal vrouwen of ze voor haar wilden bidden, omdat een leerkracht een blauwe plek in de vorm van een hand op de bovenarm van haar dochter had gezien en de kinderbescherming had gebeld. De vrouw in kwestie ging vaak ruw om met haar kinderen. Zij en haar man maakten deel uit van het aanbiddingsteam en dus brachten ze hun kinderen al uren voor de dienst begon mee naar de kerk om alles op te bouwen, en na de dienst bleven ze met hun kinderen om te helpen opruimen. Deze kinderen mochten niet door de kerk rennen, zoals ik wel mocht toen ik nog klein was. Ze moesten stilzitten op hun stoel en stil zijn, en vaak werden ze behandeld alsof ze zich misdroegen, terwijl hun gedrag eigenlijk volkomen normaal was voor hun leeftijd en gemakkelijk uitgelegd had kunnen worden als verveling. Ik was niet geschrokken van het nieuws over de blauwe plek en het bezoek van de kinderbescherming, ook al was ik zelf nog een kind.

Tot op de dag van vandaag vraag ik me af wat de kerkleden baden in dit geval. Baden ze voor genezing van de blauwe plek? Voor Gods vergeving voor dit overduidelijke geval van kindermishandeling? Of baden ze voor een gerechtelijke dwaling en dat de kinderbescherming het erbij zou laten? Ik ben het nooit te weten gekomen, maar wat ze ook baden het zou me allerminst verbaasd hebben. "De tong van wijzen maakt kennis goed, maar de mond van dwazen vloeit over van dwaasheid." (Spreuken 15:2).

Gebedsverlangens waren altijd interessant in de Potter's House, vooral op zondag, en waren soms pareltjes van vermaak. Er werd een blanco vel papier op het mededelingenbord voor de gemeente gehangen om gebedsverlangens op te schrijven. Deze werden vervolgens voorgelezen door een of ander aanstormend mannelijk lid van de gemeente dat was uitgekozen om de zangdienst te leiden. De gebedsverlangens waren nogal monotoon en veranderden amper: de driewekelijkse gebeden voor redding van de hele familie van mevr. Smith, de voortdurende gebeden voor de zieke neef van meneer Brown en af en toe een onleesbare krabbel die niet ontcijferd kon worden ("maar dat geeft niet, want God weet wat in het hart is").

Daarna volgden twee of drie minuten van gebed, dat van kerklid tot kerklid verschilde in intensiteit. De meeste mensen stonden, tenzij ze dat niet konden. Sommige baden zacht en discreet met hun ogen gesloten. Anderen pakten het flamboyanter aan, ze stonden breeduit met hun handen uitgestrekt en hun vingers gespreid, zwaaiend op hun voeten als een vreemde evangelische palmboom die heen en weer zwaaide in een stevige wind, met groeven in hun voorhoofd, terwijl ze de hemel bestormden.

Ik moet toegeven dat ik nooit echt bad. Als ik bad, bad ik liever in mijn hoofd; God kon immers mijn gedachten lezen, redeneerde ik. Ik genoot niet van het circus van gebed en ik genoot vooral niet van spreken in tongen. Hoewel de hele kerk voor me bad dat ik de gave van spreken in tongen zou ontvangen, gebeurde dat nooit. Ik deed slechts alsof en sprak de onzinlettergrepen uit die opkwamen in mijn hoofd zonder dat ik mijn gedachten stuurde en zonder achterliggende buitenaardse dwang. Ik voerde deze show één keer op om de gemeente tevreden te stellen en daarna deed ik het nooit meer. Het kwam in me op dat ik hierdoor een leugenaar was en dat er misschien niemand in onze kerk echt in tongen sprak. Ik geloofde niet dat ik er op de een of andere manier beter van werd. Ik kon privé bidden voor privézaken, dus er was geen enkele noodzaak om koortsachtig te babbelen op een louter performance-achtige manier.

Op een zekere zondag, na weken van steeds dezelfde gebedsverlangens, trok een nieuw gebedspunt mijn aandacht. Het vereiste een lange beschrijving vanaf de preekstoel om ons te overtuigen van hoe urgent het was. Een jonge man in de kerk had onlangs een weekendbaantje in de plaatselijke supermarkt aangenomen en had wanhopig de hulp van de Heere nodig. Ondanks dat hij had gesolliciteerd voor een weekendbaan, ging hij zijn baas vragen om hem de zondagen vrij te geven, zodat hij aanwezig kon zijn in de ochtend- en de avonddienst. Bovendien moest hij latex handschoenen dragen (waar hij allergisch voor was) vanwege de hygiëne. Op zijn handen had hij grote rode zwellingen en blaren en zijn hand schilferde als Parmezaanse kaas. Toch had hij de hulp van de gemeente nodig om God te smeken hem toe te staan op slechts één van de dagen op zijn contract per week te werken en ook nog eens het hygiëneprotocol te breken.

De zangdienstleider legde dit allemaal uit met een stalen gezicht. Hij pakte de microfoon en verkondigde: "De duivel is aan het werk door Morrisons."

"Amen!" riepen sommige stemmen uit het publiek.

Een paar jaar later ging dezelfde jongeman trouwen met een vrouw in de kerk. Hun bruiloft zou plaatsvinden in ons schamele kerkgebouw op zondagmiddag en na hun geloften stond nog een hele preek op het programma. Onze kerk was behoorlijk ingedut dus deze bruiloft had al maanden onze volledige aandacht en was onderwerp van intense discussie. De vrouw van de pastor had het grootste deel van de planning overgenomen en hield de hele gebeurtenis in een ijzeren greep, tot grote teleurstelling van de moeder van de bruid. De bruiloft moest samenvallen met een bezoek van een evangelist (vandaar de datum op zondag) en de receptie zou worden gehouden in een restaurant op een paar kilometer afstand en er mocht absoluut geen alcohol worden geschonken aan de bruiloftsgasten en georganiseerd vervoer was niet toegestaan. En natuurlijk moest de ceremonie plaatsvinden in ons kerkgebouw.

Er werd een show opgezet voor de bezoekende evangelist, maar desondanks was het gebouw op de dag van de bruiloft saai en onversierd als altijd: geen mooie bloemen, geen strikken aan de stoelen, geen kaarsen of andere ornamenten. De bruid en bruidegom wisselden hun geloften onder het harde fluorescerende licht van ons voormalige kantoorgebouw, gaven elkaar een kus en gingen zitten voor de preek. Na de dienst verlieten de pasgehuwden het gebouw via de vieze traptreden naar de stoep buiten, waar een vlooienmarkt werd gehouden.

Die ochtend was er blijkbaar op het laatste moment nog een bloemenmeisje gewisseld: een van de kleine meisjes uit de gemeente. Ik heb pas later het hele verhaal gehoord. Uit protest had het grootste deel van de familie van de bruid ervoor gekozen de bruiloft niet bij te wonen, waardoor er geschoven moest worden met de plaatsen op het bruiloftsfeest. De pastor en zijn vrouw zaten nu trots aan het hoofd van de tafel waar de ouders van de bruid hadden moeten zitten, samen met de ouders van de bruidegom en een paar andere goede vrienden. Wat een heugelijke dag had moeten zijn, verliep in plaats daarvan zeer moeizaam. *Wat een schande,* dacht ik, *dat de duivel de baan en de bruiloft van deze man verpest heeft.*

Bruiloften (en relaties in het algemeen) waren een complex onderwerp in de Potter's House en droegen bij aan mijn vertrek. Ook al hadden we maar ongeveer 30 leden, we waren verplicht te daten binnen de Potter's House-kerk. Andere vormen van Christendom waren niet acceptabel. Theoretisch kon je proberen je partner te bekeren tot de kerk, maar dat zou hebben geleid tot gefronste wenkbrauwen over hoe je precies in contact was gekomen met iemand die niet gered was. Je kon ook daten met een lid van de Potter's House in een andere stad; maar dat zou van begin af aan een lange afstandsrelatie vereisen en was behoorlijk ingewikkeld.

Zonder uitzondering moest de pastor alle relaties goedkeuren. De pastor had tenslotte rechtstreeks toegang tot God en kon deze beslissingen nemen. Het zou nog vele vele jaren duren voor ik zou gaan trouwen aangezien ik de enige tiener in de kerk was, dus maakte ik me er niet al te druk over. De strikte aard van daten in de Potter's House maakte dat ik de tijd nam, vooral toen ik zag welk effect het had op andere mensen die ik kende.

Op een middag riep mijn vader me naar beneden. Hij gaf me de telefoon en zei: "Alan wil met je praten". Alan ging naar de Potter's House. Hij was een goede vriend van de familie die me al kende sinds ik een kind was. Hoewel ik me hem toen voorstelde als een man van midden dertig of veertig, was hij blijkbaar jonger dan ik dacht. Hij was aardig en goedmoedig en gemakkelijk in de omgang met een geweldig gevoel voor humor. Hij stond erom bekend dat hij altijd dezelfde hapjes meebracht naar activiteiten: Pringles, goedkope limonade en custardkoekjes. Telkens als er een activiteit was bij hem thuis liet hij me wegglippen naar een andere kamer om films te kijken op zijn laptop, terwijl de volwassenen beneden bij elkaar zaten. Er waren weinig volwassenen die zo veel geduld hadden met de kinderen in de Potter's House en ik was hem dankbaar dat ik iets leuks mocht doen.

Tijdens het telefoongesprek vertelde Alan me dat hij de Potter's House ging verlaten. Ik herinner me niet waarom, en misschien heeft hij het me ook niet verteld. Maar hij verzekerde me ervan dat hij in essentie nog steeds een goed persoon was en dat hij nog steeds naar de kerk zou gaan, alleen niet naar de Potter's House. Hij was nog steeds dezelfde man die ik altijd gekend had en hij zou niet veranderen. Waarschijnlijk wist hij dat de kerk zich tegen hem zou keren en was hij bang dat ik dat misschien ook zou doen.

Ik weet niet waar ik moet beginnen om uit te leggen hoe deze verandering voelde. Het was alsof mijn gedachten een donkere stoffige zolder waren en dat iemand zojuist het raam een millimeter open had gewrikt. Het was geen golf van inspiratie, maar genoeg om wat stof te doen opwaaien. Mijn hele leven had ik geloofd dat de Potter's House een oase was, een soort geheime club voor de hemel, en dat we de enige werkelijk goede mensen in de wereld waren. Het vertrek van Alan botste met zo ongeveer alles wat ik kende en ik worstelde ermee. Hoe kon iemand die zo aardig was vertrekken?

Een paar jaar later trouwde Alan met een vrouw van een niet-Potter's House kerk in een prachtige ceremonie. Hun kerk was luchtig en licht met een fatsoenlijk toren, oude stenen en grote glazen ramen. De Potter's House geloofde niet in mooie kerkgebouwen; die waren voor religieuze mensen, en wij stonden immers in vuur en vlam voor Jezus. We konden onze gebeden toch wel luid genoeg schreeuwen.

Ik had nog nooit zo'n ontspannen kerkdienst meegemaakt. Eigenlijk had ik buiten de Potter's House vrijwel helemaal geen andere kerkdiensten meegemaakt; mengen met andere kerken was verboden. Dus ik had maar een handjevol diensten in andere kerken meegemaakt, meestal begrafenissen of diensten met school. Alan liet de ring van zijn bruid vallen, en we lachten allemaal terwijl die luidruchtig de trap van het altaar af stuiterde. In de hele dienst werd de hel niet één keer genoemd en de dienst straalde een geluk en vrede uit die ik nooit eerder had gevoeld. De bruid en bruidegom verlieten de kerk en straalden onder een enorme witte paraplu want het regende pijpenstelen.

Het enige drama kwam van de Potter's House zelf. Alans getuige ging nog naar de Potter's House, wat reden tot grote zorg was. Ex-leden (die we ook wel terugvallers noemden) moesten buitengesloten worden en op de lijst met gebedsverlangens worden gezet, zodat er de komende paar weken hard voor gebeden kon worden. De getuige werd flink onder druk gezet om zich terug te trekken uit de bruiloft, wat hij weigerde. Ik was geschokt. Ik had nog nooit iemand zo sterk een standpunt zien innemen. De gemeente fluisterde onderling tussen piepschuim bekers thee om te besluiten of we naar de bruiloft zouden gaan. Uiteindelijk gingen er een paar van ons, hoewel we onder het toeziend oog waren van de pastor en zijn vrouw die op het laatste moment waren gekomen.

Dergelijke gewetensbezwaren waren er niet met betrekking tot het bijwonen van de begrafenis van de vader van de bruidegom, die was overleden na een lang gevecht met een ziekte, een paar weken later. De pastor en zijn vrouw die ons hadden ontmoedigd om Alans bruiloft te vieren, stonden vooraan om de begrafenis bij te wonen van een man die ze amper hadden gekend. Ik ben er nooit achter gekomen wat hun motief daarvoor was. Maar bij elke ongerechtigheid, brak het raam op de zolder van mijn gedachten een millimeter verder open.

Een andere reden die eraan bijdroeg dat ik de kerk verliet, was de houding van de kerk jegens de LHBTIQ+-gemeenschap. De Potter's House had een extreem kortzichtige kijk op iedereen die niet hetero of cisgender was en daar waren ze trots op. Veel gebruikte zinnen waren: "God haat de zonde, maar heeft de zondaar lief" en "Het is Adam and Eve (Eva), niet Adam and Steve". Bij die laatste lachte de gemeente altijd.

Tijdens een bijzonder opmerkelijke preek vertelde mijn pastor trots over een intersekse persoon die ook geen vaste genderidentiteit had die vele jaren geleden zijn kerk had bezocht. Van achter de preekstoel voor de hele gemeente schepte hij erover op hoe hij hem verteld had dat hij een scan moest laten maken van zijn "leidingen" om te zien welke "afvoer" hij had, alsof het hem überhaupt wat aanging. Zijn rechtvaardiging was dat als hij eierstokken had hij een vrouw was. Deze persoon had alle recht van de wereld om te weigeren en verliet de kerk. In plaats van even de tijd te nemen om te reflecteren op zijn ongepaste gedrag besloot mijn pastor hier een preek van te maken, zoals hij vrolijk vertelde. Zelfs nu nog herinner ik me hoe zijn ogen straalden van religieuze hartstocht en hoe zijn mondhoeken rezen toen hij grinnikte. Ik kan me niet meer precies herinneren waarom hij koos voor deze preek of waarom die relevant was voor Onze gemeente, behalve om op te scheppen over zijn eigen heilige acties.

Eerder vertelde ik dat ik me soms heb afgevraagd wat er zou zijn gebeurd als ik was geboren als jongen. Soms vond ik het ook leuk me af te vragen wat er zou zijn gebeurd als ik lesbisch of trans was geweest. Ik ben er vrij zeker van dat ik dat niet zou hebben overleefd. Mijn hele leven had gedraaid om de kerk en alle volwassenen die invloed hadden op mijn leven deelden in verschillende mate homo- en transfobe visies. Als je dat combineert met het geloof dat God belangrijker was dan je familie en je kinderen, zou mijn leven waarschijnlijk een hel zijn geweest. Dit was de enige visie die ik ooit had gehoord en mensen waren er trots op die aan te hangen.

Op een avond na school zat ik aan het avondeten met de familie van een vriendin en we bespraken de LHBTIQ+-gemeenschap. Ik zei dat het verkeerd was om homo te zijn en haar vader ging vriendelijk tegen me in. Mijn mond viel open. Dit had nog nooit iemand bij mij gedaan. Hij zei dat de Bijbel op veel verschillende manieren geïnterpreteerd kon worden, vooral vanwege het verstrijken van tijd en de vele vertalingen en dat het belangrijk was om Bijbelteksten altijd te onderzoeken in de historische context waarin ze voorkwamen. Ik was stomverbaasd. Tot nu toe had geen enkele volwassene deze zienswijzen betwist; het veroorzaakte een aardverschuiving in mijn denken. Ik was sprakeloos- was dit waar? En zo ja, betekende dit dan dat mijn hele geloofssysteem een leugen was?

Vanaf dat moment bekeek ik de kerk met nieuwe ogen. Wat eens de waarheid van het Evangelie was, was nu onzeker en ik begon de tegenstrijdigheden in hun prediking te zien. Alle puzzelstukjes begonnen op hun plaats te vallen. Ik kwam steeds terug op hetzelfde punt: Hoe konden we liefde en vriendelijkheid preken, als de vriendelijkheid uitsluitend voor leden van onze eigen kerk gereserveerd was? "Maar wie een van deze kleinen, die in Mij geloven, doet struikelen, het zou beter voor hem geweest zijn dat een molensteen aan zijn hals gehangen was en hij in de diepte van de zee gezonken was". (Mattheüs 18:6).

Het verlaten van de kerk was extreem moeilijk en zeer traumatiserend, vooral voor een tiener die nog bij haar ouders woonde. Ik wilde dat ik me meer van de details kon herinneren, zodat ik ze hier kon delen, maar er zitten grote gaten in mijn geheugen en mijn herinneringen zijn onzeker. Vaak herinner ik me de situatie globaal, maar niet de exacte woorden die gesproken zijn. Soms word ik daar boos van, omdat cruciale keerpunten in mijn leven zijn gereduceerd tot blanco's in mijn geheugen en ik kan er niet met mijn ouders over praten om hun herinneringen te horen. Hoewel ik me weinig kan herinneren, herinner ik me wel dat ik begon te ontsnappen door me langzaam terug te trekken en probeerde de overgang naar een normaal leven te maken. Ik loog dat ik me niet goed voelde, zodat ik niet naar de kerk hoefde. Ik zei tegen mijn ouders dat ik niet wilde gaan. Dat werkte eventjes, en ik voelde me enorm opgelucht als ik thuis bleef.

Uiteindelijk moest ik mijn ouders wel vertellen dat ik helemaal niet meer wilde gaan. Ik was het zat om elke keer dat ik terugkwam naar de kerk verantwoording af te moeten leggen van waar ik was en ik was het liegen beu. Ik had geproefd van vrijheid, maar dat was niet genoeg. Ik wilde eindelijk echt vrij zijn. De reactie was zo erg als ik had kunnen verwachten. Wat mensen zich vaak niet realiseren als het over sektes als de Potter's House gaat, is dat wat zij geloven zo sterk is dat je vaak niet terug kunt vallen op gezond verstand.

Tientallen jaren had de Potter's House mijn ouders verteld dat ze God hoger moesten achten dan hun huwelijk en hoger dan mij, hun eigen kind. Tientallen jaren hadden we gehoord dat de Potter's House de beste—zo niet de enige—weg tot de hemel was. Als ik vertrok, zouden mijn ouders oprecht geloven dat ik was veroordeeld tot de hel. Hun dochter was een goddeloze terugvaller, een lauwe Christen, en zij hadden gefaald. Een ander stukje van de puzzel was dat kinderen in de Potter's House niet werden gedoopt als kinderen. In plaats daarvan werden ze opgedragen in een ceremonie waarbij beide ouders beloofden hun kind te onderwijzen over God, ongeveer als bij een gewone doop. Maar in de kerk waren dingen nooit eenvoudig. Het voorbehoud in de Potter's House is dat ouders beloofden verantwoordelijk te zijn voor het kind tot het zestien was—dat was tenminste wat mijn ouders mij vertelden.

Ik onderhandelde met mijn ouders om me te laten vertrekken en uiteindelijk gaven ze toe, maar niet voor ze me hadden gedreigd met dakloosheid en na vele heftige ruzies. Soms was ik oprecht bang voor wat er met me zou kunnen gebeuren. Ik had nog nooit zoveel geschreeuw en boosheid gehoord, en ik had me nog nooit zo ongewenst en alleen gevoeld. Ons compromis was dat ik naar een andere kerk zou gaan en dat mijn ouders in de Potter's House bleven.

Op een zondagmorgen ging ik voor het eerst naar de nieuwe kerk. Ik droeg een spijkerbroek en een T-shirt van The Beatles, iets was ik al jaren niet aan had gehad naar de kerk. In de Potter's House had ik moeten smeken om een nette pantalon aan te mogen, omdat vrouwen in bediening alleen rokken en jurken mochten dragen. Een spijkerbroek was ongehoord en een T-shirt met een afbeelding van een werelds band was uit den boze. Ik keek hoe de jongere kinderen speelden tijdens de dienst en dacht aan hoe kinderen in de Potter's House de les werd gelezen en toegebeten dat ze zich moesten gedragen. Ik luisterde naar de moderne lofliederen en verwonderde me erover hoe anders die waren en hoe oprecht blij iedereen leek. Uiteindelijk was ik geschokt toen een vrouwelijke pastor het podium op kwam en preekte. Naar de standaarden van de Potter's House was dit Godslastering, want vrouwelijke sprekers waren taboe. Het duizelde me. Ik kon niet geloven dat zoiets mogelijk was.

Helaas was het op dat moment te laat. Ik had te veel religieuze mishandeling ervaren en trauma opgelopen en ik was op het punt gekomen dat ik niet meer in God geloofde. Ik ging naar de nieuwe kerk om mijn ouders tevreden te stellen, en uiteindelijk verlieten zij de Potter's House ook om naar een ontspannener en gastvrijere kerk te gaan. Een paar jaar later verliet ik ook mijn nieuwe kerk en liet daar ook de nieuwe vrienden die ik had gemaakt achter.

Ik ben nu een volwassen vrouw, maar geen Christen meer. Van het woord alleen al word ik letterlijk ziek vanwege de herinneringen die het oproept. Het veroorzaakte ruzies, angst, verdriet en isolatie. Mijn familie heeft zich tegen me gekeerd en ik ben nog steeds boos als ik eraan denk hoe anders mijn leven geweest had kunnen zijn. Tot op de dag van vandaag probeer ik alle schade die mijn opvoeding veroorzaakt heeft, ongedaan te maken: mijn onderdanigheid aan autoriteit, mijn gebrek aan vermogen kritisch te denken, mijn angst voor de dood en om te sterven. Ik ben boos dat ik niet de ervaring van een normale jeugd heb gehad zoals de overgrote meerderheid van de volwassenen in de Potter's House wel heeft gehad. Zij kozen ervoor zich aan te sluiten bij de kerk. Ik werd gedwongen en ik haat het dat deze vrijheid mij ontnomen is.

De ene dag is moeilijker dan de andere en ik vergeet snel hoe ver ik al gekomen ben. Ik heb een fantastische partner die achter me staat en van me houdt en we zijn van plan om binnenkort te gaan samenwonen (zonder te trouwen). Mijn weekends zijn van mij en ik breng ze vaak door met vrienden met verschillende achtergronden. Ik kan luisteren naar alle muziek die ik leuk vind en ik kan een paar drankjes drinken wanneer ik daar zin in heb. Hoewel ik ben opgevoed om onwetend en kortzichtig te zijn, heb ik alle problematische geloofsdogma's die de kerk me geleerd heeft, overwonnen. Als ik denk aan hoe ontsteld mijn jongere ik zou zijn geweest als ze had kunnen zien wie ik nu ben, komt dat vaak hard binnen.

Uiteindelijk ben ik trots op mezelf. Ik heb gedaan wat veel volwassenen niet konden. Ik heb de Potter's House verlaten, ook al was het alles wat ik kende, en uiteindelijk hebben mijn ouders zich bij me aangesloten. Ik ben sterker dan mijn ouders ooit zullen zijn en ik ben een beter persoon dan zij ooit zijn geweest. Ondanks alles wat de Potter's House ook mag preken, weet ik in mijn hart dat ik een goed mens ben. Mijn goedheid komt vanuit mezelf en is niet gebaseerd op instructies vanaf de preekstoel of ouderwetse, verkeerd vertaalde verhalen uit een boek dat duizenden jaren geleden is geschreven.

Mijn pastor sprak eens over hoe mensen tot God komen en dat iedereen minstens één kans krijgt in zijn leven. Dat geldt ook voor mensen in sektes zoals de Potter's House. Iedereen die de Potter's House bezoekt krijgt inzicht. Misschien is het een moment van twijfel dat ontstaat in de loop van de tijd, of misschien de plotselinge realisatie dat wat de pastor preekt niet klopt. Even worden hun ogen geopend en dan hebben ze de keuze—doorgaan als onderdeel van een veroordelende, hypocriete, haatdragende sekte of vertrekken en vrij zijn. Als iemand die is geboren en opgegroeid in de sekte zeg ik dat onwetendheid niet voor altijd een excuus kan zijn.

Ik heb ervoor gekozen te vertrekken en daar ben ik trots op.

HOOFDSTUK 7
IK MAG NIET EENS MIJN
EIGEN ONDERGOED KIEZEN
CLAUDIA

De Deur, Veenendaal, Nederland

Zou ik vanwege deze dingen niet straffen? spreekt de HEERE, of op een volk als dit Mijzelf niet wreken? Iets verschrikkelijks, iets afschuwelijks gebeurt er in dit land: de profeten profeteren leugens, de priesters heersen door hun handen, en Mijn volk heeft het graag zo. Maar wat zult u doen aan het einde hiervan?
—Jeremia 5:29-31

Half december 2014 was ik met een vriend aan het longboarden in het stadscentrum van Veenendaal toen plotseling een kale man tegen hem begon te praten. Vast weer zo'n religieuze gast, dacht ik. Ik reed snel naar hem toe en dacht: *Dat gaat een leuk gesprek worden!*

Als zeventienjarige metal-liefhebber, vond ik Christenen altijd uitermate saai. Ik was naar een Christelijke school gegaan en ik wist dat ik alles had gedaan wat God verboden heeft, maar het kon me niets schelen. Als er een God was, was Hij waarschijnlijk niet zo goed. Waar was hij toen ik door moeilijke periodes heen ging? Toen ik nog een kind was, kreeg ik te maken met seksueel misbruik, wat me nog steeds zwaar valt. Ik werd gepest en had niet-gediagnosticeerde ADHD. Ik geloofde niet dat er een liefhebbende God was.

We praatten een poosje met ons drieën en toen mijn vriend even later weg ging, zetten we het gesprek voort. Hij was de derde die week die met mij over het geloof sprak, maar met hem was het anders. Hij leek oprecht blij met zijn God, alsof hij Hem persoonlijk kende, bijna alsof ze vrienden waren. Ik herinner me niet veel van dat gesprek, maar hij vroeg me of ik weleens zelfmoordgedachten had. Wauw, die kwam binnen. Ook al had ik een goede thuisbasis en waren mijn ouders liefhebbende mensen, toch worstelde ik als tiener met depressie. Ik was opgebrand vanwege de moeilijkheden op school en de scheiding van mijn ouders en precies op die dag maakte in een kwetsbare periode door.

De kale man, die Hendrik heette, nodigde me uit voor een kerkdienst. Vanwege de burn-out had ik een gebrek aan energie en wilde ik eigenlijk niet gaan. Maar toen ik zag dat de kerk op drie minuten lopen van mijn huis was, had ik geen excuus. Vraag me niet waarom, maar ik ging naar de kerk, gekleed in een joggingbroek en een T-shirt met een afbeelding van een band, waarschijnlijk Halestorm (mijn favoriete band).

Toen ik naar de kerk liep, was ik zo zenuwachtig! Ik was nog nooit in een kerk geweest. Wat deden ze daar? En wat verwachtten ze van mij? Toen ik voor het gebouw stond, begon ik te twijfelen, maar het gebouw had glazen deuren en een vrouw zag me. Te laat! Nu kon ik niet meer weg. De vrouw heette Petra en ze begroette me vriendelijk. Ze was de vrouw van de pastor, de kale man die ik op straat had ontmoet. De kerkdienst werd gehouden in een wijkcentrum en er waren niet veel mensen binnen. Toen Petra met me begon te praten, lette ik niet op op wat er om me heen gebeurde of wie er waren. Ik nam aan dat alles wat daar gebeurde normaal was. Ik bemerkte niet dat er maar een handjevol mensen aanwezig waren en ik begreep nog niet dat deze kerk nieuw was, wat ze een pionierkerk noemden.

Ze lieten een Christelijke film zien, *Nativity Story*, en aan het eind van de film bad de pastor. Toen hij klaar was, vroeg hij iedereen zijn hoofd gebogen en zijn ogen gesloten te houden. Hij sprak over een nieuw leven, een tweede kans, een kans om opnieuw te beginnen.

Omdat ik al een tijdje opgebrand en depressief was, klonken zijn woorden geweldig. Wie zou de kans om helemaal opnieuw te beginnen en genezing te vinden niet aangrijpen? De pastor bleef vragen om je hand op te steken als je dit wilde. Ik besloot mijn hand op te steken en hij riep me naar voren, wat ik deed. Hij bad en ik herhaalde het gebed dat hij voorbad. Daarna viel er een last van mijn schouders. Ik voelde me geweldig en verfrist.

De komende twee weken ging ik naar de zondagavonddiensten. Om de een of andere reden was ik bang om mijn moeder te vertellen waar ik heen ging op zondagavond. Ik voelde me een beetje kwetsbaar. Hoe kon een metal-liefhebber als ik Christen zijn? Mijn ouders zijn niet religieus, en ze spraken altijd negatief over het geloof. Uiteindelijk besloot ik het na twee weken toch aan mijn moeder te vertellen. Ze was een beetje verbaasd, maar we praatten er niet veel over. Toen ik vaker naar de kerk begon te gaan, merkte mijn moeder een verandering bij mij.

De kerk had een sterke cultuur; de meeste mensen kleedden en gedroegen zich hetzelfde. Ze deelden dezelfde overtuigingen en wisten wat ze konden verwachten van de kerk en wat de kerk van hen verwachtte. Ik dacht dat dat was wat God wilde. Ik stopte met roken, vloeken en een heleboel andere vermeende goddeloze activiteiten. Mijn moeder heeft het waarschijnlijk wel gemerkt, maar ze zei er niet veel van. Toen ik rokken begon te dragen, werd ze erg achterdochtig en wilde ze de mensen in de kerk ontmoeten. De pastor nodigde ons uit voor de thee. "Ik heb bosvruchtenthee, speciaal voor Claudia, omdat ze dat zo lekker vindt", zei Petra.

Mijn moeder vond het vreemd; waarom zouden mensen zoveel moeite doen alleen maar voor mensen uit de kerk? Toen mijn moeder duidelijk stelde dat ze niet in God geloofde, vond ik dat, natuurlijk, gênant. Ik wilde echt goed zijn en het juiste doen. Ik wilde het mensen graag naar de zin maken en slecht over God praten, was niet naar de zin van de mensen van de kerk.

Door de burn-out was ik nog steeds extreem moe, dus ik ging niet elke zondag naar de kerk. Dat veranderde toen ik besloot te verhuizen naar Ede, een stad in de buurt. Ik dacht dat dat een slimme zet was. Ik studeerde in Ede en ik was er niet echt enthousiast over dat ik elke dag vijftig minuten naar school moest fietsen. Toen ik mijn pastor tussen neus en lippen door vertelde over mijn wilde plannen, vroeg hij me waarom ik in vredesnaam wilde verhuizen naar Ede. Hij keek me heel bezorgd aan, bijna alsof het gevaarlijk was. Ik begreep niet waarom dit zo'n probleem was. Waarom zou ik vijf keer per week naar Ede blijven fietsen? Was het niet gemakkelijker om een paar keer per week van Ede naar Veenendaal te fietsen voor de kerk?

Hij zei: "Wat als je niet terug kunt verhuizen?" Maar ik kon geen reden bedenken waarom ik niet naar Veenendaal terug kon keren als ik dat zou willen. Mensen verhuisden immers voortdurende van de ene stad naar de andere. Maar zelfs als ik niet direct terug kon verhuizen dan was het toch geen probleem om te wachten op geschikte huisvesting? Eerlijk, ik begreep niet wat het probleem was, dus ik verhuisde toch naar Ede.

Beetje bij beetje begon ik meer ongeschreven regels en restricties te ontdekken over waar een kerklid geacht werd te zijn op een bepaalde tijd. Op een dag was ik laat voor de kerk en ik besloot een kerk, die deel was van dezelfde fellowship als mijn kerk in Veenendaal, in mijn woonplaats Ede te bezoeken. Dat was maar vijf minuten van mijn huis en ik was hongerig om van God te horen. Ik was weleens in die kerk geweest met de mensen van de Veenendaal-kerk op een zaterdag-avond koffiehuis, maar toen ik daar alleen heen ging voor een zondag-ochtenddienst keken mensen me verbaasd aan. "Jij gaat toch naar de kerk in Veenendaal?"

Niemand had me verteld dat het niet de bedoeling was dat ik naar de kerkdiensten in Ede ging. Dat vond ik heel vreemd, omdat de Ede-kerk van hetzelfde type was als de kerk in Veenendaal, en die kerken samenwerkten. Toen ontdekte ik dat er een ongeschreven regel was dat je nooit naar een andere kerk ging, zelfs niet als je verhuisde naar een andere stad. Omdat, zoals ik later ontdekte, de kerk niet blij is als je weggaat van waar God je heeft geplaatst.

Mijn pastor woonde in Ede. Hij was zelfs lid geweest van de kerk in Ede en hij was uitgestuurd om een kerk te pionieren in Veenendaal. Ik kwam erachter dat de kerk in Ede deel uitmaakte van een groep die Christian Fellowship Ministries heette, die zich voortdurend uitbreidde door getrouwde stellen uit te sturen om kerken te pionieren in nieuwe steden. Pastors worden geacht te verhuizen naar de stad waar ze pionieren, maar mijn pastor had wat problemen met het verkopen van zijn huis nadat hij was uitgestuurd naar Veenendaal, dus hij woonde nog steeds in Ede. Ik weet niet meer of ik het heb gevraagd of dat hij het heeft aangeboden, maar hij begon me op te halen met zijn auto om naar de kerk te gaan.

Ik schrok toen hij me vertelde dat we om kwart voor negen zouden vertrekken omdat de dienst om elf uur begon. Omdat de kerk samenkwam in een gehuurd wijkcentrum moest er altijd heel veel gedaan worden voor de dienst kon beginnen. We moesten de projector opzetten, koffie en thee zetten, de stoelen, tafels en muziekinstallatie klaarzetten, de vloer en de toiletten schoonmaken en de muren versieren met folders en posters van de kerk. Dus elke zondag hielp ik met het opbouwen van de kerk. We werden aangespoord om alle diensten (drie keer per week) bij te wonen om meer van God te ervaren.

Omdat het van me werd gevraagd, begon ik steeds meer taken op me te nemen, zoals schoonmaken, evangelisatie en helpen met de koffie en thee na de dienst. De pastor vroeg me zelfs om gitaar te spelen. Ik had een gitaar, maar ik kon niet spelen. Ik had geprobeerd te spelen, maar vanwege een litteken van een operatie deed het te veel pijn. Ik vertelde het aan mijn pastor en hij bad ervoor en vroeg God mijn hand te genezen. En wonderbaarlijk werd ik genezen. Omdat ik genezen was, voelde ik me verplicht om gitaar te spelen, maar ik moest nog steeds leren hoe. Ik oefende thuis en al snel begon ik eenvoudige liedjes te spelen tijdens de dienst.

Voordat ik echt gitaar mocht spelen in de kerk, moest ik eerst bij mijn pastor op visite voor een kort semi-formeel gesprek over waarom ik dat wilde. *Eh, ik wilde gitaar spelen omdat hij het me had gevraagd,* dacht ik. Maar ik had onlangs tijdens de Bijbelstudie geleerd dat het correcte antwoord "de kerk en de mensen dienen" zou zijn, dus dat zei ik. Ik kwam er ook achter dat je een contract moest tekenen als je betrokken wilden zijn bij welke bediening dan ook. De meer prominente verantwoordelijkheden in de kerk werden bediening genoemd. Volgens het contract mocht je geen tv hebben of naar de bioscoop gaan. Je moest een internetfilter op je computer hebben dat je beschermde tegen het bezoeken van 18+ websites, en als meisje moest je een rok dragen naar de kerk. Je werd ook geacht altijd aanwezig te zijn als de kerkdeuren open waren voor een kerkactiviteit.

Oké, wat een toewijding! Dus zo ben ik in de kerkactiviteiten gerold: Bijbelstudie op woensdag, evangelisatie op vrijdag en zaterdag, en twee diensten op zondag. Vier keer per week was het minimum; soms hadden we extra activiteiten, zoals opwekkingsdiensten, op andere dagen.

Hoewel het combineren van de kerk met school en stage ongelofelijk druk was, gaf het ook voldoening. Ik voelde me best goed bij het dienen in de kerk. Het is moeilijk te beschrijven, maar als mensen je er steeds aan herinneren hoe lang je rok moet zijn en je dan feliciteren en prijzen als hij de goede lengte heeft, voelt dat echt goed. Je voelt je bevestigd en geaccepteerd.

Het klinkt misschien kleinzielig, maar de pastor en zijn vrouw regelden alles tot in het kleinste detail. Geen detail ontsnapte aan hun ogen. De pastor vertelde me zelfs dat ik een schoonmaakdoek verkeerd had opgevouwen, omdat zijn vrouw die altijd anders vouwde, dus ik moest het ook zo doen in de kerk. Ik vroeg me af of hij een grapje maakte, maar hij was bloedserieus, dus vouwde ik de doeken op de goede manier. Ik had veel ijver voor God en ik wilde echt doen wat goed was in Gods ogen. Ik wilde ook echt doen wat goed was in de ogen van de pastor en zijn vrouw.

Gedurende mijn eerste twee jaar in de Veenendaal-kerk was ik de enige tiener. Een paar jonge mensen kwamen af en toe, maar de rest van de gemeente was veertig plus. Er waren nooit meer dan twintig mensen in een dienst. Na twee jaar de jongste te zijn geweest, was ik heel blij toen een ander jong meisje, Veerle, zich aansloot bij de kerk. Al snel werden we goede vriendinnen. Korte tijd later kwam een jongeman, Geert, de diensten bijwonen. Hij kwam nadat hij was uitgenodigd op straat voor een opwekkingsdienst en hij besloot te komen kijken. Onze pastor bracht veel tijd door met Geert en al snel raakte hij betrokken bij alle kerkactiviteiten. We deden veel dingen met ons drieën: opbouwen voor de kerkdienst en afbreken daarna, spelen in een band in verschillende formaties en evangeliseren. Geert had een rijbewijs, dus Veerle en ik reden vaak met hem mee als we naar opwekkingsdiensten in andere steden gingen.

Geert en ik woonden allebei in Ede, dus we fietsten na de kerkdienst altijd samen naar huis. We werden vrienden en hadden altijd goede gesprekken. Op een dag, toen we op de fiets zaten, vroeg hij me wat ik vond van daten in het algemeen en of ik open stond voor een relatie. Hij vroeg me niet of ik ervoor open stond met *hem* te daten, maar ik werd een beetje verlegen. Wat bedoelde hij met die vraag? Ik vertelde hem dat ik me op dat moment moest concentreren op mijn studie. Ik hoefde nog maar een paar maanden, dus daar moest ik met echt op concentreren.

Daarna begon Geert subtiele hints te geven dat hij me leuk vond. Hij zei bijvoorbeeld dat hij die dag vond dat ik er heel leuk uitzag en lachte iets langer dan normaal. Op een keer reden we naar een opwekkingsdienst in Amsterdam en we praatten over Geerts date met een vrouw uit een andere kerk die niet zo goed was verlopen. Ik dacht dat hij niet meer in mij geïnteresseerd was, maar toen Veerle vroeg waar hij naar zocht in een meisje, antwoordde hij: "Iemand met sportieve bruine krullen en bruine ogen", en daarna lachte hij naar mij.

Ik kreeg vlinders in mijn buik. Bedoelde hij echt mij? Veerle en ik renden direct naar het toilet toen we aankwamen en we giechelden en praatten over wat er was gebeurd. Ik was uitzinnig.

Tijdens een kerkconferentie een paar maanden later vroeg hij me eindelijk voor een date. Hij stuurde me een berichtje via WhatsApp en zei dat hij uit eten ging met vrienden. Dus ik maakte een grapje en zei "Eten? Zonder mij? Hoe durf je!" Hij zei dat hij me graag mee uit eten wilde nemen. Ik vroeg hem of hij een grapje maakte, maar hij zei dat hij het meende. Toen ik hem de volgende dag bij de conferentie zag, liep hij naar me toe en zei dat hij me iets wilde vragen. Ik was zo zenuwachtig. Hij vroeg me of ik hem wilde helpen wat folders op de stoelen te leggen. Hij lachte nerveus en vroeg toen of ik met hem uit wilde.

Daar dacht ik al de hele avond aan en natuurlijk wilde ik met hem uit! Ik zei ja en toen zei hij: "Ik bedoelde alleen jij en ik. Uit eten of zoiets". Ik zei nog een keer ja. Ik was zo blij! De pastors preekten er vaak over dat je hen om advies en wijsheid moest vragen, dus ik vroeg mijn pastor om toestemming. Hij was blij voor ons. De eerste zaterdag na de conferentie hadden we onze eerste date.

Geert was, en is nog steeds, een grappige en loyale man. We genoten van onze verkeringstijd en onze liefde voor elkaar groeide. Na bijna een jaar verkering, vroeg hij me ten huwelijk.

Toen we begonnen met de voorbereidingen voor onze bruiloft kreeg ik gemengde gevoelens over de kerk. Ik was er nu al vijf jaar in betrokken en ik dacht dat ik ze goed kende, maar plotseling hoorden we overal allerlei regels waarvan we niet wisten. Persoonlijk denk ik dat het goed is dat een kerk regels heeft, vooral als het aankomt op verkering, relaties en trouwen. Als je in God gelooft, moet je Zijn geboden houden. Maar toen onze bruiloft dichterbij kwam, werden we ons bewust van steeds meer regels die ook steeds vreemder leken. We moesten bijvoorbeeld trouwen op een zondag of woensdag. Dat waren de dagen dat er kerkdienst was en het was de bedoeling dat alle leden van de kerk uitgenodigd werden voor de bruiloft. Ik wilde niet op woensdag trouwen, maar we hadden geen keus. We mochten ook niet trouwen buiten Veenendaal, omdat kerkleden dan mogelijk niet naar onze bruiloft konden reizen.

Vanwege de pandemie had de overheid een limiet gesteld aan het aantal bruiloftsgasten. Daar had ik het echt moeilijk mee; omdat we iedereen uit de kerk uit *moesten* nodigen, bleef er niet genoeg ruimte over om een aantal van mijn beste vrienden uit te nodigen. Begrijp me niet verkeerd, ik hield van de meeste mensen in de kerk, maar er had zich bijvoorbeeld pas een man van vijfenzestig aangesloten bij de kerk van wie ik nog niet eens de achternaam wist. Ik moest hem uitnodigen in plaats van mijn eigen vrienden terwijl ik hem amper kende.

Een paar weken voor de bruiloft zei onze pastor dat we een paar counselingsessies met hem nodig hadden. Die sessies waren heel merkwaardig. We praatten niet over trouwen of elkaar liefhebben of samen God dienen, zoals je zou verwachten. We moesten echter wel weten of de ander (studie)schulden of SOA's had. Juist! Alsof kennis van die dingen een geweldige basis is voor een huwelijk. Het zit mijn man nog steeds dwars dat we nooit fatsoenlijke huwelijkscounseling of een voorbereidende huwelijkscursus hebben gehad. Er werd ons wel meegedeeld dat tongzoenen gelijk stond aan seks en dat we dat dus niet mochten doen. Het is nogal merkwaardig dat een pastor betrokken is in dit soort details.

Allebei streefden we reinheid na, wat leidde tot nogal wat grappige momenten. Toen we nog verkering hadden, bracht Geert me altijd naar huis. Als we afscheid namen, gaven we elkaar een hand. Mijn buurman zag dat een keer en hij begon hard te lachen. Hij dacht dat we een grapje maakten. Nee hoor, dit is hoe we geacht worden te daten en dus doen we het zo.

Later, toen we al langere tijd samen waren en onze relatie stabiel was, mochten we elkaar omarmen. We hielden ons aan deze regels, omdat we God wilden gehoorzamen. Ik vond het echter wel vreemd dat onze pastor drie weken voor onze bruiloft plotseling verkondigde dat hij ons niet zou trouwen als we seks hadden gehad. Hij had ons verteld dat we geen seks mochten hebben voor ons huwelijk, omdat dat zonde was, maar hij had ons niet verteld dat daar een kerkregel voor was. Waarom liet hij ons dat pas drie weken voor onze bruiloft weten? Maar goed, we waren niet van plan om ongehoorzaam te zijn aan de God waar we van hielden.

Zoals elke jonge vrouw die zich voorbereidt op haar bruiloft wilde ik een prachtige bruidsjurk. Om ideeën en inspiratie op te doen, keek ik in tijdschriften en op Pinterest, zoals elke bruid zou doen. Toen ik foto's vond van jurken die ik mooi vond, liet ik ze zien aan de vrouw van de pastor, maar zij vond dat die allemaal te veel huid lieten zien. Dat was een domper! Wat een teleurstelling!

Tijdens het shoppen, vond ik eindelijk de jurk van mijn dromen, maar die keurde ze niet goed. Met een bezwaard hart besloot ik een jurk te kiezen die geschikter was voor de kerk. Later, nadat ik mijn jurk al had gekocht, kwam ik erachter dat de pastor zou weigeren ons te trouwen als hij (of zijn vrouw) vond dat je jurk niet bescheiden genoeg was; dat kon hij zelfs doen midden in de trouwdienst. Absurd! Kun je het je voorstellen dat je naar voren loopt op je trouwdag en dan niet gaat trouwen, omdat je jurk niet ingetogen genoeg is? Ik stond bol van de spanning!

Drie dagen voor we zouden trouwen, belde ik Geert en vertelde hem dat ik helemaal klaar was met de kerk. Hij kon horen dat ik overstuur was, dus hij kwam naar me toe en we ontmoeten elkaar voor mijn huis. Ik durfde hem niet te vertellen dat ik de kerk wilde verlaten, omdat ik bang was dat hij dan niet met me zou trouwen. Niet omdat hij niet van me hield, maar omdat de kerk erg streng was over met wie mocht trouwen. Je mocht alleen trouwen met iemand uit je eigen kerk, of in elk geval iemand uit dezelfde kerk-fellowship. Ik huilde veel. Geert was heel lief en vol begrip; hij hield mijn hand vast en we gingen op het gras liggen en keken naar de sterren.

We overleefden de bruiloft! Ik was nu getrouwd met de liefde van mijn leven en we gingen samenwonen, een nieuwe start. We konden ons Christenleven voortzetten als echtpaar. Helaas ging het vanaf dat moment alleen maar slechter in de kerk.

Het getrouwde leven was fantastisch, maar ook erg druk. Als ik de vrouw van de pastor vertelde hoe moe en uitgeput ik was, stelde ze voor dat ik af en toe een vrijdagavond vrij nam. Dat was als een pleister op een open botbreuk, maar vooruit maar. We waren minsten twintig uur per week in de kerk: schoonmaken, voorbereiden, vertalen, gitaar spelen, evangeliseren en andere taken uitvoeren.

Steeds meer dingen klopten gewoon niet. Geert was net zo betrokken bij de kerk als ik en ook hij dacht dat het te veel was. Er kwamen wat Spaanstalige mensen naar de kerk, dus Geert vertaalde de Bijbelteksten op het scherm in het Spaans (met dank aan Google translate, want Geert spreekt geen woord Spaans). De pastor stuurde de teksten altijd erg laat, de avond voor de dienst. Geert worstelde om tijd te vinden om ze op tijd te vertalen. Geert zei tegen de pastor dat het te veel druk op hem legde om het in zo weinig tijd te moeten doen, maar de pastor wuifde zijn bezwaren weg en deed alsof hij meer dan genoeg tijd zou moeten hebben. Hij bagatelliseerde altijd elk probleem waar we tegenaan liepen, alsof het ons probleem was, alsof we niet hard genoeg ons best deden. Hij deed alsof twintig uur werken in de kerk niet voldoende was. Hij beweerde vaak dat het leven alleen maar drukker zou worden, zodra je kinderen kreeg. Dus hij nam onze bezwaren niet serieus.

Na een tijdje wilde Geert de Bijbelteksten niet meer vertalen. Hij moest al zijn moed verzamelen om naar de pastor te gaan en hem te vertellen dat hij ermee wilde stoppen. Tijdens de volgdende dienst kondigde de pastor aan dat er geen vertaalde Bijbelteksten meer zouden worden vertoond op het scherm. Hij zei dat iedereen terug kon komen naar de kerk, omdat de pandemie voorbij was, en dat we daarom geen vertalingen op het scherm meer nodig hadden. Ik was verbijsterd! Dat was niet de reden dat er geen vertalingen meer waren. Er waren geen vertalingen meer, omdat Geert het niet meer wilde doen (omdat hij al veel te veel deed in de kerk).

Ik vroeg de pastor waarom hij dat had gezegd (omdat het een leugen was), en hij legde uit dat hij dat had gedaan om Geert te beschermen. Wat een onzin. Dus het was beter om iemand de hand boven het hoofd te houden door te liegen dan de waarheid te spreken? Ik dacht dat liegen zonde was. Na dit voorval viel het me op dat mijn pastor en zijn vrouw vaker oneerlijk spraken, vooral over andere pastors. Als ik een vraag stelde over een pastor, hielden ze hen altijd de hand boven het hoofd en spraken ze nooit de volle waarheid.

Toen gebeurde er iets ingrijpends. Onze pastor vertelde ons dat de hoofdpastor in Nederland was gevallen in moreel falen, maar hij adviseerde ons om daarover niet te lezen in de kranten. We mochten geen gebruik maken van social media, dus we hadden geen idee wat er werkelijk was gebeurd. Ik besloot de krant toch te lezen. Toen ik de pastor vroeg wat hij ervan dacht, zei hij dat als er twee partijen betrokken zijn er twee partijen schuld hebben. Ik was helemaal overstuur!

Hoe kon hij dat zeggen? De betrokken pastor had overduidelijk veel macht over mensen en het was compleet fout om te zeggen dat het slachtoffer ook schuld had. Ik liep weg en huilde. Onze pastor bood me zijn excuses aan, maar ik kan me er nog steeds niet overheen zetten dat hij überhaupt had geprobeerd de hoofdpastor te beschermen na alles wat hij had gedaan. De vrouw van de pastor, Petra, probeerde me zover te krijgen dat ik medelijden met hem kreeg: "Je hebt geen idee hoe erg dit is voor deze pastor. Nu moet hij een normale baan aannemen."

Ik was verbijsterd. Alsof een normale baan echt een straf was na alle schade die hij zijn mensen had berokkend. Toen ik haar vroeg of ze haar vertrouwen in De Fellowship had verloren, zei ze nee, omdat de hoofdpastor in Prescott tenminste nog op het juiste spoor zat. Nou, het zou niet lang meer duren voordat deze pastor ook wat merkwaardig gedrag zou laten zien. Ik kende hem niet zo goed, dus dit ging niet over hem. Maar toen ik vragen begon te stellen over hem en wat er was gebeurd en dat hij feitelijk uit bediening was gezet door zijn eigen zoon, zei onze pastor alleen maar dat ik niet slecht mocht spreken over de doden, omdat hij, toen ik het vroeg, al overleden was.

Toen degene die de kerkenraad had gewaarschuwd over wat er was gebeurd in de moederkerk van Nederland wilde gaan trouwen, mocht hij niet in die kerk trouwen. Mijn man zou naar zijn bruiloft gaan, maar omdat deze persoon uit de kerk was gezet, adviseerde onze pastor ons om niet te gaan. Mijn man heeft hier nog steeds spijt van en heeft er zijn excuses voor aangeboden. Ik schrijf nu mijn verhaal als onderdeel van dit boek om deze persoon te helpen bij zijn poging om de wereld de echte Fellowship te laten zien en om mensen te helpen die de kerk hebben verlaten.

Op een dag kwamen goede vrienden van ons uit een Fellowship-kerk in Vleuten bij ons thee drinken. We kletsten over koetjes en kalfjes, maar na een poosje werden ze serieus en uiteindelijk vertelden ze ons over vreemde gebeurtenissen in hun kerk. Het was een lang en ingewikkeld verhaal, maar ik was blij dat ik een vriend kon zijn en kon luisteren.

Toen ik naar onze kerk ging, kwam de vrouw van de pastor naar me toe. Ze had gehoord dat die vrienden op bezoek waren geweest en ze begon me allerlei vragen te stellen over wat ze me hadden verteld en wat ik ervan dacht. Ik stond perplex. Waarom wilde ze dat weten? Ze vroeg me of ze donderdag langs kon komen, omdat ze iets moest ophalen bij mij thuis. Ik zei nee, omdat die vrienden weer langs zouden komen. Ze luisterde niet en kwam toch. Ik vond het nogal merkwaardig dat ze langs wilde komen precies op de dag dat onze vrienden er waren. Het leek bijna alsof ze hen wilde bespioneren. Toen ik haar vroeg naar de situatie in Vleuten waar ze overduidelijk van wist, was ze zeer beschermend jegens de pastor in kwestie en hield ze hem de hand boven het hoofd.

Ik vond het misselijkmakend hoe ze ander pastors prezen, bijna alsof ze hen aanbaden. Maar ik had altijd het gevoel dat ik niet goed genoeg was, niet heilig genoeg. Ik weet niet hoe ze het voor elkaar hebben gekregen, maar ik leefde in zoveel angst: angst om de dingen niet goed te doen, angst om niet genoeg geld te geven, angst om niet heilig genoeg te leven. Als ik er met mijn pastor over praatte, keerde hij het altijd om alsof het aan mij lag. Ben je moe? Bid meer. Heb je het druk? Sta eerder op. Wat ik ook deed, het was nooit genoeg.

Vanwege de pandemie moesten we alles een beetje anders doen dan normaal. Op een dag vroeg de pastor: "Hoe zullen we de dienst houden?" Hij gaf ons twee opties. We konden de dienst vroeger laten beginnen dan normaal (dit was zeldzaam, want we konden het rooster nooit aanpassen), of we konden een livestream doen.

Wij zeiden: "Optie twee. Daar kunnen we bij helpen!"

Toen zei hij: "Geweldig, maar de kerk heeft voor optie één gekozen." Wat?

Waarom vraagt hij het als hij toch al heeft besloten wat hij gaat doen? Die dag zag ik glashelder dat "de kerk" de pastor en zijn vrouw was.

Ik begon steeds meer dingen te zien die niet klopten. Ze noemen zich bijvoorbeeld Evangeliegemeente De Deur, maar eigenlijk zijn ze een Pinksterkerk. Ze wilden zichzelf echter niet Pinkster noemen. Toen ik wilde weten waarom, legden ze uit dat dat was omdat Pinksterkerken zo'n slechte reputatie hadden.

Dat mag misschien een leugentje om bestwil lijken, maar het was een van de vele leugentjes die ze vertelden. Dat kun je verontschuldigen in het kader van iedereen maakt fouten. Natuurlijk is niemand perfect, maar voor zover ik weet is het de bedoeling dat de kerk vecht tegen de zonde. En als er één ding in de Bijbel een zonde wordt genoemd, dan is het wel liegen.

Ik werd me ervan bewust hoe hun werkwijze berustte op valse intenties. Ze gingen op zoek naar kwetsbare mensen, vertelden hen dat ze zich moesten bekeren en beloofden ze dat alles goed zou komen. Het maakte niet uit welke zonden ze hadden begaan voor ze tot bekering kwamen, maar zodra ze zich bekeerd hadden, werden ze geacht beetje bij beetje te veranderen en heiliger te worden. Ze gebruikten de Lover-boy-methode, en ze misleidden mensen voortdurend. Als ze me van begin af aan hadden verteld wat ik nu weet, had ik me nooit bij hun kerk aangesloten. Ze zeggen dat God van je houdt zoals je bent, maar dat hij te veel van je houdt om je zo te laten. Als je verkondigt dat je de enige ware kerk bent, maar wettisch bent in plaats van gericht op God, dan gaat er iets heel erg fout.

De pastor had commentaar op hoe ik gitaar speelde, maar hij kon zelf geen gitaar spelen. En, na al die jaren, kan hij nog steeds niet in zijn handen klappen op de juiste maat. Ik heb vriendelijk geprobeerd hem uit te leggen wat hij steeds verkeerd doet. Ik erger me groen en geel aan mensen die op de verkeerde maat klappen, maar als mensen uit de kerk vragen of feedback hadden, negeerde hij dat altijd en zei hij dat zij het mis hadden. Of hij zei oké, maar deed er nooit wat mee. Hij stond totaal niet open voor feedback en in onze plaatselijke kerk hadden we geen kerkenraad.

Zoals ik al zei logen de pastor en zijn vrouw vaak, ze vertelden in elk geval niet de waarheid of de hele waarheid. Tijdens de pandemie probeerden ze gewoon door te gaan als altijd en de activiteiten door te laten gaan voor zover de maatregelen dat toestonden. Ze hielden zich net genoeg aan de regels, zodat ze gezagsgetrouwe burgers leken, maar ze trokken zich niets aan van de gezondheidsrisico's en -schade als mensen besmet werden. De pastor zei letterlijk tegen ons: "Het is maar een milde griep. Het is niet zo erg. Ik houd me niet aan de regels. Het is belangrijk dat mensen naar de kerk komen en van Jezus horen".

Persoonlijk maakte het mij niet uit wat mensen van het virus vonden, maar ik was geschokt toen ik hem met een oudere man hoorde praten. Hij zei iets totaal anders dan wat hij ons net had verteld. Hij trok een empathisch gezicht. "Het virus is echt ernstig. Ik ga zelf niet zo veel naar buiten". Nee? Echt? U vertelde me net dat u alle maatregelen negeerde en net zo druk was als altijd.

Ik werkte in een sportschool die, net als heel veel andere bedrijven, moest sluiten. Maar de kerk bleef open en er kwamen veel mensen tegelijk samen. Het was onverantwoord. Op een zondagavond na de dienst waren we samen het kerkgebouw aan het schoonmaken. Mijn beste vriendin hoestte en zei: "Ik voel me niet lekker". Ik was een beetje bang en zei tegen haar dat ze naar huis moest gaan. Ze zei dat dat niet kon, omdat we nog op moesten ruimen. Ik zei dat ze moest gaan en dat wij het wel af zouden maken. Helaas vertelde ze me twee dagen later dat ze het virus had en ik dat ik me moest laten testen. Ik testte ook positief op het virus.

De pastor mat met twee maten. Een vrouw werd uit de kerk gezet omdat ze samenwoonde met haar partner, terwijl ze niet getrouwd waren. Een andere vrouw echter, die zwanger raakte terwijl ze geen relatie had, mocht wel blijven. De vrouw van de pastor zei tegen mij dat het goed was dat ze zwanger was geraakt, want nu kon ze stoppen met haar studie en vaker naar de kerk komen.

Ik was ook verbaasd toen de vrouw van de pastor vertelde dat haar dochter dyslexie had. Ze zei dat het erg ingewikkeld was en dat ze zochten naar hoe ze het beste kon leren op school. Ik was verbaasd, want toen ik hen vertelde dat ik de diagnose ADHD had gekregen, zei ze dat ze niet van etiketjes hield en dat ik gewoon een beetje druk was.

Ik kreeg mijn diagnose een paar maanden nadat ik me bij de kerk had aangesloten en ik was erg opgelucht. Eindelijk begreep ik wat er mis was met mij. De diagnose zou me moeten helpen mijn weg te vinden in het leven, maar de kerk geloofde niet eens dat ADHD bestond. ADHD heeft een invloed op alle aspecten van mijn leven, dus mijn mond viel open toen ze me vertelden dat haar dyslexie echt een probleem was. Toen zei ze vlug: "Maar ik geloof niet echt in etiketjes".

Op een dag was ik er klaar mee. Na nog veel meer van zulke incidenten zei ik eindelijk tegen Geert dat ik niet zo door wilde gaan. Omdat we al met onze eigen pastor hadden gesproken zonder dat er iets verbeterd was, dachten we dat het misschien zou helpen om met iemand in een hogere positie te praten. We gingen naar de pastor van onze pastor (binnen Christian Fellowship Ministries heeft iedereen een pastor, zelfs pastors en hun pastors!) die bevestigde dat er dingen niet goed waren gegaan. Maar toen we vroegen of we mochten overstappen naar De Fellowship kerk in Ede zei hij dat hij ons niet toestond van kerk te wisselen. Sommige pastors waren gewoon wat wettischer, maar daar moesten we het maar mee doen.

Dus we probeerden het nog een poos. We gingen zelfs mee op een evangelisatiereis naar Parijs, een stad waar ik eerder was geweest. Ik wist hoe de metro werkte en waar de Eiffeltoren stond, maar de mannen overlegden over wat de beste route was en welk ticket ze moesten kopen. Ik probeerde hen te helpen door uit te leggen hoe ze er konden komen, maar ze wilden het alleen met elkaar bespreken. "Laat het maar aan de mannen over", zei de vrouw van de pastor tegen me. Na twee dagen kwamen ze er eindelijk achter dat ik al die tijd gelijk had gehad. Heel frustrerend. Ik kon een van de mannen werkelijk niet meer serieus nemen, omdat hij de Eiffeltoren zocht met Google Maps, terwijl je die gewoon kon zien als je erheen liep.

Op een avond hadden we een concert en er ging iets mis met de locatie. We moesten een uur buiten wachten en ik was er op dat moment al goed klaar mee. Toen we eindelijk het gebouw in konden, stonk het er naar urine en het was verschrikkelijk. Maar we moesten doen alsof we het leuk hadden. Die dag was ik klaar met doen alsof. Ik wachtte buiten tot de ellendige avond voorbij was.

Ik dacht *waarom laat ik niet gewoon zien hoe ik me echt voel?* Ik was gewend om een glimlach op te zetten en gewoon te doen alsof het me niet uitmaakte. Ik had in de kerk nog nooit mijn ware gevoelens laten zien, omdat ik had geleerd een voorbeeld te zijn en blij te zijn voor God. Maar na alle ellende dacht ik dat ik voor de verandering maar eens eerlijk moest zijn. Ik kon me niet voorstellen hoe een bezoeker zou kunnen genieten van deze locatie met de stank en de vlekken. Ik vertelde de vrouw van de pastor rechtuit dat ik de locatie verschrikkelijk vond. Ze zei: "Hoe kun je dat nou zeggen? Je moet er gewoon het beste van maken. Je moet een voorbeeld zijn en doen alsof je het naar je zin hebt". Doen alsof ik het naar mijn zin heb? Dat had ik al zo vaak gedaan en ik kon het gewoon niet meer.

Toen ik buiten stond, had ik meer dan genoeg tijd om na te denken. Mijn gesprekken met de vrouw van de pastor zaten me dwars. Als ik haar vertelde dat ik nooit slecht over de kerk sprak, zei ze dat ik nooit het achterste van mijn tong liet zien, alsof dat iets slechts was. Ze had blijkbaar gemerkt dat ik bepaalde dingen niet leuk vond, ook al had ik er nog nooit over geklaagd. Ik was niet open geweest en dat was niet goed. Maar aan de andere kant was het ook niet goed als ik wel liet zien hoe ik me voelde en haar vertelde dat ik het niet leuk vond. Het begon me te dagen. Ik had het niet mis omdat ik de avond niet leuk vond. Het was niet leuk om een uur buiten te moeten wachten om dan binnen te komen in een stinkend, smerig gebouw. Waarom zou ik moeten doen alsof ik het leuk vond? Het feit dat ik mijn ware gevoelens niet mocht tonen, zat me niet lekker. Ik had al heel lang mijn ware gevoelens niet kunnen laten zien. Kanttekening: een vrouw maakte heerlijke oliebollen; dat was het beste van die hele avond.

Op de volgende conferentie na deze gebeurtenissen, kwam de pastor uit Parijs naar voren om verslag te doen van onze evangelisatiereis. Hij vertelde het publiek dat we een geweldige tijd hadden gehad en dat er zo veel bezoekers waren geweest! Ik was stomverbaasd en kon mijn oren niet geloven. Welke bezoekers? Ik was erbij; er waren geen bezoekers. De mensen die er waren, waren zijn gezin en wij en misschien twee daadwerkelijke bezoekers. Hij deed alsof het een fantastische tijd was geweest, terwijl er eigenlijk niet zoveel was gebeurd. Ik deze kerken draaide alles overduidelijk om aantallen, over meer bekeerlingen en meer mensen. En als er niet zoveel mensen waren, moest het in elk geval lijken alsof dat wel zo was. De enige reden waarom ze evangeliseerden, was dat ze meer mensen wilden.

Na een kerkdienst ging ik naar mijn pastor met een heel serieus probleem. Ik had eindelijk voldoende moed verzameld om hiermee naar hem toe te gaan en ik zei: "Pastor, ik heb een serieus probleem waar ik over wil praten".

Op dat moment zei hij: "Oké, ga verder. *Wacht even*, Alina gaat weg en ik moet haar nog even spreken!" en hij rende weg. Hij moest met deze pasbekeerde spreken, omdat hij bang was dat ze weg zou gaan en niet meer terug zou komen, of iets dergelijks. Nieuwe bekeerlingen waren duidelijk altijd topprioriteit totdat ze, zogezegd, toegewijd waren. Dat betekende dat ze geen nieuwe bekeerlingen meer waren, maar dat ze regelmatig de diensten bijwoonden en deel waren geworden van de kerk. Zodra je toegewijd was, had je nog maar één prioriteit: een perfect heilig voorbeeld zijn.

Zelfs toen ik mijn beste vriendin Veerle vertelde dat ik het moeilijk had en dat ik een vriendin nodig had, zei ze: "Ik vind het niet prettig om zoveel te plakken. Ik wil me richten op nieuwe mensen". Ze was nog niet klaar met praten of ze liep al naar iemand anders toe. Diezelfde dag, na de dienst, vroeg ze de vrouw van de pastor of de lengte van haar rok wel goed was. De vrouw van de pastor zei dat dat niet zo was. Als een donderslag bij heldere hemel zei ze tegen me dat ik geen strings (ondergoed) mocht dragen. Pardon! Alleen ik bepaal wat voor ondergoed ik draag. Hoe kon ze dat trouwens weten aangezien mijn rok wel lang genoeg was? Ik had haar niet gevraagd om zich te bemoeien met welk ondergoed ik draag. Ze gaf me gewoon haar mening alsof het in de Bijbel stond: Strings mochten niet. Dit soort bemoeizucht met het leven van mensen was niet alleen absurd, maar ook ongezond. En wat had het te maken met God?

Na onze reis en dit bizarre gesprek over strings was ik klaar om de kerk te verlaten. Onze pastor dacht echter dat het zou helpen als hij bij ons thuis op bezoek kwam. Het was heel onprettig. Hij beschuldigde me ervan dat ik niet genoeg bad en dat ik niet hardop bad tijdens de bidstond. Ik moest een voorbeeld zijn en de bron van al mijn problemen was dat ik niet genoeg bad en niet op de goede manier. Ik was nogal overstuur dat hij op deze manier ons huis was binnengedrongen. Gevoelsmatig wilde ik echt een steen door het raam van de kerk gooien. Om de kerk nog een laatste kans te geven, belde ik de pastor van mijn pastor, maar dat hielp helemaal niet.

Toen ik naar de huisarts was geweest met een aantal zeer ernstige fysieke problemen besefte ik eindelijk dat ik de kerk moest verlaten. De lange lijst van symptomen omvatte onder andere: pijn op de borst, misselijkheid, kortademigheid, slecht zien, paniekaanvallen en nog veel meer. De huisarts vertelde me hoe erg mijn fysieke en mentale gezondheid leed onder de stress waar ik aan blootgesteld was. Ik wist dat ze gelijk had, maar ik was zo bang! Ik was bang voor de vreselijke dingen die met me zouden kunnen gebeuren.

Ik was bang om mijn bedekking te verliezen. Al die tijd dat ik in de kerk had gezeten, preekten ze over een bedekking, zowel financieel als geestelijk. Als je gewoon dicht bij je pastor bleef, tienden gaf aan de kerk en alles deed wat ze je opdroegen (zoals altijd je pastor gehoorzamen), zou je onder Gods bedekking zijn. Ik durfde de pastor en zijn vrouw niet eens persoonlijk te vertellen dat ik uit de kerk zou gaan, omdat ik bang was dat ze alles zouden omdraaien en mij de schuld geven. Dus ik stuurde een berichtje. Later kwam ik erachter dat een aantal mensen in de kerk aan de vrouw van de pastor had gevraagd waarom we vertrokken waren. Ze had hen verteld dat dat kwam omdat ze geen grip meer op ons had. Ze loog ook en vertelde hen dat Geert en ik ruzie hadden. Toen we haar daarmee confronteerden, ontkende ze alles.

Nadat ik de kerk had verlaten, was ik nog steeds doodsbang. Ik had nachtmerries dat ik de pastor en zijn vrouw tegenkwam en ik was bang om naar de stad te gaan als ik wist dat ze daar zouden zijn. Ik was lichamelijk en emotioneel uitgeput. Ik durfde niet boos of bitter te zijn, maar ik was het wel. Ik had altijd gehoord dat deze emoties slecht en zondig waren, dus ik liet die gevoelens nooit zien als zij er waren. Ik had altijd hard gewerkt in de kerk en een glimlach opgezet. Maar ik had acht jaar aan opgekropte gevoelens en ik herstelde daar pas van toen ik naar een therapeut en een psycholoog ging. Ik vond het moeilijk om te begrijpen wat er nou precies was gebeurd en anderen worstelden om te begrijpen wat er nou echt gaande was.

In één jaar hadden we meer dan acht duizend euro aan de kerk gegeven, maar het voelde alsof we nooit genoeg konden geven. Van buitenaf leken de pastor en zijn vrouw zo vriendelijk, maar hun manipulatie was subtiel en toch intens. Het lezen van *Reli Detox* van Reinier Sonneveld heeft me enorm geholpen; dit boek legt alle manieren waarop pastors ons manipuleren bloot. Hierdoor begreep ik echt wat er gebeurd was. *Reli Detox* beschrijft veel voorbeelden van manipulatieve omstandigheden en kerken, en ik schrok toen ik las dat de kerk waar ik deel van was geweest, werd genoemd in dat boek!

Toen ik me als tiener aansloot bij die kerk, bevond ik me in een kwetsbare positie. Ze gebruikten love bombing en boden me een oplossing voor al mijn problemen. Hoe kon ik weten dat ze me zouden manipuleren en misleiden en misbruik van me zouden maken.

Het is nu een jaar geleden dat we de kerk hebben verlaten en ik heb pas kort geleden weer geluk gevonden in mijn leven. Het afgelopen jaar was het moeilijkste jaar van mijn leven. Ik weet dat vertrekken goed was, maar het was toch erg moeilijk. Ik had geen leven buiten de kerk, geen hobby's of vrienden. Mijn vroegere beste vriendin zit nog steeds in de kerk en ze wil niets meer met me te maken hebben. Ik heb nu alleen nog een paar goede vrienden over die ook De Fellowship verlaten hebben.

Ik ben nog steeds getrouwd met mijn geweldige man en we gaan naar een andere kerk. Toen ik daar voor het eerst kwam, twijfelde ik een beetje, omdat het zo anders was dan ik gewend was. Een vrouw leidde de zangdienst, *en ze droeg een broek. Hoe kan dat nou*, dacht ik! Toen ze aankondigde dat we gingen "chillen met God", dacht ik dat ik van mijn stoel zou vallen. Deze vrouw die zong op het podium was zo open en ze straalde haar liefde voor God uit. Veel andere vrouwen in de kerk droegen een broek. In mijn nieuwe kerk deden ze geen twee complete preken, één voor de collecte werd opgehaald en daarna nog één; ze haalden zelfs helemaal geen collecte op.

Na de dienst sprak ik met de vrouw van de pastor. Ze zei dat ik geen geld hoefde te geven omdat ik een bezoeker was en ik mocht komen zoals ik was. Ze was oprecht. Ik moest wennen aan de afwezigheid van allerlei extra regels. Ik kon de liefde van God in de gemeente zien, ondanks hoe de mensen gekleed waren. In de preek zei de pastor zelfs dat het niet erg was als we strijd hadden of het niet eens waren over bepaalde onderwerpen. Hij vertelde ons wat de Bijbel erover zei en als we vragen hadden, of het er niet mee eens waren, konden we er altijd met hem over praten. Er kwamen allerlei soorten mensen naar de kerk en het leek erop dat ze daar uit vrije wil zaten, niet uit angst. Er was geen giftige manipulatie, geen wetticisme, geen verborgen regels, gewoon mensen die kwamen aanbidden met een groot hart en veel liefde voor God.

Voorheen wist ik niet hoe een gezonde kerk eruit zag, maar ik ben blij dat ik er één gevonden heb. Het is fijn in mijn nieuwe kerk en ik ben gelukkig en eindelijk vrij.

HOOFDSTUK 8
MIJN WAARDE ALS VROUW
VALERIE

The Door, Tucson, Arizona

Maar als uw oog kwaadaardig is, zal heel uw lichaam duister zijn. Als het
licht dat in u is, duisternis is, hoe groot is dan de duisternis zelf!
—Mattheüs 6:23

We waren zwervers, mensen uit een verkeerde buurt. Mijn vader was
een manusje-van-alles en had een hele serie vreemde baantjes, maar af
en toe had hij vast werk. Hij was ook een alcoholist en mishandelde me
fysiek, vooral als hij dronken was. Hij kwam zelf uit een zeer disfunctioneel gezin, hij werd mishandeld en verlaten door zijn eigen vader. Ik
neem het hem niet kwalijk; alcohol was waarschijnlijk zijn enige vlucht
uit de harde realiteit van armoede. Dus de tralies waren zijn tweede
thuis, misschien zelfs wel zijn eerste. We verhuisden voortdurend,
vooral omdat papa de rekeningen of de huur niet had betaald. Meer
dan eens werd ik midden in de nacht wakker gemaakt om de voertuigen en aanhanger te laden en weg te glippen in het donker. In een
periode van twee jaar tijd telden mijn zusje en ik meer dan zestien
verhuizingen.

Mijn moeder kon niet goed overweg met haar stiefmoeder en verlangde ernaar uit huis te gaan. Dus toen ze zwanger werd van een getrouwde man, trouwde ze met mijn vader. In mijn beleving was ze altijd boos, maar misschien was ze gewoon boos op mij. Ik zou het niet weten. Op de een of andere manier was ik gewoon nooit goed genoeg, ik wist alleen niet waarom. Ik voelde dat ik een last was: ongewenst, niet geliefd en niet gezien. Pas toen ik volwassen was, leerde ik wat narcisme inhield. Het leven moet heel zwaar zijn als je denkt dat de wereld om jou zou moeten draaien, maar dat niet doet.

Het huwelijk van mijn ouders is nooit goed geweest. Mijn levendigste herinneringen heb ik aan hoe ze dronken en ruziënd thuiskwamen. Ze gooiden met dingen en maakten dingen stuk om elkaar pijn te doen. Op die momenten bleven wij als kinderen uit de buurt. Ik heb me heel vaak verstopt, terwijl ik me zo klein maakte als ik kon. Zorg dat ze je niet zien en horen. Jaren later merkte ik dat ik volledig blokkeerde in de aanwezigheid van boze mensen en ik had geen idee waarom.

Ze dronken steeds meer en begonnen wiet te roken. Uiteindelijk stapte mijn vader over op cocaïne en mijn moeder op valium die ze van de dokter kreeg om te kalmeren. Thuis was er geen ruimte voor fouten, om in de weg te zitten of zelfs de verkeerde haarkleur te hebben. Ik besef nu dat wat straf genoemd werd in werkelijkheid ernstige kinder- mishandeling was. Als kind wist ik dat natuurlijk niet. Ik nam gewoon aan dat het er overal hetzelfde aan toe ging.

Mijn halfzus, de oudste, was twee jaar ouder dan ik. Met haar blonde haren en blauwe ogen was ze het lievelingetje, de prinses. Zij had de schoonheid, ik de hersens, maar overduidelijk werd schoonheid meer gewaardeerd. Mijn moeder was altijd dol op haar. Het verschil in hoe we behandeld werden, was we al duidelijk toen ik nog heel jong was.

Mijn zus was meestal gemeen tegen mij, maar daar herinnert ze zich niets van. Het was klassiek narcisme. Ze geloofde dat ze hielp bij de opvoeding. In plaats van twee had ik drie ouders die me mishandel- den. Ze kwam overal mee weg. Zelfs als we samen betrapt werden, wist ze de situatie om te draaien en zei ze dat ze ons had betrapt op iets. Ik kon niet begrijpen waarom mijn ouders haar altijd geloofden. Nu begrijp ik het wel; het was een keuze.

Mijn broers, de ene ouder, de andere jonger, waren lastpakken. Dat was tenminste de consensus. Eerlijk gezegd, waren ze waarschijnlijk gewoon jongens, maar in een huishouden waar de ouders zo disfunctioneel zijn, was er geen ruimte voor kinderen met problemen. Op een dag betrapte mijn vader mijn oudere broer toen hij met lucifers speelde. Mijn vader verhitte een koekenpan op het fornuis en verbrandde de hand van mijn oudere broer erin. Een andere keer werd hij betrapt op roken en moest hij van mijn vader een sigaar opeten. En natuurlijk was er altijd wel iemand die een pak slaag kreeg. Als mijn broers zich misdroegen, kreeg ik ook een pak slaag. Als kind was ik nogal meegaand en timide, maar ze hadden geen tijd om te bedenken wie wat had gedaan.

Mijn vroegste herinnering van toen ik ongeveer drie jaar oud was, is aan mishandeling. Ik had wat prachtige paarse irissen meegebracht voor mijn moeder. De priester was ons naar huis gevolgd om tegen mijn moeder te zeggen dat ze ons geen bloemen mocht laten plukken uit de voortuin van de kerk. Oeps! Hoe had ik dat kunnen weten. Nadat hij weg was, kreeg mijn moeder een woede-uitbarsting. Ik zat ineengedoken in een hoek terwijl ze met een riem in mijn richting zwaaide. Pas een paar jaar geleden ontdekte ik dat mij zus, toen vijf jaar, erbij was. Waarschijnlijk had ze gezegd dat ze had gezien dat ik het deed en dat ze tegen mijn had gezegd dat het niet mocht. In ons huis wist je nooit wat je te wachten stond. Er was geen touw aan vast te knopen.

Ik was een diepe slaper en stond erom bekend dat ik slaapwandelde. Een slaapwandelaar lijkt wakker, heeft de ogen open en praat, maar eigenlijk slapen ze, dus er komt niet veel zinnigs uit. Op een avond was ik vergeten de afwas te doen, wat wel vaker gebeurde. Ze noemden me vergeetachtig en een dromer. De waarheid was dat ik dissocieerde om te ontkomen aan een wereld die ik niet kon verwerken. Op deze avond kwamen mijn ouders thuis na een avond zuipen en ze maakten me wakker. Alleen was ik niet echt wakker. Ik werd wakker midden in een pak rammel met het snoer van het koffieapparaat, midden in de dronken razernij van mijn ouders, onder de felle lampen in de keuken, terwijl ik bang en gedesoriënteerd was. Ik was pas acht of negen, maar ik leerde om hyperalert te zijn. Ik leerde heel goed hoe ik mensen moest doorgronden. Ik moest zeker weten dat iedereen oké was om zelf oké te zijn. Ik leerde co-dependent te zijn, altijd te denken aan anderen om zelf te kunnen overleven. Welke ik er ook was, er was gewoon geen plaats voor haar.

Wij, de eerste vier kinderen, waren een jaar na elkaar geboren, maar mijn jongste zusje werd bijna acht jaar na mij geboren. We brachten niet veel tijd samen door. Toen ik jong uit huis ging, waren we maar ongeveer zeven jaar samen geweest. Als de jongste wist ze te ontkomen aan veel van de lichamelijke mishandeling. Maar ze werd wel slachtoffer van de verlating, verwaarlozing en emotionele mishandeling net als wij allemaal.

Toen ik ongeveer elf was, gingen mijn ouders weer eens uit elkaar. Mijn vader bracht ons naar het huis van zijn zus, zonder de prinses; het lievelingetje was altijd bij mama. Papa had gezegd dat hij binnen een paar weken terug zou komen als hij een baan had gevonden. Na drie maanden bracht mijn oom, omdat hij mijn vader niet kon vinden, ons naar het huis van de tante van mijn moeder waar ze verbleef. Het was al laat, midden in de winter in upstate New York. Sneeuwstormen hoger dan de auto joegen over de binnenwegen. Nadat we meerdere routes hadden moeten proberen, was het logisch dat hij een kort lontje had.

Toen we aankwamen, kwamen mijn moeder en mijn tante naar buiten en ze begonnen te ruziën. Ze zeiden dat mijn vader er niet was, waarop mijn oom antwoordde: "Maar ik hoef deze kinderen niet op te voeden!"

Mijn moeder schreeuwde terug: "Nou, wij willen ze anders ook niet". Mijn mond viel open. Ondanks tien jaar mishandeling was ik nog steeds geschokt als ik mijn moeder die woorden hoorde uitspreken.

Ik nam mijn zusje van vier bij de hand en zei: "Kom we gaan. Ze willen ons hier niet". Dat was natuurlijk niet erg slim; waarschijnlijk zouden we zijn bevroren in een sneeuwbank.

Mijn tante hoorde me en zei: "O, nee! Kom binnen meisjes". Vlak daarna werd ik naar mijn vader, die naar een andere staat was gevlucht, gestuurd om bij hem te gaan wonen.

Er was in die tijd wel een klein lichtpuntje. Toen ik in groep vijf zat, nodigde een klasgenoot me uit voor een Bijbelstudie na schooltijd. Een geweldige vrouw die Wendy heette, leidde de studie. Ze vertelde me dat ik een gat in de vorm van God in mijn hart had. Ik was acht of negen jaar oud en nam dat nogal letterlijk. Als ik daar was, voelde ik me goed verzorgd en uiteindelijk accepteerde ik Jezus in mijn hart. Ik geloofde dat Jezus erin kwam om nooit meer weg te gaan.

Ze vermoedde waarschijnlijk dat we problemen hadden thuis. In die tijd, in 1969-1970, bestond de kinderbescherming nog niet. Mensen waren niet gewend de autoriteiten te bellen en waarschijnlijk kende ze de details toch niet. Maar ze nodigde me af en toe uit om bij haar en haar twee dochters te logeren. Het was daar vredig. Ik begon met hen naar de kerk te gaan en ik geloofde echt dat Jezus van me hield, omdat Hij van alle kinderen hiel, niet alleen van sommige. Ik besefte dat het er niet overal hetzelfde aan toeging als bij ons thuis.

Een paar jaar later verhuisden we en mijn ouders hadden geen reden om een kerk te zoeken, dus daar eindigden mijn kerkjaren. Ik geloofde nog lange tijd in Jezus, maar door jaren van mishandeling verliet ik Hem uiteindelijk. Ik voelde me alsof Hij me verlaten had. Ik verloor mijn geloof en werd in plaats daarvan hard en boos. Hoe kon God goed zijn en toch zo veel ellende toestaan? Het zou vele jaren duren voor Hij me weer vond.

Toen ik ouder werd, werden haat en bitterheid een levensstijl. Ik werd stoer aan de buitenkant en liet mijn woede aan iedereen zien. Hoe gemener en bozer ik overkwam, hoe waarschijnlijker het werd dat mensen uit mijn buurt bleven. Ik was me er niet van bewust dat het een beschermingsmechanisme was. Op mijn twaalfde begon ik te drinken en wiet te roken. Een paar van mijn broers en zussen waren jonger begonnen. Het was het enige dat we kenden.

Vlak voor mijn zestiende verjaardag ging ik uit huis. Mijn ouders waren toen gescheiden en ik woonde bij mijn vader. Het was een van die zeldzame momenten dat ik voor mezelf opkwam en het eindigde ermee dat ik het huis uit werd getrapt, samen met mijn oudere zus die toen achttien was. Ze belde mama die naar een andere staat was verhuisd en mama zei: "Kom maar bij mij wonen". Maar toen ik met haar sprak, zei ze dat ze geen ruimte had voor ons allebei. Hoe verrassend, ik had weer eens pech.

Mijn vader veranderde alle sloten en spijkerde de ramen dicht. Omdat ik minderjarig was, meldde hij dat ik weggelopen was. Ik bracht die nacht door in een wasserette. Ik kon niet geloven dat ik op dit punt terecht was gekomen. Al snel begon ik aan harddrugs alsof ik een doodswens had. Mensen gaven me drugs en ik nam ze zonder te vragen wat het was. Ik wilde gewoon ontsnappen aan mijn leven.

De volgende paar maanden bracht ik dan eens door bij de ene dan bij de andere vriend en soms stortte ik in elkaar op een feestje tot ik zestien was en legaal een flatje mocht huren. Ik haatte mezelf, mijn ouders en het leven. Ik had het niet in de gaten, maar hier begon een levenslange strijd met depressie en angst.

Ik ben nog steeds niet klaar met het verwerken van de mishandeling waar ik mee ben opgegroeid. Het is moeilijk te geloven dat ouders zo egocentrisch en onverschillig kunnen zijn. Ik was nu zestien en de enige relaties die ik kende, waren met narcisten, mishandelaars en ouders die hun kind in de steek laten. Ik besef nu dat de mishandeling me klaar stoomde voor de latere geestelijke mishandeling. Ik zag de tekenen niet toen ze verschenen in de structuur en het functioneren van de kerk waar ik later terecht kwam. Helaas kostte het me meer dan dertig jaar om het te zien en tegen die tijd was de schade al aangericht.

Toen ik net negentien was geworden, in 1980, ging ik op weg naar Tucson. Ik vluchtte voor mezelf, maar ik had geen idee waar ik heen vluchtte. Ik had een baan gevonden en toen ik op een dag naar mijn werk liftte, nam een vrouw me mee. Ze praatte over Jezus en nodigde me uit voor een concert de volgende avond. Het klonk leuk, dus ik stemde ermee in. Ze haalde me de volgende avond op en voor de eerste keer zette ik voet over de drempel van The Door Christian Fellowship in Tucson. Ik had het naar mijn zin; het voelde als een groep jongeren die plezier maakte, maar dan zonder drank en drugs. Er was een mix van moderne muziek, korte sketches en getuigenissen van hoe mensen Jezus hadden gevonden, gevolgd door een korte boodschap.

De vrouw vroeg me of ik met haar wilde bidden. Daar was ik nog niet klaar voor, maar opeens spraken mensen in tongen, iets waar ik nog nooit van had gehoord. Ik had van mijn grootmoeder gehoord van dansen in de Geest en zwaaien aan kroonluchters. Het maakte me bang en ik besloot ter plekke dat ze hun gang konden gaan, maar dat ik zo snel als ik kon zou maken dat ik wegkwam. Door een speling van het lot voelde ik echter Gods aanwezigheid toen ik aan het bidden was. Ik dacht aan toen ik voor het eerst Jezus had aangenomen. Hoe ik Hem miste! Ik bad en toen ik vertrok, voelde ik voor het eerste van mijn leven dat ik thuis was.

Dit gebeurde allemaal in het staartje van de Jesus People Movement. De Potter's House Fellowship was amper tien jaar oud. Mensen waren oprecht aardig en accepteerden elkaar. Het was vreemd dat mensen echt geïnteresseerd leken in mij, maar mijn hart was zo uitgehongerd als het aankwam op liefde en vriendelijkheid dat ik alles opslurpte. Het voelde echt als een familie. Het was een hele nieuwe cultuur. Het evangeliseren, de concerten en het samenzijn waren geweldig en we wonnen de wereld ook nog eens voor Jezus. We waren bijzonder. Ik had destijds niet kunnen bedenken hoe dat bijzondere gevoel dat we ervoeren zou transformeren in elitisme.

Ik rolde heel gemakkelijk het discipelschapsprogramma in, hoewel ze ons duidelijk vertelden: "Het is geen programma. Het is een relatie met God". Maar het was absoluut wel een programma. Omdat ik uit een instabiele thuissituatie kwam, voelden de eenvoudige duidelijk regels geruststellend met hun structuur en een gevoel van veiligheid. Ik verhuisde al snel naar een meidenhuis. Ik leerde veel en maakte ondertussen vrienden. Ik had nog steeds heel veel innerlijke strijd, maar als ik er met anderen over probeerde te praten, wisten ze of niet hoe ze moesten reageren of ze zeiden me dat dat mijn oude leven, vóór Christus, was. Ik nam aan dat het er niet langer toe deed, dus ik begroef het.

Dat was niet de laatste keer dat ik mijn problemen zou begraven. Met het verstrijken van de tijd veranderde het gevoel van thuis zijn. Wat begon als "kom zoals je bent. Je bent geliefd" werd: houd je aan de regels en zorg dat je er aan de buitenkant goed uitziet. We bespraken zelden wat er gebeurde van binnen tenzij we op zoek waren naar zondes die wortel probeerden te schieten. We spraken niet veel over onze strijd. We werden discipelen, we zeiden en deden allemaal hetzelfde.

Dus we leerden te doen alsof. "Fake it till you make it (Doe alsof tot je het zelf gelooft)", zeiden ze. We voelden de voortdurende druk om blij te zijn en overwinning te hebben. Na vijfendertig jaar kwam ik tot de conclusie dat bijna iedereen daar tot op zekere hoogte deed alsof. Ze wisten niet hoe ze echt moesten zijn en dat gold ook voor mij. Dus we droegen onze acceptabele Christelijke maskers; we lachten en zeiden aardige dingen. Ik worstelde ermee omdat ik er een hekel aan had nep te zijn. Maar ik kon het risico niet lopen vernederd en misschien wel afgewezen te worden, omdat ik niet voldeed aan het perfecte plaatje van een discipel.

Niet dat ik mijn geloof niet deelde, maar ik hield niet van evangelisatie-activiteiten. Ik had het gevoel dat ze mensen met verkooptechnieken onder druk zetten. Het leek alsof de beste discipelen er daadwerkelijk van genoten met een megafoon naar mensen te schreeuwen dat ze zondaars waren op weg naar de hel als ze zich niet bekeerden en zich tot Jezus wendden. Dit leek me pijnlijk en ik had genoeg pijn geleden in mijn leven om te weten dat ik anderen geen pijn wilde doen. Dus ik deed mijn best om smoesjes te verzinnen om niet te hoeven gaan. Maar ik had het gevoel dat ik steeds meer moest doen alsof. Het leek alsof we perfect moesten zijn.

Net als in mijn opvoeding begon ik me ongezien en onzichtbaar te voelen. Tenzij je iets uitzonderlijks deed, werd je min of meer over het hoofd gezien. Ik voelde me beschaamd, alsof ik niet goed genoeg was. Op dat moment wist ik het nog niet, maar ik was feitelijk beschaamd om niet te kunnen voldoen aan de verwachtingen van mensen. De waarheid is dat ik me schuldig maakte aan niet zijn wie God wilde dat ik was. Ze besteedden niet veel tijd aan het helpen van mensen bij het ontdekken van wie God wilde dat ze waren. Ze geloofden gewoon dat zij het beste wisten wat God voor ons wilde—schik je daarnaar.

Voor individualiteit leek in de kerk helemaal geen plaats te zijn. Ze wilden dat we allemaal hetzelfde waren en dezelfde dingen deden: evangelisatie, diensten, pastor of pastorsvrouw worden, enz. Alles wat te maken had met zelf was slecht. We werden aangespoord om anderen lief te hebben als onszelf, maar "Oh, we hoeven onszelf niet lief te hebben. We zijn zondaars. We zijn al egoïstisch". Gewoonlijk gebruikten ze Bijbelteksten als "Sterven aan jezelf. Jezelf verloochenen" en "Arglistig is het hart, boven alles, ongeneeslijk is het, wie zal het kennen?" Ze probeerden ons ervan te overtuigen dat er niets goeds in ons was en dat we onszelf niet konden vertrouwen. Misschien waren ze vergeten dat we een nieuw hart en een nieuwe geest in ons binnenste hadden?

Na vele jaren versterkte dit mijn gevoel van waardeloosheid. Toen ik de kerk binnen was gekomen, was ik al een voetveeg. Ik raakte in de war. Wat wilden ze nog meer van mij? Wil Jezus dat ik een voetveeg ben? Ik had niet het gevoel dat ik Hem alle eer gaf. Is geen grenzen hebben en niet in staat zijn nee te zeggen tegen mensen tot eer van Hem? Het klonk in mijn oren meer als geheiligde co-dependency en mensen behagen.

Maar de mensen die we behaagden, waren onze leiders, net zoals zij hun leiders en hoofdschap behaagden. Als je jezelf uitsprak, kreeg je het stempel een rebel te zijn, of op zijn minst ontrouw en dat konden we ons niet veroorloven. We moesten erbij horen om geaccepteerd te worden. Een bekende onderzoeker, Brené Brown sprak de bekende woorden "Op je plek zijn, betekent geaccepteerd worden omdat je jezelf bent. Erbij horen betekent dat je geaccepteerd wordt omdat je bent als iedereen."[1]

De enige manier om uit te reiken naar de samenleving was preken op straat. We leerden dat we niet teveel betrokken moesten raken in sociale kwesties. We moesten er gewoon voor zorgen dat mensen

---

1. Brené Brown, *Braving the Wilderness*, (New York: Random House, 2019), 159.

gered werden en dan zou God de rest doen. Hoe er ooit mensen tot Jezus kwamen door deze vorm van evangelisatie zal ik nooit weten. Ze investeerden weinig in daadwerkelijk groeien van mensen op de discipelschapsladder. In plaats van echt lichtdragers voor hun gemeenschappen te zijn, kozen ze ervoor kerken te planten in afgelegen plaatsen.

Het model van kerken planten wat De Fellowship gebruikt, kent een heleboel problemen. Ten eerste heeft pastor Mitchell helemaal aan het begin van De Fellowship verklaard dat we geen Bijbelschool of seminarie nodig hebben, precies de instituten die training en waarborgen bieden om mensen te helpen die trouw blijven aan het Evangelie en leiders leren hoe ze zorg kunnen dragen voor zielen. In plaats daarvan verklaarde Mitchell trots dat we Jezus' model van het discipelen van mensen zouden volgen. Ik denk dat we dat in zekere zin ook deden. Jezus discipelde mensen naar Zijn evenbeeld. Mitchell en degenen die hem volgden, discipelden mensen ook naar hun evenbeeld.

Ten tweede had het grootste percentage mensen dat de kerk binnenkwam een achtergrond van armoede, mishandeling en verslavingen. Ze waren vrijwel nooit in staat gezonde relaties aan te gaan en te onderhouden. Discipelen werden getraind in hoe ze een kerk moesten beginnen en een evangelisatie-activiteit coördineren, maar niet hoe ze op een gezonde manier met mensen om moesten gaan. De zorg voor zielen, die altijd het domein van de kerk was geweest, werd overgenomen door professionele counselers en psychologen, die een gruwel waren voor de kerk. Dat had desastreuze gevolgen voor de organisatie als geheel. Als "het allemaal om relaties draait", zoals ze zeiden, dan hadden we hopeloos gefaald.

Ondertussen bleef de kerkomgeving veranderen. We nodigden geen mannen van buiten De Fellowship meer uit om te komen preken. Discipelen leerden vlug genoeg dat ze alleen boeken mochten lezen die op de pastorslijst stonden, een lijst die van Mitchell zelf afkomstig was. Ik sprak eens enthousiast over een nieuw Christelijk boek, maar het enige wat een jonge discipel vroeg was: "Staat het op de pastorslijst?"

Ik weet niet zeker of ik antwoordde of alleen dacht "Zijn we een sekte?" Ik had toen nog geen idee hoe dicht dat bij de waarheid was. Pastors die het niet eens waren met de richtlijnen of het beleid van de kerk mochten niet meer preken op conferenties. Het was duidelijk dat er geen ruimte was voor verschillende standpunten of meningsverschillen. Uiteindelijk hoorden we alleen nog onze eigen stemmen resoneren.

Er kwamen steeds meer regels en ze werden ook steeds strenger. In sommige kerken moesten mensen een contract tekenen dat ze geen televisie zouden hebben of naar de bioscoop gaan als ze in bediening wilden. Ze vertelden ons ook dat we niet hoefden te gaan studeren. De reden die ze daarvoor gaven, was dat Jezus elk moment terug kon komen en dat we onze tijd niet moesten verspillen aan het najagen van wereldse zaken. Ze onderwezen leerstellingen, de geboden van mannen, één man in het bijzonder. Alles kwam rechtstreeks van Mitchell. Het is interessant hoe de kerk andere kerken bekritiseerde en ze zag als wettisch. Wij waren zelf net zo wettisch. Hoe kon het dat we dat niet zagen?

De patriarchale standpunten die Christian Fellowship Ministries inneemt met betrekking tot mannen en vrouwen behoren tot de meest destructieve leerstellingen. We leerden ons te onderwerpen aan leiderschap, onze echtgenoot, en onze ouders, onbewust, in die volgorde. Een vrouw mocht geen andere positie bekleden dan het leiden van een Bijbelstudie voor vrouwen (slechts zelden toegekend, tenzij ze een pastorsvrouw was) of lesgeven aan de kinderen in de zondagsschool. Ze mochten meedraaien in de crèche of toiletten schoonmaken. Ze mochten geen ordedienst zijn. Het gaat mijn verstand te boven als ik probeer te bedenken wat ze verwachtten dat er zou kunnen gebeuren. Vrouwen mochten geen zitting nemen in de kerkenraad; ze moeten zich daarover kapot gelachen hebben!

Dit verklaart ook waarom problemen van vrouwen nooit aan de orde kwamen. Ofwel dachten ze dat vrouwen geen problemen hadden, of, als ze zich daar wel van bewust waren, vonden ze dat vrouwen er maar gewoon zelf mee moesten leren omgaan. We waren tweederangs burgers, en hoe vaak ze ook zeiden van niet, in de praktijk was het wel zo.

Vrouwen werden ontmoedigd om naar school te gaan. Waar hadden ze een opleiding voor nodig? Het was Gods wil voor hen om te trouwen en kinderen te krijgen. Oh, en om hun man te ondersteunen in zijn bestemming en roeping. Ik krimp nog steeds ineen als ik iemand hoor zeggen: "Wat geweldig dat ze haar man vrijgelaten heeft om—wat dan ook". Vrouwen hadden deze macht niet echt; mannen deden meestal toch wat ze wilden. Dit zeiden ze vooral om vrouwen te ontmoedigen te klagen dat ze geen keus hadden. Vreemd genoeg heb ik die zin nooit andersom gebruikt horen worden. Sommige mannen ondersteunden hun vrouw bij haar roeping, maar dat waren er bijzonder weinig en vaak werd op hen neergekeken en werden ze beschouwd als zwak. Maar sommige van die mannen waren in feite de sterkste, eerbaarste en authentieke mannen die ik ken.

Patriarchaat roept mannen tot avontuur en verovering: Wees sterk en vastbesloten. Neem het heft in handen, onderneem actie en durf groot te dromen! Dat verschilt niet van de cultuur om ons heen; sterker nog, het is een voorbeeld van wereldse cultuur die infiltreert in de kerk. In de kerk roept het patriarchaat vrouwen op zich te onderwerpen aan mannen, om gedwee (gemakkelijk onder de duim te houden) te zijn. Het werd ontmoedigd om zelf dromen of doelen te hebben. Vrouwen die zich niet onderwierpen, noemden ze Izebels, onbedekte en rebelse vrouwen. Zelfs de wereld geeft vrouwen nog meer eer en waardigheid.

Leiders (mannen, uiteraard) verzekerden ons van ons waarde en de schoonheid van ons offer, maar de waarheid is dat we leven naar wat we feitelijk geloven, niet naar wat we beweren te geloven. Vrouwen hebben geen stem en worden vaak genegeerd, tenzij ze het eens zijn met een man. Ze zijn emotioneel en emoties werden gezien als onbetrouwbaar; daarom werden vrouwen gezien als onbetrouwbaar. Vrouwen zijn broos vaatwerk en daarom hebben ze mannen nodig. Er kan onmogelijk van hen verwacht worden dat ze in staat zijn hun eigen leven te leiden, laat staan dat ze een positie met verantwoordelijkheden en leiderschap kunnen hebben. Vrouwen is effectief het zwijgen opgelegd, hun enige invloed is gedegradeerd tot het opvoeden van kinderen. Tenzij De Fellowship hierin verandert, wordt dat hun ondergang. Vrouwen in onze cultuur, of in de meeste culturen in de wereld, zullen daarom niet naar een kerk komen en hun vrijheid opgeven om te dienen.

Uiteindelijk komt het grotendeels neer op narcisme, waar veel van het huidige evangelische Christendom onder lijdt. Extremere kerken, zoals Christian Fellowship Ministries, voeren de troepen aan. Narcistische leiders zijn zelfverzekerd, charmant en charismatisch. Ze weten hoe ze de controle moeten grijpen en hoe ze dingen gedaan kunnen krijgen. Daarom worden ze ook gekozen. Daardoor worden veel van dit soort kerken broedplaatsen voor narcisme. De duistere kant van narcisten is dat je ze nooit in twijfel mag trekken of kritiek op ze hebben. Hun charisma wordt vaak verward met zalving. Ze weten hoe ze anderen moeten manipuleren om hun doelen te bereiken, en ze hebben het nodig als succesvol te worden gezien. Ik wil hiermee niet zeggen dat alle pastors binnen Christian Fellowship Ministries narcistisch zijn. Veel pastors zijn goede nederige mannen met oprechte zorg voor hun mensen; ik ken er vele. Helaas is het in een dergelijke cultuur moeilijk om op te vallen, en opvallen is allesbepalend.

Onze zwaarste worstelingen komen voort uit trouwen in de kerk. In de beginjaren van De Fellowship hadden mensen kort verkering en trouwden ze binnen drie of vier maanden. Misschien als gevolg van de prediking die gericht was op het vermijden van zonde. Wij hoorden "God wil dat jonge mensen trouwen". We hadden hele strenge regels voor verkering, zoals altijd met een groep zijn. Er werd weinig goeds gezegd over emoties en ze waren zeker niet te vertrouwen. Verliefdheid zou je zeker verleiden tot zonde. Het huwelijk werd gereduceerd tot een goede beslissing en een toewijding. Oh, en het ging over het onderwerpen van vrouwen aan mannen. En dat God mannen nodig had en dat die mannen vrouwen nodig hadden. En een vrouw had een man nodig.

Al vroeg in de onderneming van kerkplanten had het leiderschap vlot geleerd om geen alleenstaande mannen uit te sturen. Dat legde uiteraard nog meer druk op hen die verkering wilden en een roeping voelden om een kerk te pionieren. Deze druk leidde tot relaties en huwelijken als middel om het doel te bereiken, en dat doel was het planten van kerken. We leerden ook dat we *allemaal* geroepen waren. En er was maar één roeping het allerbelangrijkst: een kerk pionieren.

Na een paar jaar waren mijn beste vrienden getrouwd en voelde ik me alleen. Op basis van de prediking vatte ik dat op als een teken dat God wilde dat ik zou trouwen. Ik begon te daten met mijn man, omdat hij aardig en verantwoordelijk leek en omdat hij in bediening stond. Zoals we hadden geleerd, maakte ik de juiste keuze. Ik was niet verliefd op hem. Als ongelovige had ik namelijk geleerd niet op dat soort gevoelens te vertrouwen; er was te vaak misbruik van mij gemaakt. Toch bleef ik me afvragen of ik echt verliefd was, maar hoe kon ik dat weten?

We hadden geleerd dat Gods liefde *agape* is.[2] Dat is geen gevoel, maar een werkwoord. In het Oude Testament lazen we dat huwelijken gearrangeerd werden door familie, en dat een gevoel van liefde niet eens een beweegreden was. Dus ik dacht dat ik op het goede spoor zat. Wat dacht ik wel niet? O, ik dacht precies wat me geleerd was te denken. Mijn leven was te lang gebroken geweest om me nog illusies te maken over trouwen. Toch was ik niet voorbereid op wat ging komen.

Mijn man was de goede kostwinner en stabiele man waar mijn chaotische hart zo naar verlangd had. Maar hij liet geen emoties zien; hij had twee emoties: goed en gespannen. Niet-emotioneel betekende dat hij een goede man was waar ik op kon bouwen. De kerk juichte dit toe. Ik realiseerde me niet dat het gezin van zijn jeugd hem een emotionele leegte had bezorgd. Zijn vader was een man die carrière maakte in het leger, en mijn man nam later zelf ook dienst. Hij had geleerd dat hij moest presteren in het leven, doelen bereiken en succesvol zijn. De kerk hield van haar militairen, mannen met discipline. Daar hadden ze minder werk aan, denk ik; hij kon regels opvolgen en paste er direct tussen.

---

2. "Lexicon :: Strong's G26 – *agape*," Blue Letter Bible, 3 maart, 2024, https://www.blue letterbible.org/lexicon/g26/kjv/tr/0-1/.

De volgende dertig jaar van mijn huwelijk ervoer ik weinig verbinding. Toen we midden in onze huwelijksproblemen zaten, vertelde ik mijn pastor dat we geen emotionele band hadden. Hij antwoordde: "Wat bedoel je, 'emotionele band'? Ik was verbijsterd! Wist hij eerlijk niet waar ik het over had?

Binnen een paar jaar was mijn man afstandelijk en onbereikbaar geworden. Als ik probeerde met hem te praten om me emotioneel met hem te verbinden, kwam ik altijd verward uit het gesprek met het gevoel in elkaar geslagen te zijn. Ik wist toen nog niet wat gaslighting was en hij was zich er niet bewust van dat hij het deed. Het hoorde bij zijn opvoeding en het gebeurde ook vaak in de kerk. Tientallen jaren verdroeg ik het, maar de werkelijkheid is dat mijn hart het al snel opgaf. Het was me stevig ingeprent dat het de bedoeling was dat we zouden sterven aan onszelf. Ik geloofde dit soort stellingen en sprak ze ook uit: "Meer Jezus en minder ik". "Het draait niet om mij". Voor hem was gaslighting een manier om afstand te nemen van emoties en echte intimiteit. Natuurlijk was ik een goede echtgenote, ik had immers Spreuken 31 om naar te leven. Dus ik stelde mijn verwachtingen bij. Ik bad, las de Bijbel en deed alles wat ik kon om een goede vrouw, moeder en Christen te zijn.

Binnen vijf jaar kreeg ik mijn eerste en tweede zoon. Ik hield en houdt nog steeds van ze met mijn hele hart. Het moederschap leek de redding uit mijn huwelijk. Ik kon me niet verbinden met mijn man, maar beslist wel met mijn kinderen. De volgende vijftien of twintig jaar behoren tot mijn beste jaren.

Ik hield van hen op manieren die ik nooit gevoeld had toen ik zelf opgroeide. Er mankeerde veel aan mijn ouderschap. Ik had alleen mijn eigen disfunctionele jeugd als voorbeeld, toch begreep ik wat voor ouder ik niet wilde zijn.

De belangrijkst les van de kerk met betrekking tot het disciplineren van kinderen was de roede niet te sparen en te verwachten dat kinderen direct gehoorzaamden. Het leek wel een militair bootcamp. Er was geen ruimte voor gekkigheid of onvolwassenheid, geen ruimte om gewoon kind te zijn. Dat streven naar volwassenheid in plaats van een natuurlijk proces te laten plaatsvinden, is een interessante dynamiek binnen de kerk. God heeft ons geschapen om te groeien; ons fysieke lichaam leert het ons. Gezonde volwassenheid heeft tijd nodig. En net als onze kinderen werden gelovigen gedwongen in een gecontroleerde en geforceerde volwassenheid die niet natuurlijk en grotendeels niet succesvol was. Blijkbaar vertrouwden ze er niet op dat God het werk zou doen, dus namen ze het zelf op zich om mensen te controleren. Wat doorging voor volwassenheid was in werkelijkheid niet meer dan rigide controle en discipline (wilskracht). Discipelschap in optima forma!

Het leven begon te veranderen toen mijn kinderen uit huis gingen. Mijn hart veranderde. Het huwelijk had me nooit voldoening of een doel gegeven. Het was meer iets wat ik verdroeg. Hoewel ik alles had gedaan om de beste Christelijke echtgenote te zijn die ik kon zijn, voelde ik me gebruikt en verbitterd. Ik realiseerde me niet dat de kerk met haar foute leerstellingen hier debet aan was. "God schiep de vrouw voor de man. Als een man een vrouw gevonden heeft, heeft hij iets goeds gevonden. Ik was ontworpen om te voorzien in al zijn noden". Ja, dat kwam uit de Bijbel, maar de manier waarop het werd geleerd onder de vlag van het patriarchaat verdraaide het.

Zelfs de huwelijksgeloften verkondigden dit. Tegen de vrouw zeiden ze: "En weet je dat God je geschapen heeft als een hulp en dat je daarin de waarde en vervulling vindt die God je beloofd heeft als vrouw?" Dit gaf de boodschap af dat mijn belangrijkste doel was een hulp te zijn en dan misschien ook nog een beelddrager van God. Vrouwen werden behandeld als handelswaar.

Toen mijn man de diagnose prostaatkanker kreeg, was mijn eerste reactie onverschilligheid met een vleugje wrok. Ik had al zo lang het gevoel dat ik gebruikt was, dat het me niets meer kon schelen. Mijn man had het niet expres gedaan; hij was evengoed onderworpen aan hetzelfde onderwijs als ik. Alleen mannen profiteerden van dit onderwijs, vrouwen niet. Hij profiteerde. Toch raakte God mijn hart aan; ik kon me niet voorstellen hoe het zou zijn om deze kanker te moeten doorstaan en tegelijkertijd je vrouw te zien vertrekken. Dus ik bleef. Ik was beslist geen heilige; ik was gewoon al zo veel jaar co-dependent dat ik niet meer wist hoe het anders zou moeten. De kerk versterkte deze co-dependency echter op alle mogelijke manieren.

In een jaar tijd was er relatief weinig veranderd in ons leven, er waren alleen extra uitdagingen bij gekomen. Een Christelijke auteur en therapeut vroeg "Waarom stappen vrouwen uit hun huwelijk na twintig dertig of veertig jaar na alles wat ze erin geïnvesteerd hebben?" Na ruim dertig jaar realiseerde ik me eindelijk dat ik al die jaren had gezaaid in mijn huwelijk, maar dat de grond onvruchtbaar was. Ik had alles gegeven, maar op een dag werd ik wakker en realiseerde me dat ik de man waarmee ik sliep niet kende. Toen ik angst- en paniekaanvallen kreeg van lichamelijk contact kon ik het niet meer aan. Ik moest eruit. Mijn man was oprecht geschokt. Hij dacht dat ons huwelijk prima was. Het patriarchale onderwijs had ons een enorme disbalans in ons huwelijk opgeleverd; mannen hadden recht op en vrouwen waren verplicht tot.

Na vijfentwintig jaar was ons huwelijk inhoudsloos. Het implodeerde. We waren pilaren in de kerk, modelchristenen, betrokken in allerlei bedieningen, maar ons huwelijk was dood. Het zag er van de buitenkant fantastisch uit, maar van binnen was het dood. We hadden er beiden naar verlangd de beste echtgenoot en echtgenote te zijn die we konden en we hadden onze door God gegeven rollen vervuld zoals de kerk ons had geleerd. Toch faalde het huwelijk omdat rolpatronen het huwelijk niet maken; daar heb je relationele vaardigheden voor nodig en juist die waren ons nooit geleerd. De kerk was hier verantwoordelijk voor. Als alle inspanning gaat naar hoe het er aan de buitenkant uitziet, naar het planten van kerken in plaats van het opbouwen van mensen, dan zou het gebrek aan inhoud geen verrassing mogen zijn. Zoals het met de kerk ging, ging het met ons huwelijk. Zo ging het met mijn ziel. Alles wat overbleef waren witgekalkte graven.

Zodra ik in de gaten had dat we huwelijksproblemen hadden, vroeg ik het leiderschap om hulp. De pastor zei dat ik door moest gaan met wat ik al deed: getrouw blijven, me onderwerpen en niet klagen. "The definition of insanity is doing the same thing over and over and expecting a different result"[3], of in het Nederlands: De definitie van waanzin is steeds opnieuw hetzelfde doen en een andere uitkomst verwachten. Het staat niet in de Bijbel, maar het is desondanks een waarheid als een koe. Ik vroeg of hij ons een counselor kon aanraden. Hij antwoordde: "O, nee, niet echt". De volgende zondag hield hij een hele preek over waarom we geen counselors of therapeuten nodig hebben. "We hebben God, de Bijbel en de Heilige Geest". En een pastor die niets te bieden heeft. Dus al mijn zorgen werden weggewuifd.

Omdat ik zijn antwoord niet kon accepteren, ging ik zelf op zoek naar een counselor en ik vond een geweldige. Ze was een sterke Christen, maar met een veel gezonder geloof. Ze was vriendelijk en meevoelend, en ze luisterde. Het viel me op dat ik dat nog nooit zo had ervaren in de kerk. Was dit niet meer naar het voorbeeld van Jezus? Twee weken later ging mijn man mee voor huwelijkscounseling en bracht hij zijn betrokkenheid in pornografie ter sprake.

God had hem gebroken; hij brak ons allebei, maar het was het begin van een verandering. Uit statistieken blijkt dat 68 procent van de mannen die naar de kerk gaan en 50 procent van de pastors regelmatig naar porno kijkt.[4] De evangelische kerk in het algemeen heeft verzuimd dit ter sprake te brengen.

Diezelfde week spraken we met de pastor over onze strijd. Hij wilde liever geloven dat het reisschema voor het werk van mijn man ons probleem was. Toen we het onderwerp pornografie aankaartten, zweeg hij even en schakelde toen over op een ander onderwerp. Toen we zijn kantoor verlieten, zei hij tegen mij: "Oh, en je moet je eigen aandeel hierin erkennen". Ik was sprakeloos! Verre van perfect had ik me aan elke regel gehouden. Deze pastor waar ik al tientallen jaren

---

3. De oorsprong van dit citaat is onzeker, maar werd waarschijnlijk voor het eerst uitgesproken tijdens een 12 stappen-bijeenkomst waar de anonimiteit van de deelnemers zorgvuldig wordt bewaakt. "Insanity is Doing the Same Thing", Quote Investigator, 23 maart 2017,

https://quoteinvestigator.com/2017/03/23/same/

4. "15 Mind-Blowing Statistics About Pornography And The Church," Mission Frontiers, November/December, 2020, https://www.missionfrontiers.org/issue/article/15-mind-blowing-statistics-about-pornography-and-the-church.

tegen opkeek als een geestelijke vader en leider, had me zojuist voor de bus gegooid! Een ding wist ik zeker, is was er absoluut niet verantwoordelijk voor dat mijn man naar porno keek. Misschien komt dat voort uit hetzelfde patriarchale denken: Het is de schuld van de vrouw. Ik voelde me alsof alle lucht uit me was gezogen.

De laatste tien jaar dat ik naar de kerk ging, zag ik steeds meer huwelijken eindigen in echtscheiding. Vaker wel dan niet was het de vrouw die de kerk verliet. De echtgenoot werd dan binnengehaald als de rechtvaardige, beklaagd en bewonderd om zijn getrouwheid in tegenspoed. De onderliggende boodschap was dat de vrouw zich stil moest houden, dienstbaar moest zijn en zich nooit aan haar man mocht onthouden, nooit de zonde van haar man aan het licht mocht brengen en nooit mocht zeuren of klagen. Vrouwen moesten lief en onderdanig zijn en mochten zelf geen verlangens of dromen hebben. Als vrouw behoorde je hem toe. Dit werd uiteraard allemaal ondersteund door Bijbelteksten, tenminste volgens De Fellowship. Maar in werkelijkheid was het een vrijbrief voor misbruik.

In 2016 heb ik de kerk verlaten en het is het moeilijkste wat ik ooit heb gedaan. Ik heb er nooit spijt van gehad, maar ik had me nooit gerealiseerd wat het me zou kosten. Ik ben alles kwijtgeraakt: een kerkfamilie waar ik al vijfendertig jaar deel van was, een bediening van vijfentwintig jaar die ik helemaal zelf had opgezet, en vrienden waar ik mijn kinderen mee heb opgevoed. De verstoting is een realiteit. Hoewel mijn ervaringen waarschijnlijk niet zo heftig zijn als die van vele anderen, had het een verwoestend effect op mij. Ik heb nog slechts contact met vier of vijf mensen van daar. Om eerlijk te zijn, wilde ik vele van hen nooit meer zien. Als de waarheid en realiteit tot in je wezen doordringen, kun je wat je hebt gezien, nooit meer niet zien.

Door tot deze kerk te behoren, had ik mijn identiteit, mijn autonomie en mijn stem verloren. Zelfs mijn lichaam was niet meer van mij; het was alleen van mij om het weg te geven, op te offeren voor anderen. Mijn gedachten, mijn mening, mijn noden deden er niet toe, omdat ik er niet toe deed. Ik was alleen maar goed om gebruikt te worden door degenen om me heen, voor hun doelen en hun bestemming. Wat ik thuis impliciet had geleerd, leerde de kerk me expliciet.

Ik neem aan dat het feit dat ik was vertrokken in de maanden die erop volgden, het gesprek van de kerk was. Blijkbaar was ik vertrokken omdat ik me gekwetst voelde. Ik had vijfendertig jaar in de kerk gezeten. Dachten ze nou echt dat ze me niet tig keer hadden gekwetst. Ik was vertrokken omdat we hulp zochten voor onze huwelijksproblemen en nul op het rekest kregen. Ik was vertrokken omdat mijn ogen eindelijk waren geopend voor de vele ongerechtigheden, voor het narcisme van het leiderschap, voor de manipulatie en het machtsmisbruik en voor het opzij schuiven van hen die gewond of in nood waren door het systeem dat zij propageerden.

In de loop van vijfendertig jaar was er veel veranderd binnen The Door Christian Fellowship. Ik heb mooie herinneringen aan de beginjaren. En zelfs in de latere jaren waren er vriendschappen die ik waardeerde en herinneringen die ik koesterde. God heeft me lessen van onschatbare waarde geleerd, zowel vanwege als ondanks de kerk. Ik heb prachtige mensen achtergelaten wat voor beide partijen pijnlijk was. Ik neem het ze niet kwalijk; ik streef er alleen naar een systeem aan het licht te brengen dat anderen gebruikt en manipuleert om, naar ze zeggen, de wereld te winnen voor Christus. Terwijl het systeem ernaar streeft deze missie te volbrengen, heeft het duizenden gewonde mensen in zijn kielzog, waarvan velen, helaas, hun geloof helemaal verloren hebben. Nog veel meer zitten er nog in de kerk; zij hebben hun oprechte geestelijke noden geofferd op het altaar van het ego en succes van anderen. Dit zichzelf propagerende systeem schept ongezond leiderschap, wat leidt tot ongezonde kerken en ondervoede en/of gewonde gemeenteleden. Jezus zei: "Maar als uw oog kwaadaardig is, zal heel uw lichaam duister zijn. Als het licht dat in u is, duisternis is, hoe groot is dan de duisternis zelf!" (Mattheüs 6:23).

Al een aantal maanden was ik geregeld langs een kerk gereden die wat van de weg af lag, bovenop een heuvel. Eindelijk had ik gegoogeld hoe de kerk heette en had ik hun website bekeken. De oudsten en leiders deelden allemaal kort wat relaties voor hen betekenden. Een kerk die relaties echt op waarde schatte? Zou het zo moeten zijn? Het was dicht bij huis dus de volgende zondag ging ik er heen. Ik had nooit veel geloof gehecht aan tekenen, maar die dag werd ik van mijn sokken geblazen. Een van de liederen die ze zongen, "Just as I Am" (gewoon zoals ik ben), was een lievelingslied uit mijn jeugd dat ik had geleerd toen ik voor het eerst mijn hart aan Jezus gaf.

De pastor had een gastspreker meegenomen die hij aan de gemeente wilde voorstellen. Hij zou de kerk gaan leiden in de zomer, als de pastor een sabbatical van drie maanden zou nemen. Ik was stomverbaasd. Wat?! De pastor neemt een sabbatical?! Ik dacht aan hoe mijn oude pastor me had bespot toen ik zei dat ik geloofde dat God wilde dat ik een sabbatical zou nemen, ook al was ik uitgeput van alle manieren waarop ik probeerde te dienen. Alles in deze boodschap leek tot mijn gericht! Het was op zoveel manieren zo anders dan The Door, op zo veel goede en geweldige manieren.

De kerk maakte deel uit van de Evangelical Covenant of Churches (Evangelisch kerkverband), een gemeente-stijl kerk. Dat betekende dat over belangrijke beslissingen en posities gestemd moest worden door de gemeente. Ze hadden ook een oudstenraad waarin ook vrouwen zaten. Het was boven alles, zelfs boven de pastor, hun taak om zorg te dragen voor de kerk. Dat stond haaks op wat ik had gezien in De Fellowship, kerkenraden bestaande uit jaknikkers. Ik weet zeker dat ze het daarmee niet eens zullen zijn; op de een of andere manier zijn ze het toevallig allemaal eens met alles wat de pastor inbrengt. Hier vormden vrouwen (samen met mannen) de ordedienst, vrouwen hebben bedieningen en posities die ze binnen De Fellowship nooit mochten hebben. En het was de gezondste geestelijke omgeving die ik ooit had meegemaakt.

Ik was nog steeds zwaar gewond, maar ik hield onmiddellijk van deze nieuwe kerk. Ik wilde niets liever dan onopgemerkt naar binnen glippen en God naar hartenlust aanbidden. Maar God omringde me met zo veel fantastische, liefdevolle vrouwen en echt oprechte mensen. Toch was het nog steeds moeilijk om naar de kerk te gaan. Regelmatig ervoer ik angst als ik er alleen aan dacht om naar de kerk te gaan of daadwerkelijk ging. Ik was bang om opnieuw verlaten en afgewezen te worden of dat er weer misbruik van me zou worden gemaakt. Het heeft me jaren gekost om daar overheen te komen.

Ik worstelde ook met het horen van bepaalde Bijbelteksten. Ik begon overal aan te twijfelen. Ik betwijfelde God. Ik betwijfelde leerstellingen en traditie. Die waren zo verdraaid geweest dat ik niet meer wist hoe ik het Woord van God op waarde moest schatten. Ik kon de Bijbel of mensen niet meer vertrouwen en ik had het vermogen mezelf te vertrouwen verloren. Mijn wereld bleef afbrokkelen en ik kon het niet tegenhouden. Bij tijd en wijle leek het gemakkelijker mijn geloof maar helemaal op te geven.

Ik sta voor eeuwig in het krijt bij de mensen van Grace Community Church in Oro Valley in Arizona. Mijn gebrokenheid was overduidelijk en ze overlaadden me met hun liefde. Mijn verlangende hart kon er geen genoeg van krijgen, mogelijk vanwege de relationele leegte die ik de afgelopen twintig tot dertig jaar had ervaren. Het is nu zes jaar geleden dat ik ben vertrokken en mijn woede is allesbehalve verdwenen, vervangen door vrede, maar mijn hart breekt nog steeds. Zo veel loyale toegewijde mensen lijden omdat ze niet beter weten. Ik bid dat hun ogen geopend worden, hoewel ik weet dat het hen in een lastig parket zal brengen; vrijheid zal waarschijnlijk ten koste gaan van vrienden en familie.

Mijn man kreeg een promotie op zijn werk, dus we verhuisden naar een andere stad. We hadden geluk om een geweldige kerk te vinden, een zusterkerk van de kerk die ik bezocht in Oro Valley. Ik zeg graag dat ik van Grace (Grace Community), genade, waar zo veel genade werd uitgestort in mijn leven, naar Hope, hoop, ben gegaan, waar ik werd uitgedaagd om te blijven geloven in de God van alle hoop!

Ik liet een langdurige carrière achter en alles wat vertrouwd was. Alles wat voorheen mijn leven had bepaald—een carrière, een kerkfamilie, een bediening, mijn thuis—lag nu achter me. Ik had me nog nooit zo verloren gevoeld. Ik kende hier niemand en ik had geen idee wat ik met mezelf aan moest. Binnen een paar maanden nadat we in deze stad waren komen wonen daalden COVID gepaard met depressie erop neer. De worsteling met angst en de angst om afgewezen te worden, werden paniekaanvallen en PTSS die twee jaar aanhielden, vooral als ik naar de kerk ging. Depressie vertelde me dat ik te gebroken was en dat ik niet genoeg levensjaren over had om dat allemaal te herstellen.

Ik kon de puinhoop waar ik in zat niet verbergen. Deze geweldige gemeente heeft het slechtste van mij gezien, maar nooit haar gezicht afgewend. Ik heb mezelf op mijn slechtst gezien met gradaties van schaamte en verwondingen die helemaal teruggingen tot in mijn kindertijd. Het was een moeilijke periode, maar met de steun van mijn man, de kerkfamilie en mijn counselor, ging ik vooruit en begon te genezen. Het was geen lineair traject, maar vooral erg rommelig.

Elke revolutie die moest plaatsvinden, begon met woede, dus het is niet verrassend dat mijn persoonlijke revolutie ook begon met woede. Therapie was mijn reddingsboei. En toen ik het belang van woede leerde, begon ik te genezen. Woede is de bewaker van ons hart, woede beschermt ons tegen misbruik. We leerden "Word boos maar zondig niet", maar wat ze echt bedoelden was dat je niet boos moest worden (zie Efeze 4:26). We werden aangespoord te vergeven. Toch was het vrijwel onbestaanbaar dat zij die verantwoordelijk waren hun verantwoordelijkheid ook namen, vooral als het leiders waren.

Ik kan niet genoeg benadrukken hoe waardevol een goede therapeut is. Al die uren in haar kantoor was ze er voor me. Ze luisterde, ze hielp me jaren van trauma te verwerken en een gebroken huwelijk te repareren. Ze zat naast me als ik huilde en soms huilde ze met me mee. Ze hielp me hoop te zien als ik me hopeloos voelde en in haar eigen woorden liet ze me de liefde van Jezus zien. Ik leerde wat goede relaties en een goede kerk zijn.

Nu al een aantal jaren heb ik mijn geloof afgebroken en opnieuw opgebouwd, soms met felle woede, even vaak met tranen. Ik had geen keus; het was dat of het voor altijd achter me laten en ik heb vaak op het punt gestaan het geloof vaarwel te zeggen. Ik heb gestreden om God te ontwarren van de verdraaide, boze, teleurgestelde karikatuur die me altijd was voorgehouden. Sommige Bijbelvertalingen die ooit mijn fundament waren geweest, prikkelden me nu. Al snel ontdekte ik *The Passion Translation*; dat was een godsgeschenk. Het maakte zo veel verschil dat ik de Bijbel nu met frisse ogen kon lezen.

Als ik dit schrijf (2023) wonen we hier al drie jaar. Ik maak nieuwe vrienden en bouw mijn relaties op basis van gezonde en Bijbelse principes. Ik heb strijd overwonnen en angst die samenhing met in bediening staan: de angst om overweldigd te worden, dat er meer van me geëist werd dan ik kon geven, en om geen stap terug te mogen doen als ik uitgeput was of voelde dat God me in een andere richting duwde. Dat was allemaal geworteld in geestelijke manipulatie. Ik ben nu vrij om God te dienen en te aanbidden vanuit mijn hart zonder alle regels die me vertellen hoe ik mezelf zou moeten geven.

Ik houd echt van deze kerk en ik nodig graag mensen uit om mee te gaan, omdat ik genezing, liefde en een doel ervaar, precies zoals je van een kerk mag verwachten. Ik mag dienstbaar zijn in de omringende gemeenschap zonder de noodzaak mensen tot een beslissing te dwingen ten koste van hen of mijzelf. Jezus roept ons om mensen lief te hebben. Dat is alles! Het is Zijn taak om mensen tot Hem te trekken en te redden. Het mooiste is dat Jezus zo veel helderder en krachtiger door mij heen schijnt als ik gewoon Jezus en mensen lief heb.

We zijn nog steeds bezig ons huwelijk te vernieuwen en te bevrijden. We hebben nog steeds strijd omdat we op het verkeerde fundament hebben gebouwd. In het proces groeien we allebei in ons eigen leven en God opent deuren voor bediening voor echtparen. Er schijnt licht in de duisternis. Ik heb de hoop en overtuiging dat God alles gaat herstellen. Hij is altijd bij me geweest en zal me nooit verlaten.

We hebben een gemeenschap gevonden die liefde, compassie, empathie en authentieke relaties belangrijk vindt. Het gevoel dat er iets mis is met mij heb ik niet meer. Ik heb nooit meer het gevoel gehad dat ik te veel of niet goed genoeg ben. Ik ben precies wie Hij wil dat ik ben. Mijn geloof is van mij, niet iets wat me is overhandigd of opgedrongen. Jezus zegt dat het kostbaarder is dan goud en waard om voor te vechten. Ik ben het waard om voor te vechten! Wij zijn het waard om voor te vechten! En Zijn waarheid is het waard om voor te vechten!

HOOFDSTUK 9
DEMONEN UITGEDREVEN OP MIJN TROUWDAG
BETTY

Lighthouse, Santa Monica, Californië

Maar wees op uw hoede voor de valse profeten die in schapenvacht naar u toe komen, maar van binnen roofzuchtige wolven zijn.
—Mattheüs 7:15

Ik streek met een trillende hand over de voorkant van mijn witte jurk; in de andere zweterige hand hield ik mijn boeket geklemd terwijl ik ongeduldig wachtte. Was iedereen zo zenuwachtig als ze gingen trouwen? Ik stond in een kamer, klaar om de korte afstand door het middenpad af te leggen om een echtgenote te worden. Mijn familie stond om me heen en wachtte in spanning af. De tijd leek zo langzaam te gaan. Opwinding en zenuwen vermengden zich als een wolk van vlinders in mijn buik. Zo meteen zou ik een echtgenote zijn.

Het leek eeuwen te duren tot deze dag aanbrak en nu was het eindelijk zo ver. Ik keek om me heen en zag alle mensen die het dichtst bij me staan, allemaal hier om te delen in de liefde van deze dag. Ik lachte, ik was zo blij. De pastor kwam binnen en direct was de spanning om te snijden. Er was al zo veel negativiteit geweest. Ik wilde niet meer, niet vandaag. Ik sloot mijn ogen en bad voor een dag vol vreugde, vrede en geluk. Ik wilde dat mijn grote dag perfect zou zijn. Ik wilde dat iedereen met elkaar overweg kon en ik wilde blijdschap geen boosheid. Ik deed mijn ogen open. De pastor kwam naar me toe. Wat zou hij gaan zeggen?

Hij legde zijn handen op me en zei: "Satan, ga uit!" Op mijn trouwdag dreef hij demonen uit mijn lichaam. Ik stond daar in shock terwijl de woede in me opborrelde, maar ik duwde het weg. Natuurlijk deed hij dat vlak voor ik door het middenpad zou lopen. We stonden in een kamer vol mensen; mijn familie en mijn vader waren allemaal verbijsterd over wat hij zojuist had gedaan. Mijn vaders vuisten waren gebald, hij kookte van woede, maar hield zichzelf in omdat hij wist dat ik van een uitbarsting alleen maar meer overstuur zou raken. Waarom vond hij het nodig dit te doen? Waarom dacht hij dat ik demonen had? Ik was niet iemand die een scene maakt, dus ik hield mijn mond stijf dicht toen de pastors door de deuren de kerk in liep. Ik kon hem alleen maar koeltjes nastaren. Ik weigerde dit mijn dag te laten verpesten.

Ik haalde diep adem en liep het middenpad op, ik sloeg mijn ogen op en een glimlach verscheen op mijn gezicht, klaar om mijn echtgenoot te ontmoeten. De ruimte was versierd met prachtige subtiele blauwe en witte bloemen voor mijn klassieke bescheiden bruiloft, maar de kerk was bijna leeg. Waar waren al mijn gasten? Wat vreemd, er waren veel minder mensen dan ik had ingeschat. Als er een bruiloft was in de Lighthouse-kerk werden alle leden aangespoord om te komen en achter het pasgetrouwde stel te gaan staan. Maar toen ik door de deuren stapte, was er geen enkel lid van de gemeente, behalve degenen die direct bij mijn bruiloft betrokken waren. Er klopte iets niet.

Ze moeten de opdracht hebben gekregen niet te komen, want zelfs mijn beste vrienden uit de kerk waren er niet om me te steunen. Ik had mijn beste vrienden persoonlijk uitgenodigd en verwachtte dat ze er zouden zijn, maar geen één van hen zat ik de kerk. Dit was geen toeval.

Ik liep door het middenpad met een hart vol teleurstelling dat deze man, de pastor, zo veel macht over iedereen had dat hij kon controleren wie naar mijn bruiloft kwam. Hij kon mijn beste vrienden zo ver krijgen dat ze hun gezicht niet wilden laten zien uit angst voor repercussies. Waarom mochten deze mensen onze eenheid niet meevieren zoals ze dat wel deden bij alle anderen? Dit mocht mijn bruiloft niet verpesten, maar ik was gekwetst omdat we zo werden behandeld. Ik begreep niet waarom we uitgestoten werden.

Ik had mijn echtgenoot ontmoet op de universiteit, een romantische ontmoeting als in een film. Ik was nieuw op de campus en opgetogen om nieuwe mensen te ontmoeten. Een jong meisje vol hoop en ambitie in een poging vooruit te komen in mijn opleiding. Het leven zat vol geweldige kansen die voor het grijpen lagen. Op de dag dat ik hem ontmoette, had ik net een werkgroep bijgewoond. Ik liep over het campusterrein toen ik hem tegen het lijf liep. Ik was gewoon een vreemdeling die zijn aandacht trok, maar hij liet me niet gaan. Op dat moment was ik een beetje klaar met daten; ik was ervan overtuigd dat ik nooit iemand tegen zou komen in deze datingjungle in Californië waar ik in aanrommelde. Maar toen ik deze knappe man tegen het lijf liep op de campus leken mijn lijf en hart te zeggen dat deze man speciaal was.

Toen we begonnen te kletsen, sprong er een vonk over; praten met hem ging vanzelf. Deze man zou belangrijk voor me worden. Ik lach nu bij de herinneringen. Hoe groot was de kans dat we elkaar die dag tegen het lijf zouden lopen? Hoe wij elkaar ontmoet hebben, was echt het lot, dat zich er op een grappige manier meer bemoeide. Ons verhaal zou zo uit een kasteelroman kunnen komen, maar voor ons was het werkelijkheid. We werden smoorverliefd en hebben nu twee prachtige kinderen. Het was voorbestemd dat wij elkaar die dag zouden ontmoeten en daar dank ik God nog elke dag voor.

Onze relatie werd al snel serieus en al gauw begon ik hem bij hem thuis op te zoeken. Hij woonde in een appartementencomplex dat beheerd werd door kerkleden; de appartementen en het complex werden bewoond door alle mensen die de kerk bezochten, die op een steenworp afstand stond. Hij woonde bij zijn neef die ook betrokken was bij de kerk. Er waren getrouwde stellen, vrienden die bij elkaar woonden en gezinnen. Voor de appartementen golden veel regels die allemaal strikt opgevolgd moesten worden. In de appartementen met kamers voor alleen mannen waren geen vrouwen toegestaan; we wisten dit niet, tot ik op een avond op bezoek kwam. Een van de buren hing uit het raam en schreeuwde naar ons: "Vrouwen zijn niet toegestaan in het jongenshuis!"

Dat leek me nogal extreem. Waarom mocht ik mijn partner niet opzoeken in zijn appartement? Er golden veel ongeschreven regels voor het wonen in dit complex, en iedereen hield zich er strikt aan. Verschillende regels leken van toepassing op verschillende mensen, afhankelijk van hun positie in de kerk. Dat was vreemd, het was niet logisch dat een regel wel gold voor mijn echtgenoot, terwijl diezelfde regel niet gold voor andere familieleden. Ik mocht mijn partner niet opzoeken in zijn appartement dat alleen voor mannen was, omdat we niet getrouwd waren. Maar de vriend van mijn partner woonde, hoewel ze niet getrouwd waren, met zijn partner in het appartement van hun ouders. Er werd op aangedrongen dat ze zouden trouwen, maar ze werden niet gedwongen.

De neef van mijn partner mocht geen televisie hebben. Er hingen extreme regels aan zijn rol binnen de kerk, maar de andere neef van mijn partner mocht weer wel een televisie hebben. Nogmaals, het leek afhankelijk te zijn van iemands status binnen de kerk. Je status bepaalde de regels waar je naar moest leven. Dit en nog wat andere kwesties leken me een beetje vergezocht, maar ik was verliefd en de kerk leek toen nog niet zo belangrijk. Mijn partner was niet intensief betrokken bij de kerk, maar zijn familie wel. Dus, hoewel de kerkregels invloed op ons hadden, was die invloed toen nog beperkt.

Toen onze relatie serieus werd, werd ik netjes geïntroduceerd in de Lighthouse-kerk. Terwijl onze relatie opbloeide, begonnen we de zondagdiensten te bezoeken samen met zijn familie. We gingen niet altijd, maar ik vond het heerlijk om een deel van zijn familie te zijn, en samen naar de kerk gaan leek me zo natuurlijk en fijn. Toen ik voor het eerst naar de kerk ging, voelde het meteen goed. Ik was opgegroeid als Christen, maar ik was al een tijdje niet meer naar de kerk geweest, dus ik genoot ervan om weer in een kerk te zijn. Het was cool om bij zijn familie te zijn, om te bidden en om weer in een gemeenschap te zijn. Ik had geen overweldigend gevoel van thuiskomen, maar het voelde gewoon goed. De mensen waren niet overmatig gastvrij, maar ik voelde me welkom.

De neef van mijn man, Tyler, had deze kerk ontdekt toen hij op een dag langs de boulevard liep; hij ontmoette een kerklid dat daar aan het evangeliseren was in een poging nieuwe leden te werven. Tyler hoorde steekhoudend argumenten en ging naar de kerk om het te onderzoeken. Daar ontmoette hij de man die hem, en vervolgens de familie van mijn partner, en uiteindelijk mij, zou introduceren in de Lighthouse-kerk. Tyler zat behoorlijk vast aan alcohol en drugs en de ontdekking van de Lighthouse-kerk was een straaltje licht. De positieve verandering die ze zagen bij Tyler inspireerde de rest van zijn familie om zich aan te sluiten bij de kerk. Eerst mijn schoonzus en de andere neef van mijn man en, met hen, mijn man en de rest van de familie.

Mijn man was niet erg enthousiast over veel van de regels die hem werden opgelegd toen hij zich aansloot bij de kerk; hoewel Tyler er diep in betrokken raakte, hield mijn man zich op een afstand. Toen hij bij Tyler woonde, kon hij alles zien wat mensen moesten doen om naar de regels te leven. Ze mochten geen televisie kijken, ze mochten alleen luisteren naar bepaalde predikers, en alle predikers van buiten de kerk waren strikt verboden.

Ze mochten geen alcohol drinken, en iedereen die betrapt werd op drinken, kreeg de wind van voren. Het was een omgeving waarin ik me erg gecontroleerd voelde. Toen mijn man nog bij Tyler woonde, zette hij soms de televisie aan, dan viel Tyler uit tegen hem en maakte een heel groot punt van de hele situatie. We zagen zijn andere neef een keer met een biertje in zijn hand en Tyler ging door het lint. Hij maakte zich vooral zorgen dat hij betrapt zou worden en dat de kerk erachter kwam. Dat gevoel van totale controle over het leven van mensen kwam nogal vreemd op me over. Waarom zou een kerk zo veel controle over de gemeente moeten hebben? Hun privéleven ging toch niemand wat aan.

Mijn schoonzussen en hun echtgenoten gingen regelmatig naar de kerk. De andere familieleden van mijn man woonden ook in het appartementencomplex. Zij gingen een paar dagen per week naar de kerk, maar Tyler was er veel dieper in betrokken, soms ging hij wel zes keer per week. De kerk gebruikte hem als pion, ze zetten hem achter de preekstoel en gebruikten hem als een positief voorbeeld om de gemeente te motiveren. "Als je God volgt, zul je net zo'n auto hebben als Tyler", of "Als je je toewijdt aan God zoals Tyler, kun je heel veel geld hebben".

Dat leek me helemaal niet juist. Als je God volgt, word je niet zomaar uit het niets materieel gezegend; zo werkt het niet. Maar de kerk richtte zich massaal op zijn familie. Met hun geschiedenis van drugsverslaving waren ze een aantrekkelijke pion voor de spelletjes van de kerk. De Lighthouse-kerk was altijd op zoek naar kwetsbare mensen: ex-drugsverslaafden, mensen die in het leger zaten, alcoholisten en daklozen. De kerk zoog hen naar binnen en gebruikte hen als geweldige voorbeelden van hoe de kerk het leven van mensen om kan keren. In veel opzichten was dat positief; ze wilden de kwetsbaren helpen en ondersteunen. Maar ze waren alleen geïnteresseerd in deze mensen als ze hun leven leken te veranderen. Als ze terugvielen in hun oude levensstijl, wilde de kerk niets meer met ze te maken hebben.

Toen mijn man en ik pas verkering hadden, kregen we te maken met de extreem negatieve houding van zijn oudere neef die verkering had met de dochter van de pastor. Hij had grote problemen met onze verkering en dat was vreemd. Hij kende me niet eens, dus waarom was hij zo tegen onze relatie? Ik realiseer me nu dat dat kwam omdat ik een Christen was, afkomstig uit een andere kerk (geen Lighthouse). Ik was een buitenstaander, en als ik nu terugkijk, ben ik ook altijd als zodanig behandeld. De pastor had een groot gezin, en alle gezinsleden waren extreem koel jegens mij. Zelfs toen ze me al vaak hadden gezien bij activiteiten, babyshowers en familieaangelegenheden, bleven ze in hun eigen kliekje en sloten ze mij buiten. Ik heb me in hun kringetje nooit welkom of gewenst gevoeld.

Toen ik ze voor het eerst ontmoette, behandelden ze me nog niet zo. Ze waren gastvrij, maar toen ze ontdekten dat ik een andere Christelijke achtergrond had, begonnen ze me buiten te sluiten. Dat gebeurde niet van de ene op de andere dag; naarmate ze meer van me te weten kwamen, werden ze geleidelijk aan steeds koeler. Dat bereikte een climax op onze trouwdag.

De oudere neef van mijn man kreeg verkering met de dochter van de pastor rond de tijd dat mijn man en ik een serieuze relatie kregen. Het werd één grote ramp toen de neef van mijn man met de dochter van de pastor wilde trouwen. Toen hij haar ten huwelijk vroeg, zei ze nee. Maar toen de pastor zich erin mengde en begon te sturen, werd het plotseling een gearrangeerd huwelijk. Het maakte niet uit dat zij niet met hem wilde trouwen, of dat ze nee had gezegd. Ze had gewoon geen keus en ze was heel erg ongelukkig met de situatie.

De bruiloft kwam. Uit de lichaamstaal die ze uitstraalden, bleek onomstotelijk dat ze zich allebei gedwongen voelden. De trouwfoto's waren nogal gênant; er was geen liefde tussen hen, geen geluk, of tijdloze vreugde. Twee mensen kwamen bij elkaar om de wil van iemand anders te vervullen, en iedereen kon dat zien. Ik had toen verkering met mijn huidige man, en tijdens hun bruiloft zorgden anderen ervoor dat ik me totaal niet welkom voelde. Ik stond bij een groep die zich klaarmaakte zodat de fotograaf het moment kon vastleggen. De neef van mijn partner wendde zich tot mij en vroeg waarom ik op die foto moest, omdat ik er niet bij hoorde. Ik voelde me gekwetst en buitengesloten.

Maar desondanks probeerde ik vriendelijk te blijven. Ik had er zin in om me aan te sluiten bij een familie en relaties met hen op te bouwen. Ik had er altijd van gedroomd aansluiting te vinden bij de familie van mijn man, dus ik deed mijn best bij iedereen om een band te vormen en familie te worden. Ik wilde dat de vrouw van de neef van mijn man zich welkom voelde en was aardig tegen haar, maar dat was nooit wederzijds. Ze had altijd een zekere koelte om zich heen. Ze hield me altijd op afstand alsof ze iets te verbergen had, en ze deed altijd alsof ze alsof we concurrenten waren. Ze straalde altijd negatieve energie uit en als ze met me sprak, was ze erop gericht mij naar beneden te halen. Het had een rode vlag voor me moeten zijn, maar dat was het nooit. Ik was altijd aardig tegen haar en zij nooit tegen mij. Ze leek erop gebrand een slechte relatie met mij te hebben, en niets kon haar daar vanaf brengen.

De neef van mijn man en de dochter van de pastor woonden samen in een appartementencomplex, maar ze kregen al snel huwelijksproblemen. Dat was niet verrassend, omdat ze om te beginnen al nooit wilden trouwen. De pastor gaf hen huwelijkscounseling en nam uiteindelijk de controle over hun huwelijk over door ze dag en nacht in de gaten te houden. Op die manier had hij controle over hen allebei. De neef van mijn man was toegewijd aan de pastor; de pastor had hem 24/7 in de hand.

Vijf jaar later was het mijn beurt om te gaan trouwen. Ik wilde graag dat de dochter van de pastor bij mijn huwelijk betrokken was, dus ik deed mijn uiterste best om haar overal zo veel mogelijk bij te betrekken. Ik had een wedding planner die alles zou moeten plannen en organiseren, maar dat stond de dochter van de pastor niet toe. Ze wilde zelf bij elk detail betrokken zijn en verpestte dingen expres. Ze vertelde leugens over mij tegen de zus van mijn echtgenoot in een poging haar tegen mij op te zetten. Ze zei ingeplande bijeenkomsten af en bemoeide zich met elke beslissing over mijn bruiloft. Ze zei dat ze altijd controle over me kon hebben en dat ze beter was dan ik. Ik werd boos. Ik had altijd geprobeerd aardig tegen haar te zijn en dan behandelde ze mij zo.

Voor de bruiloft waren de kliekjes die ik eerder noemde op volle sterkte. Niemand was gastvrij naar mijn familie toe; ze bleven op zichzelf en gedroegen zich achterdochtig jegens iedereen die geen deel uitmaakte van hun kerk. We konden de negativiteit voelen die ons op afstand hield. Het was overduidelijk, maar toch leek de familie van mijn echtgenoot zich niet bewust te zijn van wat er gaande was. Ik ben niet iemand die een scène trapt of ergens een punt van maakt, dus ik wilde helemaal niets zeggen.

Maar als ik erop terugkijk, was dit wel een heel erg moeilijke periode. Ik wist nog niet precies wat er gaande was en ik begreep niet waarom we zo gehaat waren. Alles wat ik wist, was dat het niet klopte en dat anderen tegen mij werden opgezet. Eerder had de zus van mijn man dagenlang tegen me lopen te schreeuwen over een of ander probleem met de muziek voor de kerk, waarvan ik niets wist. Ik kwam er al snel achter dat de dochter van de pastor met haar had gepraat en leugens had verteld. Stuk voor stuk behandelden ze mijn familie slecht en ik wilde er zo graag iets van zeggen. Maar ik had het gevoel dat ik dat niet kon maken; dus ik bemoeide me er niet mee om de lieve vrede te bewaren. Maar ik voelde me ellendig.

Het zou de mooiste dag van mijn leven moeten zijn, maar ik had het gevoel dat alles om me heen werd gecontroleerd en gemanipuleerd. Zij bepaalden de muziek die er gespeeld zou worden; het moest, uiteraard, Christelijke muziek zijn. Ik had een klassiek stuk gekozen waarop ik door het middenpad wilde lopen, maar ze zeiden me dat ik dat niet mocht gebruiken. Ik moest muziek en bloemen kiezen die zij goedkeurden. Ik wilde een eenvoudig boeket van donkerblauwe bloemen, maar van hen moest ik lichtblauwe bloemen kiezen. Ik plande afspraken met mijn wedding planner om bruiloftszaken te bespreken, maar ze gingen opzettelijk in tegen alles wat ik organiseerde. Hun totale controle zorgde voor ruzie tussen mensen die er helemaal niet bij betrokken behoorden te zijn. De mensen die het allerbelangrijkst voor me waren, werden buitengesloten. Ik was gespannen en over mijn toeren en ik kon er helemaal niets aan doen.

Op de receptie na de bruiloft las mijn vader een tekst over de echtgenoot.

"Daarom zal een man zijn vader en moeder verlaten en zich aan zijn vrouw hechten; en zij zullen tot één vlees zijn." (Genesis 2:24).

De pastor en zijn vrouw bespotten hem: "Oh, dus je denkt dat je de Bijbel kent?"

Hij bespotte mij en mijn man ook. Dat deed hij op een manier die mensen grappig en vriendelijk vonden, maar hij bespotte ons met opzet. Veel mensen, waaronder de dochter van de pastor, waren niet blij met ons huwelijk. De hele dag was de negatieve energie voelbaar en op de trouwfoto's zie je hun zure, chagrijnige gezichten. Onze eenheid was niet naar de zin van de mensen van de Lighthouse-kerk.

Ik weet niet waarom mijn familie of ik hen niet zinden, maar als ik erop terugkijk, was ik een bedreiging voor hen. Ik was al een Christen, dus ze konden me niet manipuleren, omdat ik was opgegroeid met de Bijbel en bekend was met het Christendom. Ik geloofde hun leugens niet. Misschien waren ze bezorgd dat ik hen door zou hebben of baalden ze ervan dat ze me niet konden kneden tot het perfecte kerklid. Ik zal het wel nooit zeker weten, maar ik weet wel dat ze me niet aardig vonden en dat ze me niet accepteerden.

We woonden in Arizona en reisden naar Californië om te trouwen, zodat de familie van mijn echtgenoot erbij betrokken kon zijn. Dat leek ons het minste wat we konden doen. We hadden daar al een kerk waar we konden trouwen en we konden goed overweg met de pastor. Voordat we trouwden, moesten we in gesprek met de pastor en hij gaf ons het boek *Healing: Commission, Confrontation and Compelling Witness* (Genezing: opdracht, confrontatie en overtuigende getuigenis), geschreven door Wayman Mitchell. Tijdens dit gesprek begon hij over andere echtparen en hij vertelde dat hij van hen allemaal een dossier had. Waarom sprak hij met ons over andere echtparen? Daarna begon hij mijn Christelijke achtergrond te bespotten; het was alsof hij mijn geloof belachelijk maakte. Hij deed alsof ik voorheen geen Christen was, omdat ik niet zo vaak naar de kerk ging. Er was geen enkele reden om dit ter sprake te brengen.

De bruiloft zelf werd overmatig gecontroleerd door de kerk. Ze wilden betrokken zijn bij elk aspect, tot het punt dat ik het gevoel had dat ik zelf niets meer had in te brengen. Het maakte voor hen niets uit dat we een wedding planner hadden. Als we ingingen tegen wat ze ook maar zeiden, maakten ze daar een enorm punt van. Ze zeiden dat we het handboek moesten volgen.

Iets groots dat eruit sprong op onze bruiloft, was een van de cadeaus die we ontvingen. Ik keek naar de tafel met geschenken van onze gasten toen een beeld mijn aandacht trok, een groot bruin beeld dat op een totempaal leek stond gewoon midden op mijn tafel met geschenken. Er hing geen naamkaartje aan. Wat had dit te betekenen? De vriendin van mijn schoonzus had het ons gegeven; zij had zich stevig gemengd in de ruzie over onze muziek. Het deed me denken aan hekserij en het straalde veel slechte energie uit. Ik wilde er niets mee te maken hebben. Ik begreep niet waarom ze ons dit had gegeven en ik voelde me er heel ongemakkelijk bij. Het voelde als een bedreiging, dus ik besloot dat ik het niet in ons nieuwe leven samen wilde en ik liet het achter op de receptie. Ik vond het een gemene streek en ik haatte de boodschap die het afgaf. De hele bruiloft, hoewel die werkelijk geweldig was, voelde onwerkelijk. Ik had niet het gevoel dat het mijn dag was. Ik voelde me de hoofdpersoon in het verhaal van iemand anders en ik was gekwetst omdat onze gasten aangespoord waren om niet te komen.

Toen we terugkwamen van onze huwelijksreis en terug waren in Arizona besloot ik door het boek te bladeren dat we gekregen hadden. Daarin begon ik alle leugens en bedrog bloot te leggen. Ik legde de verbanden en wat ik ontdekte was niet fraai.

Iets waar ik steeds over hoorde, was het concept van gearrangeerde huwelijken. De pastor vroeg de mannen in wie ze geïnteresseerd waren, en als de man iemand koos, arrangeerden ze het huwelijk, ook als dat tegen de wens van de vrouw was. Deze vrouwen waren vaak erg jong, nog tieners of iets ouder. Het gebeurde in onze eigen familie. De dochter van de pastor zei nee tegen een huwelijk met de neef van mijn man, toch stonden ze erop dat ze zouden trouwen. Ik vind het absurd. Het boek beweert dat je bepaalde ziektes kunt krijgen, afhankelijk van de zonden die je hebt begaan. Als een vrouw haar echtgenoot niet gehoorzaamt, zal ze eierstokkanker krijgen. Als je je misdraagt, zul je een ziekte krijgen. Het is belachelijk en slaat nergens op. Hoe meer ik nadacht over alles wat zich afspeelde binnen die kerk, hoe meer ik er afstand van wilde houden. Die afstand hielp me mijn gedachten in het juiste perspectief te zetten, en ik besloot dat we niet langer deel zouden uitmaken van die wereld.

We hebben de kerk nooit echt verlaten; in veel opzichten was ik er nooit echt in betrokken. Ik was alleen betrokken door mijn man en hij door zijn familie. Hoewel we naar de diensten gingen, heeft de kerk ons nooit zwaar beïnvloed, zeker niet in vergelijking tot een groot deel van zijn familie. Dus toen we verhuisden, gingen we gewoon niet meer naar de diensten. Mijn man ging nog naar de dienst als hij op familiebezoek was, maar voor het grootste deel hebben we afstand genomen. Veel van de vrienden van mijn man willen niets meer met ons te maken hebben. Ze praten niet meer met ons. Het is triest, maar zo gaat het nou eenmaal. Geen van de kerkleden erkent ons bestaan.

Als we op familiebezoek gaan, voelen we de gêne, de afwijzing, de stille haat jegens ons. We worden genegeerd en geïsoleerd; ze willen niets met ons te maken hebben, waardoor deze bezoekjes ons zwaar vallen. Het doet pijn als je uitgesloten wordt, omdat je een kerk niet meer bezoekt.

Een van de moeilijkste dingen voor ons is de relatie met de neef van mijn man en zijn vrouw, de dochter van de pastor. Zij hebben zich volledig van ons afgesloten. Vanwege haar. Ze leek altijd zo achterdochtig in mijn buurt, alsof ze iets achterhield. Maar het deed mijn echtgenoot pijn om geen contact meer te hebben met zijn neef, die zo belangrijk was in zijn leven.

Ik heb onlangs besloten dat ik niet meer terugreis naar Californië om bij die kerk en die mensen te zijn. Ik ben bang. Ik heb twee kinderen; zij hebben familieleden die nog steeds zwaar beïnvloed worden door die kerk. Ik wil ze daartegen beschermen. Ik wil niet dat ze een deel worden van dat leven. Ik wil niet dat zij slachtoffer worden van een gearrangeerd huwelijk of dat ze dingen moeten doen waar ze niet achter staan. Maar welke keus heb ik? Hoeveel controle heb ik? Dus ik moet ze ervan afsluiten.

Zoals het nu is, hebben we ons afgesloten van dat leven en die mensen, maar ze zijn nog steeds de familie van mijn man en kinderen. Ik weet niet hoe de toekomst eruit zal zien en daarom vrees ik voor mijn kinderen. Ik dank God voor de afstand die er nu is; dat geeft me enige controle over mijn keuzes, maar de familie van mijn man is zo zwaar betrokken bij die kerk dat ik niet weet hoe lang het zal duren.

Ik word vaak wakker van mijn nachtmerries, het trauma dat me kwelt in mijn dromen. Ik heb vooral veel trauma overgehouden aan mijn trouwdag. Ik kan die dag nooit meer overdoen en ik voel nog steeds de pijn en irritatie omdat zij er zoveel controle over hadden. Hoe meer ik me bewust word van alles wat er gaande is, hoe angstiger ik word. De neef van mijn man wordt op het moment geconditioneerd om pastor te worden samen met hun kinderen die ook geconditioneerd worden voor dit leven. Het maakt me kwaad. Ik zou ze willen beschermen, maar daar heb ik de macht niet voor. Ik wil mijn eigen kinderen beschermen en ik vrees dat ik mijn macht zal verliezen. Ik maak me er zorgen over dat de familie van mijn man altijd zo zal blijven.

We hebben geprobeerd het de familie van mijn man te vertellen; we hebben geprobeerd hen de waarheid te laten zien, maar ze zeiden ons dat onze woorden van de duivel waren. Ze hebben geleerd dat te zeggen tegen iedereen die zich uitspreekt tegen de kerk. Bij tijd en wijle is de kerk te ver gegaan bij de familie van mijn man, waardoor ze hun vraagtekens zetten bij wat er gebeurt. De jongere zus van mijn man, mijn schoonzus, werd ontheven van haar taak in de kerk, omdat ze haar vertelden dat het niet Gods werk was. De kerk gaf haar in elk geval nog een dak boven haar hoofd. Ze grijpen mensen en luizen hen erin met financiële voordeeltjes om ze in de gemeente te trekken en ze aan hun kant te houden, om controle over hen uit te oefenen en om vertrouwen te winnen. Uiteraard is elke kerk die er zorg voor draagt dat de volgelingen een dak boven hun hoofd hebben een fantastische kerk.

Mijn man worstelt er nog dagelijks mee en een deel van hem zit nog steeds vast aan die kerk, hoewel hij de waarheid nu wel duidelijker ziet. Hij heeft veel vrienden verloren, mensen die hij al kende vanaf zijn jeugd. Hij is afgescheiden van zijn familie. Hij is innerlijk nog heel erg verdeeld. Als ik mijn mening geef, ziet hij de logica ervan in, maar hij worstelt: worstelt met zijn familie die zo zwaar betrokken is, worstelt omdat hij geen goed contact met hen heeft, worstelt met de afwijzing van de mensen waarmee hij is opgegroeid, worstelt met de woede van zijn familie. Hij worstelt om de waarheid te accepteren, omdat dat betekent dat zijn leven en jeugd een leugen waren. Zijn familie leeft nog steeds in die leugen. Ik begrijp zijn zorgen, maar het beangstigt me. Wat als hij er nooit helemaal uit kan stappen? Wat als hij erin terug gesleurd wordt en zijn kinderen erin meeneemt?

Helaas is de andere neef van mijn man, Tyler, overleden. Hij is teruggevallen op de drugs. Een lid van de kerk gelooft echt dat de zware controle die de kerk op hem uitoefende hier een rol bij heeft gespeeld. Ik denk dat ook. Toen mijn man terugkeerde naar de kerk voor de herdenkingsdienst van zijn neef deed de pastor net alsof hij hem niet kende. Dat was de man die ons getrouwd heeft, en hij weigerde zelfs een rouwende man in zijn kerk te erkennen.

Tyler was altijd vriendelijk voor mij. In een familie die vaak wreed was, was hij een licht en warmte, en het breekt mijn hart dat hij zich gedrongen voelde de weg in te slaan die tot zijn dood heeft geleid. Tyler was een enorm deel van de kerk en hij was intensief betrokken bij alles wat ze deden. Hij ging naar de boulevard en preekte en zong om mensen naar de kerk te trekken. Hij woonde in het appartementencomplex en leidde groepen. De kerk gebruikte hem als een lichtend voorbeeld van hoe een kerklid zou moeten zijn, tot hij terugviel. De opa van Tyler had medicijnen nodig en Tyler begon zijn recepten te stelen, waardoor hij al snel weer verslaafd raakte en terugviel in zijn oude gedrag. Je zou denken dat de kerk hem zou opvangen, hem zou helpen af te rekenen met zijn verslaving, voor hem zou bidden, en hem zou steunen, maar dat gebeurde niet.

Ze schopten hem uit het appartementencomplex en lieten hem dakloos en kwetsbaar achter. Het maakte ons kwaad dat ze hem zo in de steek lieten. Waarom hielpen ze hem niet? Ze gebruikten hem zo intensief in elk onderdeel van hun dienst en bij het draaiende houden van de kerk, maar toen hij hen het meeste nodig had, trapten ze hem in de goot. Zijn familie probeerde hem op alle mogelijke manieren te helpen, maar ze werden zwaar beïnvloed en gestuurd om dat niet te doen; de kerk praatte hen een schuldgevoel aan en loog tegen hen om hen te laten ophouden met helpen. De kerk zei hen dat ze niet zo zwaar bij hen betrokken moesten zijn omdat de kerk de banden had verbroken.

De pastor beweerde dat Tyler geen hulp wilde, maar dat was niet het geval. Hij stierf op straat, niet ver van het appartement waar hij uit was getrapt. Ik denk vaak aan hem en het maakt me boos dat die kerk hem zo beschadigd heeft. Geen wonder. Elk zinnig mens dat onder de regels van die kerk leeft, zal uiteindelijk bezwijken onder de druk waaronder ze je dwingen te leven: geen televisie kijken, geen alcohol drinken, leven naar hele hoge eisen en voortdurend bang zijn de regels te overtreden en onder discipline te komen staan. Daar krijg je onherroepelijk mentale problemen van. Maar als ze bezwijken, doet de kerk net alsof ze nooit hebben bestaan. Zelfs nu, na zijn dood, spreekt niemand meer over hem. Hij werd gebruikt als een positieve invloed op de gemeenschap, maar hij is zo goed als vergeten.

Hij was dakloos vanwege de kerk, nadat ze hem uit zijn appartement hadden getrapt. Ze hadden hem jaren gebruikt en daarna in de goot geschopt. Ze hadden hem zijn huis afgenomen, hem gedwongen op straat te leven iets verderop van waar hij ooit een hele gemeente had beïnvloed.

Ongetwijfeld heeft hij zich totaal afgewezen gevoeld door de mensen die hij familie noemde. Hij heeft zich verlaten gevoeld door zijn kerk en door God. Ik kan me iets voorstellen bij zijn mentale toestand. En toen nam hij een overdosis en stierf.

Zou dat zijn gebeurd als hij de steun had gehad van de plaats waarvan je dat het meeste zou verwachten, zijn veilige haven, zijn kerk?

HOOFDSTUK 10
NIEUWSGIERIGHEID HIELD ME STAANDE
MARIA

De Deur, Arnhem, Nederland

Opdat wij geen jonge kinderen meer zouden zijn, heen en weer geslingerd door de golven en meegesleurd door elke wind van leer, door het bedrog van de mensen om op listige wijze tot dwaling te verleiden, maar dat wij, door ons in liefde aan de waarheid te houden, in alles toe zouden groeien naar Hem Die het Hoofd is, namelijk Christus.
—Efeze 4:14-15

Ze stond op de hoek, haar lange blonde haar in een strakke paardenstaart, stralende blauwe ogen, met vriendelijke rimpeltjes die in de hoeken tevoorschijn kwamen, terwijl ze probeerde de aandacht van de voorbijgangers te trekken om hen een foldertje aan te bieden. Als een soldaat die op wacht staat, met een vastberaden blik. Sommige mensen liepen haar gewoon voorbij, negeerden haar, anderen namen een foldertje aan zonder haar verder nog een blik waardig te keuren, maar de onverschilligheid van andere mensen bracht haar mededogen en ernstige vastberadenheid nooit aan het wankelen. Als iemand haar folder weigerde of weggooide, stapte ze gewoon op de volgende persoon af. Ze ging door met folders uitdelen en bood een veilige plek om over de kerk te praten. Ze intrigeerde me.

Het was een gewone donderdagmorgen; ik kwam net van een afspraak bij de fysiotherapeut en liep naar huis door de straten van Arnhem in Nederland. Maar deze dag, toen ik dat blonde meisje folders zag uitdelen op de hoek van de straat, veranderde de rest van mijn leven. Ik zag haar vanuit mijn ooghoek en voor ik haar goed en wel in de gaten had, sprak ze me al aan. Ze had een serieuze blik in haar eerlijke diepblauwe ogen, ze gaf me een foldertje en zei: "Heb je weleens nagedacht over Jezus Christus?"

Ik dacht even na en zei: "Jawel". Ik wilde dat ze wist dat ik over Hem had nagedacht en dat ik wist wie Hij was.

"Weet je zeker dat je naar de hemel gaat als je sterft?"

Ik dacht nog een keer diep na. "Nee, dat weet ik niet zeker."

"Heb je een keuze voor Jezus gemaakt?" vroeg ze.

Ik wist niet zeker wat ze bedoelde met een keus maken voor Jezus. Ik was niet bekend met deze manier van spreken. Het zette me aan het denken, had ik dat gedaan? Ik had de Bijbel gelezen. Ik wist van Jezus —ik begreep Zijn onderwijs en probeerde er zelfs naar te leven, maar zonder veel succes. Toch had ik het geprobeerd. Ik bad als ik echt hulp nodig had. Maar had ik een keus gemaakt voor Jezus? Hoe kon je dat weten? Ik antwoordde haar dat ik het niet wist.

"Als je een keus voor Jezus had gemaakt, zou je het zeker weten". Ik fronste mijn wenkbrauwen. Ze vervolgde: "Je zou het zeker weten. Het is niet iets waar je aan twijfelt. Je hebt een keuze gemaakt, of niet."

Ze zou wel gelijk hebben. Wat dit een-keuze-voor-Jezus-maken ook was, ik had het niet gedaan. Ik kende het Christendom, maar ik had er altijd van de buitenkant naar gekeken zonder ooit echt een beslissende stap te nemen of een sprong in geloof te maken. Ik had er alleen maar over nagedacht. Het meisje keek me bezorgd aan. "Om naar de hemel te gaan, moet je een keus voor Jezus maken. Je moet Hem voor eens en altijd uitnodigen in je hart, en als je dat echt hebt gedaan, zul je het zeker weten. Je zult ook zeker weten dat je op weg bent naar de hemel. Dus je hebt nog nooit zo'n keuze gemaakt?"

"Dan denk ik van niet", zei ik tegen haar. Als ik het had gedaan, zou ik het hebben geweten.

"Zou je het willen?" vroeg ze.

Op dat moment kwam er een gedachte in me op. Meestal ben je geneigd door te lopen als mensen je op straat aanspreken. Als vreemden je vragen iets te doen, ben je geneigd automatisch nee te zeggen. Ik dacht, *Wat kan er gebeuren als ik ja zeg? Waar gaat het me brengen als ik inga op de woorden van een vriendelijke vreemde?* Dus ik nam een besluit en zei: "Ja, oké. Ik maak een keuze voor Jezus".

"Zullen we samen bidden?" vroeg ze. Bidden? Oké, ik denk het. Als je een keuze voor Jezus maakt, hoort bidden daar waarschijnlijk bij. Het leek gewoon logisch. "Ja, oké."

En dus baden we samen een eenvoudig gebed en vroeg ik Jezus in mijn hart, ik vroeg om vergeving van mijn zonden en een verandering van mijn leven. Toen we klaar waren, keek het meisje me hoopvol aan. "Voel je de vrede?"

Voelde ik de vrede? Dat was nog een nieuw concept voor mij en het was nog niet eens middag! Ik dacht dat ze verwachtte dat ik een soort van magie zou voelen, een openbaring of een gevoel van vrede dat me overspoelde. Maar eerlijk is eerlijk, ik voelde niet zo veel. Ik wilde haar echter niet teleurstellen dus ik gaf een bevestigend antwoord dat haar tevreden stelde. Ze riep naar een roodharige man die folders uitdeelde aan de andere kant van de straat. Hij kwam erbij en feliciteerde me en, terwijl hij een paar bemoedigende Bijbelteksten op een stuk papier schreef, vroeg het meisje om mijn adres, wat ik haar gaf. We kletsten nog even en toen gingen mijn nieuwe vrienden verder met folders uitdelen.

Op weg naar huis reflecteerde ik op mijn leven en de keuze die ik had gemaakt. Ik wist dat ik het juiste had gedaan. Ik had niet het leven geleid waar God blij mee zou zijn; ik was niet goed en waardig. Zelfs mijn pogingen om een Christen te zijn, waren niet erg succesvol geweest. Ik had Jezus nodig in mijn leven en dit meisje met blauwe ogen was echt met de dingen van God bezig. Deze keuze voor Jezus die ik had gemaakt, was belangrijk, iets wat ik niet kwijt wilde raken, ook al voelde ik de vrede niet. Thuis zocht ik plichtsgetrouw de Bijbelteksten op die ik had gekregen en ze hielpen me. Ik wilde meer weten over mijn nieuwe geloof, dus ik ging naar de bibliotheek en leende een stapel Christelijke boeken.

Na een poosje zochten het meisje met blauwe ogen en de roodharige jongen me op. Hij bleek de pastor van een kleine nieuwe kerk te zijn. Ze nodigden me uit voor een koffiehuis om een film te kijken, een van die apocalyptische films. Deze heette *The Years of the Beast* over de opname en de eindtijd en hoe een kleine groep mensen die achter is gebleven Christen wordt en het erg moeilijk heeft, maar God helpt hen. Ik vond het een mooie film; hij raakte me. Er stonden mij misschien ook wel moeilijke tijden te wachten, en zonder Gods hulp zou ik er niet doorheen komen. Die avond riep ik uit tot God en vroeg om Zijn kracht, en Hij antwoordde mij. Hij is sindsdien altijd bij me geweest.

Ik had geen Christelijke opvoeding gehad; mijn ouders waren geen gelovigen. Als er iets is waar ze tegen waren, dan was het alles wat met religie te maken had. Aan de andere kant was ik altijd erg nieuwsgierig geweest. Ik wist best veel over de Bijbel en het Christendom en ik had zelfs zelf de hele Bijbel gelezen. Ik had veel gelovige vrienden die me aanspoorden Jezus te volgen, dus het was niet helemaal nieuw voor me. Van tijd tot tijd had ik zelfs geprobeerd zelf een gelovige te zijn, maar pas toen ik naar deze kerk begon te gaan, aangespoord door het meisje met blauwe ogen, werd mijn geloofswandel meer dan een aaneengeschakelde serie van vallen en opstaan.

Het was een kleine kerk, de eerste babykerk in Nederland. Het leek niet op een kerk, omdat we samenkwamen in een scoutingcentrum, dus het leek meer op een wijkcentrum dan een kerk. Het was een eenvoudige ruimte. Het gebouw was niet van de kerk. Er was een grote kerk in Zwolle en onze kleine kerk was de eerste babykerk die was uitgestuurd. Kerkplanten noemden ze het. Een groepje jonge enthousiaste mensen bezocht deze kerk. Ze wilden mijn vrienden zijn en ze deden echt hun best om mij welkom te heten.

Ik begon naar de bijeenkomsten te gaan. Dat hielp me en ik vond het prettig. Ik genoot vooral van de koffiehuisavonden waar ik de mensen van de kerk een stuk beter leerde kennen. Tot op de dag van vandaag ben ik blij dat ik het meisje met de blauwe ogen ben tegengekomen en heb ik er geen spijt van dat ik naar de kerk ben gegaan. Ik was echter niet de ideale nieuwe bekeerling die ze dachten dat ik zou zijn. Er ging veel om in mijn hoofd waar ik meer van wilde weten, maar ik voelde me niet vrij om het aan de mensen van de kerk te vragen. Ik kon niet goed inschatten hoe ze zouden reageren.

In plaats daarvan ging ik naar de bibliotheek en werd ik een vaste klant van de lokale Christelijke boekwinkel. Niet alle boeken die ik las, waren goede boeken. De mensen van de kerk zouden veel van die boeken hebben afgekeurd, maar ik wilde alle informatie, goed en slecht, onderzoeken. Ik was nieuwsgierig en open en wilde alles leren wat ik kon. Ik weet zeker dat ze een aantal dingen die ik deed zouden hebben afgekeurd, als ze ervan hadden geweten. Sommige van mijn ondernemingen keur ik nu zelf ook af, maar ik heb absoluut geen spijt van andere dingen zoals het bezoeken van andere kerken.

De eerste maanden waren geweldig. We hadden opwekkingsdiensten met bezoekers uit de hele wereld: Amerika en andere landen. Iemand bad voor me waardoor ik echt verder groeide. Het draaide allemaal om de basis, een Christen worden, God vertrouwen, je relatie met Hem opbouwen, naar bijeenkomsten komen en je geloof delen met anderen. Toen wist ik nog niets over De Fellowship. Alles wat ik kende was deze kleine kerk en al die aardige en eerlijke mensen.

Ik had nog nooit gehoord van Pastor Mitchell, laat staan dat ik wist wat de Foursquare denominatie was. Later begreep ik dat De Fellowship in Prescott nog steeds deel uitmaakte van de Foursquare Gospel denominatie. Het was vlak voor ze eruit stapten in 1983, vlak voor Mitchell zijn discipelen en nieuw geplante kerken uit Foursquare trok. Ik was me echter niet bewust van deze ontwikkelingen. De denominatie was toen nog heel anders dan nu. Het was nog steeds een beetje hippie-achtig en hoewel gehoorzaamheid aan God belangrijk was, hadden ze nog niet zo veel regels met betrekking tot kleding of uiterlijke zaken. Bij het eerste koffiehuis met een rockband had de gitarist lang haar. Dat zou nu helaas nooit meer kunnen. Hij was heel aardig; hij kwam naar me toe en vroeg of ik zijn band leuk vond. Ik zei: "Nee!"

Hij lachte en dacht dat het supergrappig was dat iemand zijn band niet leuk vond. Ik was onder de indruk omdat ik dacht dat hij beledigd zou zijn, maar hij dacht alleen maar dat het grappig was. Ik zou waarschijnlijk boos zijn geworden als iemand hetzelfde tegen mij had gezegd, maar hij had er totaal geen problemen mee dat iemand zijn muziek niet kon waarderen.

De jonge vrouwen in de kerk waren erg toegewijd en behulpzaam. Ze deden hun uiterste best om goede vriendinnen voor me te zijn; ik heb nog steeds niets tegen hen. Toch was het moeilijk om open en eerlijk tegen hen te zijn. Ze wisten alles zo goed. Als ik ergens mee zat en vragen stelde en mijn gedachten deelde, had ik altijd het gevoel dat ik de verkeerde vragen stelde of gedachten deelde die ik niet behoorde te hebben. Ik werd ofwel berispt of ik kreeg een antwoord dat recht uit een boek kwam. Ik vroeg eens iets controversieels over mensen die het Evangelie niet kenden. Wat zou er met hen gebeuren als ze stierven?

Het meisje waar ik het aan vroeg, dacht eerst even na. Daarna pakte ze een klein boekje, een soort index met ingewikkelde vragen. Ze bladerde door het boekje en gaf me het antwoord wat erin stond. Op dat moment dacht ik, *Ik stel jou nooit meer een vraag*. En dat heb ik ook niet gedaan. Het boekje was op zich prima en ik heb er later zelf één gekocht. Maar ik kon een antwoord uit een boekje op mijn serieuze vraag niet waarderen. Ik was niet ongelukkig, maar ik voelde me niet gehoord. Ik nam afstand van hen en werd nog vastberadener om de dingen tussen mij en God zelf uit te zoeken.

Ik had ook vragen over hun luidruchtige aanbidding en het klappen in hun handen tijdens de aanbiddingsdiensten. Ik had er zelf geen problemen mee, eigenlijk vond ik het zelfs wel leuk. Maar sommige bezoekers glipten naar buiten tijdens de zangdienst en anderen voelden zich ongemakkelijk. Op een keer had ik voldoende moed verzameld en vroeg ik een van de jonge vrouwen of we het wel goed deden aangezien er mensen weggingen. Werden we niet geacht meer mensen te winnen voor de kerk en onze stad te bereiken voor Jezus? De jonge vrouw draaide zich om en wees me scherp terecht. "We doen dit niet voor de mensen. We doen het voor God!"

Ik had niets moeten zeggen. Toen ze me afbekte, begreep ik dat deze jonge vrouwen niet het soort vriendinnen waren waar ik vrij mee kon praten en ideeën kon uitwisselen. Ze wisten alles al. Het was hun idee of helemaal niets, en dat was het einde van elke discussie. Ja, we bleven op vriendschappelijke voet, en ik waardeerde ze nog steeds, maar ik nam ze niet meer in vertrouwen. De omgang ging beter als ik ze op afstand hield.

Dus ik besloot te kletsen met de Bijbeljongen die bij mij op school zat. We waren een soort van vrienden. We dronken soms samen koffie, of ik bezocht hem bij hem thuis en at macaroni terwijl hij me zijn verzameling Bijbels liet zien. We spraken over het Christendom en discussieerden soms zelfs een beetje. Hij stuurde me naar huis met een stapel stichtelijke boeken en tijdschriften over het geloof. Hij was een Christen, maar hij ging naar een andere kerk waaraan hij net zo toegewijd was. Mensen op school adviseerden me uit zijn buurt te blijven omdat hij zo fanatiek was. Dat maakte me nieuwsgierig. Als iemand tegen me zei: "Zorg dat je niets met hem te maken hebt", werd ik alleen maar nieuwsgieriger.

Ik wilde meer van hem weten, dus ik legde contact met hem en ik vond hem aardig. We waren vrienden, verder niets. Tegen de tijd dat ik het meisje met de blauwe ogen tegenkwam, stonden we niet op goede voet, omdat hij iets had gezegd wat me van streek had gemaakt en ik had al een paar maanden niet meer met hem gesproken. Ik wilde nog steeds graag eerlijk praten over wat me bezighield en niet met zomaar iemand, maar met iemand die ook een Christen was. Ik besloot dat het tijd was om over onze verschillen heen te stappen en weer met de Bijbeljongen te gaan praten. Hij zou we tenminste niet afbekken.

Ik ontmoette hem op weg naar mijn les en vertelde hem wat er was gebeurd. Ik was Christen geworden en ik was gedoopt. Ik nodigde hem uit bij mij thuis en kookte een of andere vegetarische stoofpot voor hem. Hij was verrast dat zijn verhalen, boeken en tijdschriften over de Bijbel hun werk hadden gedaan en dat ik een Christen was geworden. Ik voelde me op mijn gemak bij hem. Ik praatte met hem over mijn vragen en hoe ik de kerk ermee had benaderd. We praatten over alles en bespraken mijn vragen. "Wat zou God doen als dit gebeurde? Wat zou God daarvan denken? Hoe zou je dat weten?"

Sommige van zijn antwoorden waren ongeveer hetzelfde als die van de jonge vrouwen in de kerk, maar het verschil was dat hij er zelf over nadacht en naar mij luisterde. Hij sprak op gelijk niveau met mij. Hij had ook veel vragen voor mij, omdat hij geïnteresseerd was in en zelfs gefascineerd was door De Deur-kerk. Hij vond de manier waarop ze evangeliseerden fantastisch; hij was geïntrigeerd door hen en wilde hen beter leren kennen. We gingen af en toe naar elkaars kerk. Ik was vooral dol op de bidstondgroep die werd geleid door de aardigste familie die ik ooit had ontmoet. De Bijbeljongen vond alles aan De Deur leuk en hij vond iedereen aardig. Ik was er alleen niet zo zeker van dat ze hem ook zo konden waarderen. Uiteindelijk vonden we elkaar echt leuk en na een poosje werden we meer dan goede vrienden. We wilden altijd samen zijn en dus besloten we te gaan trouwen. De mensen in De Deur vonden dat dit niet zo'n goed idee was, omdat hij geen deel uitmaakte van onze kerk. Mijn pastor zei bot: "Dat is niet de wil van God".

De enige manier waarop we hier uit konden komen, zodat de pastor ons zijn zegen zou geven, was als mijn toekomstige echtgenoot zich aansloot bij De Deur. Dus toen ging het erom of hij zich zou aansluiten bij De Deur of dat ik naar zijn kerk zou gaan. Als ik ervoor koos De Deur te verlaten en naar zijn kerk te gaan, geloofde de pastor dat dat helemaal verkeerd was en dat mijn toekomstige echtgenoot mij roofde. Destijds kon ik de juiste woorden niet vinden, maar toen ik eenmaal de tijd had gehad om te verwerken wat de pastor had gezegd, kon ik alleen maar denken: "Niemand bezit mij. Hoe kan iemand mij roven als niemand mij bezit? Jij bezit mij niet. Ik ben niet jouw eigendom. Ik zou nog steeds Jezus dienen en Hem toebehoren".

We hadden onze keuze gemaakt en ik zou mijn toekomstige echtgenoot volgen naar zijn kerk. Hij was daar gelukkig en actief en hij had veel verantwoordelijkheden die hij niet neer wilde leggen. Ik vond het prima om me bij hem te voegen. Ik vond de mensen aardig en de kerk was prettig. Ze waren niet zo toegewijd als De Deur, maar uiteindelijk draaide het immers allemaal om God.

Na een tijdje trouwden we in deze nieuwe kerk. Geen kerk is perfect en deze kerk kreeg al snel problemen. Veel mensen vertrokken vanwege een of ander conflict. Als gevolg daarvan besloten wij dat deze kerk niet meer bij ons paste. We konden daar niet doen wat we voor God wilden doen en dus vertrokken we. Mijn man zei tegen de pastor dat we hadden besloten te vertrekken en hoewel hij teleurgesteld was, was hij niet boos. Hij gaf ons de zegen van God mee.

De hele gemeente kwam naar ons toe, schudde ons de hand en zei: "Gods zegen in jullie nieuwe kerk. We hopen dat jullie het geluk daar vinden".

Ze lieten ons gaan met een zegen. Dat zou De Deur nooit hebben gedaan. Ze koesterden geen wrok jegens ons. We mochten hen altijd opzoeken voor een kopje koffie, geen enkel probleem. Ze waren veel rustiger dan de gemeente in De Deur. We waren gewend aan luidruchtig lofprijzen, klappen en rockmuziek, terwijl deze kerk veel rustigere liederen zong. De hele ervaring was veel rustgevender. Wij waren gewend aan meer enthousiasme en destijds miste ik dat. Maar bij nader inzien, toen we terugkeerden naar De Deur, begon ik de eenvoudige goedheid en gehoorzaamheid aan God die deze kerk had te missen, de liefde en vergevingsgezindheid, de openheid om te vertrekken en terug te keren.

De pastor van De Deur kwam na een poosje bij ons op bezoek en vroeg: "Ik heb het op mijn hart om jullie te vragen terug te komen naar onze kerk". We dachten dat er misschien een goede reden voor was als hij ons vroeg terug te komen. Misschien zat God erachter.

Dus we keerden terug, maar het was anders dan de kerk die ik verlaten had. De kerk was veranderd. Toen wij weg waren, werd De Fellowship, zoals we die nu kennen, geboren, en dat was het waar wij in binnen kwamen. We hoorde nieuwe leerstellingen waar we nog nooit van hadden gehoord; je moest nu bijvoorbeeld een visie hebben, en iedereen noemde de pastor "Pastor", waar hij voorheen werd aangesproken met zijn voornaam. Er kwamen veel nieuwe mensen. Dat was geweldig. We maakten kennis met het woord *discipelschap*. De pastor sprak over de nieuwe fase van discipelschap; jonge mannen werden discipelen. Mijn man vond dit aantrekkelijk; het idee om te leren van de pastor en te groeien, sprak hem aan.

Maar ik voelde me er ongemakkelijk bij. Ik was wat gereserveerder en ik lette goed op wat er gebeurde, mijn nieuwsgierige aard stond nog steeds op de voorgrond en bepaalde wie ik was. De pastor had kleine kinderen, en ze schreeuwden altijd tegen hun peuter en tikten haar op haar vingers. Waarom waren ze niet vriendelijk tegen hun kinderen? Waarom waren ze zo boos. Ik zag steeds meer van dergelijk gedrag.

De kinderen werden meegesleept naar alle bijeenkomsten—ten minste drie kerkdiensten per week en de koffiehuisavond—en hun ouders leken nooit tevreden over hoe ze zich gedroegen. Er werd altijd tegen de kinderen geschreeuwd. Ik maakte me zorgen over deze behandeling. Zouden ze van ons verwachten dat wij onze kinderen ook zo zouden behandelen?

In het begin, toen er alleen de kinderen van de pastor waren, was er nog geen oppas. We kwamen samen in het gebouw van een scoutingclub. De peuter sliep op de vloer, onder een stoel. De baby werd in een campingbedje gelegd in de keuken, naast de ruimte waar we samenkwamen. Zij moest ook slapen. En als ze dat niet deed, schreeuwden ze tegen haar of kreeg ze straf.

De zondagen moeten zware, moeilijke dagen zijn geweest voor die kleine meisjes. Ze moesten de hele dag doorbrengen in de kerk; eerst voor de ochtenddienst; daarna de nazorgbijeenkomst om de voortgang van de pasbekeerden te bespreken; en ten slotte de avonddienst. Hun moeder, de vrouw van de pastor, moest deelnemen aan al deze bijeenkomsten. De arme meisjes werden meegesleept en als ze niet stil genoeg waren, of als ze te veel geluid maakten, of als ze te veel om aandacht vroegen, schreeuwden ze tegen hen of kregen ze straf. Ik heb nooit zulke verschrikkelijke vaders gezien als de pastors van De Fellowship in Nederland.

Af en toe lieten ze hun baby huilen tot de ingeroosterde tijd om hem op te pakken en te voeden. Ik was er niet op voorbereid mijn kinderen zo te behandelen; als ze honger hadden, zou ik ze voeden. Ik maakte me zorgen dat ze van ons zouden verwachten dat we onze kinderen ook zo zouden behandelen. Ik was daar niet gelukkig mee. Dan kregen we te horen dat we niet streng genoeg waren voor onze kinderen. De natuurlijke intuïtie om je baby lief te hebben en voor hem te zorgen en hem te voeden als hij honger had, werd tegen ons gebruikt. Toen ik ernaar vroeg, werd ik afgesnauwd en zeiden ze dat ik me er niet mee moest bemoeien.

Ik had er spijt van dat ik terug was gekomen, maar ik hield mezelf voor dat ik misschien gewoon geduld moest hebben. Christenen moesten tenslotte geduldig zijn. Misschien zou het beter gaan, maar het ging niet beter. Het was een heel erg moeilijke tijd. Het zien van al die veranderingen maakte me verdrietig, maar ik zag ze niet onmiddellijk; er ging wat tijd overheen. Zoals wanneer je langzaam verbrandt in de zon, ik merkte steeds meer op, waardoor ik teleurgesteld raakte in De Deur en in hun gedrag. Misschien was ik niet zo lang gebleven als het snel was gebeurd, maar het bleef aan me knagen, en het werd geleidelijk steeds erger. Dat maakte me verdrietig.

Ze zeiden dat als we goed genoeg waren, we op een dag misschien wel uitgestuurd zouden worden om een kerk te planten, als onderdeel van de discipelschapstraining. Mijn man had het gevoel dat God hem had geroepen; hij wilde dit zo graag. Maar hoewel hij het niet zei, zag ik aan het gedrag van de pastor dat hij mijn man niet mocht. Zijn lichaamstaal was afwijzend en hij sprak respectloos tegen mijn man. Hij maakte rotopmerkingen en schreeuwde vaak tegen hem. Ik denk dat mijn man niet ten volle doorhad dat hij niet geliefd was, maar mijn man irriteerde hem. Ze konden niet goed met elkaar overweg, en als je binnen De Deur niet met je pastor overweg kon, dan zat je vast en kon je geen kant op.

Mijn man wilde een goede discipel zijn; hij wilde goedgekeurd en geaccepteerd worden, en hij werkte echt hard om dat te bereiken. Maar hij was nooit goed genoeg. Hij had een keer een echt goed toneelstuk geschreven. Maar hij had een paar details niet goed begrepen die in het script waren geschreven, waardoor hij het niet goed had gedaan. De pastor begon tegen hem te schreeuwen en hem te vertellen hoe verkeerd hij het had gedaan. Mijn man liet het over zich heen komen. Als de pastor zo naar je schreeuwde, heette dat correctie, en als een goede discipel moest je de correctie en het geschreeuw accepteren.

En dat is precies wat mijn man deed. "Dank u dat u me gecorrigeerd hebt". Hij boog zijn hoofd, oprecht dankbaar dat hij in het openbaar was afgesnauwd. Ik had het er moeilijk mee om dit te zien.

De pastor vond het niet leuk dat mijn man me uit de kerk had geroofd. Dat was een smet op zijn naam, een minpunt. Mijn man kwam uit een andere kerk en dat was verdacht. Hij had op school Latijn en Grieks geleerd, dus hij was waarschijnlijk nog trots ook. Als jij iets wist wat de pastor niet wist, moest het je ego en trots wel opblazen. De pastor liet hem al snel vallen als discipel; hij werd gewoon een kerklid en kreeg verder geen opleiding meer. Hij behoorde niet tot de kring van vertrouwelingen; andere mannen werden boven hem geplaatst en dat betreurde mijn man.

Ik was stiekem opgelucht, want discipelschap trekt een zware wissel op je relatie omdat je voortdurend door alle hoepels moet springen om goedgekeurd te worden door de pastor; en die goedkeuring had een prijskaartje. Tijdens de bijeenkomsten voor discipelen of counseling kreeg mijn man vaak te horen dat onze kinderen niet gehoorzaam genoeg waren en dat ze meer gedisciplineerd moesten worden. Als gevolg daarvan was hij, als hij thuiskwam, vastbesloten om onze kinderen gehoorzamer te maken. Dus toen hij geen discipel meer was, waren we allemaal, inclusief de kinderen, opgelucht. Onze relatie werd beter en beetje bij beetje werden we bijna net zo gelukkig als we in het begin waren geweest.

Nadat we waren teruggekeerd naar De Deur bleven we drie jaar. We waren heel erg toegewijd om naar alle diensten, evangelisatie-activiteiten en koffiehuisavonden te gaan. We hielden van deze sociale bijeenkomsten, de prediking en het onderwijs, dus we gingen zo vaak als we konden. Ik heb nog steeds mooie herinneringen aan deze positieve zaken en aan sommige behulpzame pastors die ons bezochten om te preken. Maar er waren ook zo veel negatieve zaken die me dwars zaten, zoals de houding van de mensen van De Deur naar alle andere Christenen van welke kerk dan ook toe. Ze beweerden bijvoorbeeld: "Nou ja, ze zijn ook Christenen, maar ze zijn niet zo toegewijd als wij en ze doen de dingen niet zoals wij".

Maar het werd erger. Ze maakten grappen over andere Christenen en kerken en hoe die alles verkeerd deden: aanbidding, kerkdienst en evangelisatie. Het was nooit goed genoeg. In bijna elke preek zat een sarcastische opmerking over andere Christenen of andere kerken. Het deed me pijn. Ik kende veel andere Christenen uit andere kerken en ik had goede vrienden in die kerken. Ik wist dat het niet klopte. Ik had de Bijbel al heel vaak gelezen. We moesten iedereen liefhebben die in Jezus geloofde en hen behandelen als onze broeders en zusters, geen sarcastische opmerkingen over hen maken.

Deze arrogante houding stoorde me enorm. God kan arrogantie en trots niet zegenen. Als je denkt dat je de beste bent, dan is dat trots. God heeft Zijn manieren om ons te vernederen en ik maakte me zorgen als ik hen zo hoorde spreken over anderen. Ze zeiden dat zij toonaangevend waren en de besten, terwijl alle anderen lauw waren. Als ze zo bleven spreken, zou God hen disciplineren. Ik maakte me zorgen omdat ik, ondanks de negativiteit, toch van mijn kerk en de mensen hield. Ik wilde niet toekijken hoe ze gedisciplineerd en vernederd zouden worden. Ik zag ze liever door God gezegend.

Drie jaar lang kon mijn man nooit goed overweg met de pastor. Ze hadden geen ruzie maar de relatie was niet goed. We wisten dat ze ons nooit uit zouden sturen om een kerk te planten, ook al was dat alles wat mijn man wilde. Ze vertrouwden dat niet aan ons toe. Mijn man had de positieve kanten van de kerk gezien en dat wilde hij zelf ook proberen; hij wilde de pastor zijn van zijn eigen kerk.

Mijn man kreeg een baan in een ander land in de richting waarin hij was opgeleid. Het was een prachtige kans, dus we besloten erheen te verhuizen. Naast zijn nieuwe baan wilde hij een kerk beginnen, maar de pastor was daar niet blij mee. Hij was kwaad en wilde niet dat mijn man dat ging doen. Hij wilde zijn zegen niet geven. "Ik kan je niet tegenhouden. Als dit is wat je gaat doen, dan doe je dat maar. Maar ik geef je mijn zegen niet. Tot ziens."

Dus we besloten te gaan zonder zijn zegen. Ik weet niet of het een goed idee was, maar ik ben blij dat we zijn verhuisd. We wonen er nu nog steeds. Maar het was onmogelijk te proberen de relatie met De Deur te onderhouden, met mensen die ons niet waardeerden. Eigenlijk konden we niet wachten tot ze ons zouden accepteren en ons hun zegen geven. Maar dat is wel wat we deden. Zo snel als we konden, begonnen we bijeenkomsten te organiseren. Maar we hadden geen mentor of onder-steuning: fysiek, emotioneel, geestelijk, financieel, niets. We moesten ons zelf bedruipen en het wiel helemaal zelf uitvinden.

We vroegen of we nog steeds naar de conferentie mochten komen en de pastor van de grote Zwolle-kerk zei: "Ja, hoor. Jullie zijn welkom". Na een jaar of twee begon hij ons zelfs uit te nodigen samen met andere pastors. Dat verbaasde ons, want ik dacht dat ze ons niet mochten en een hekel hadden aan wat we waren. De eerste paar keer dat we gingen, beschouwden anderen ons niet als pastors of zelfs als een fatsoenlijk pionier-echtpaar. Ze keken vreemd naar ons als we binnen kwamen. We probeerden met mensen te praten, te netwerken en relaties te leggen, maar het ging nooit goed. Tijdens de derde confe-rentie kwam de pastor van de Zwolle-kerk naar ons toe. "Jullie moeten het echt uitpraten met jullie eigen pastor. Anders kan ik jullie niet helpen. Jullie moeten toegeven dat jullie een of andere overtreding hebben begaan door te verhuizen en zelf een kerk op te zetten. Misschien kan ik jullie verder helpen als jullie dat doen."

Dus mijn man en onze pastor gingen in gesprek. Ik werd er niet bij betrokken; mij werd niets gevraagd. Vrouwen worden nooit gevraagd om ergens bij betrokken te zijn, hoewel we wel in de buurt blijven om te assisteren. Wat mijn man ook heeft gedaan, het leek te werken. Op de een of andere manier slaagden ze erin hun conflict bij te leggen, en vanaf die dag werden we teruggestuurd naar Finland en geaccepteerd als pionierkerk.

In eerste instantie was ik uitzinnig, maar precies op de avond dat het afgekondigd werd, hield Greg Mitchell, de hoofdspreker op de conferentie en de zoon van Wayman, een hele vreemde preek. Hij preekte over geestelijk oorlogsvoering en bevrijding van demonische gebondenheid, wat allemaal goed en wel was. Hij maakte echter opeens een vreemde opmerking: Hij beweerde dat we de geest van vrede vrij zouden moeten laten als er onenigheden of conflicten spelen. Ik viel bijna van mijn stoel. Dit kwam uit de New Age en niet uit de Bijbel. Het is waar dat we autoriteit hebben over boze geesten en dat we demonen kunnen bestraffen en hen opdragen te vertrekken in de naam van Jezus. Maar we moeten niet proberen hetzelfde te doen met "geesten van vrede en liefde", omdat zulke geesten niet bestaan. Goede geesten, wat de engelen zijn, ontvangen hun opdrachten van God, niet van ons. Het is dwaas om denkbeeldige goede geesten vrij te laten, omdat we daar niet de autoriteit of instructies toe hebben. Het is gevaarlijk.

Ik was behoorlijk overstuur en ik dacht *Kan het nou nooit eens een keer gewoon goed gaan? Eerst heeft mijn man jarenlang een conflict met onze pastor dat nu eindelijk uit de weg is. Maar nu horen we onderwijs uit de New Age in onze Bijbelconferentie. Wat is dit voor plaats?* Ze vroegen de echtparen die uitgestuurd zouden worden om naar voren te komen voor gebed. Ik wilde niet. Mijn man moest me bijna meesleuren. "Kom schat, ik weet dat dit niet klopte, maar iedereen kan zich vergissen. We zullen erover bidden en God zal het oplossen", fluisterde hij. Dus hij kreeg het voor elkaar om mij in de rij te krijgen voor gebed.

Wat deze pastor zei, was zo overduidelijk niet Bijbels en het maakte me zo achterdochtig dat ik beter ging opletten bij de preken en alles wat hij verder zei en deed. Hoe meer ik oplette, hoe meer ik opmerkte dat het onderwijs niet klopte en niet in overeenstemming was met de Bijbel. Het was niet van God en het was niet gezond. Het werd echter gevaarlijk vermengd met een beetje waarheid. Het is alsof je een stuk vlees eet dat vol zit met stukjes glas. Je hebt eerst niet door hoeveel kwaad het doet, totdat het in je keel snijdt. Ik moest voorzichtig zijn en mijn ogen goed open houden. Beetje bij beetje besefte ik dat we helemaal niet betrokken waren bij een gezonde beweging van God. Er waren te veel door mensen gemaakte en buitenaardse ingrediënten bij in gesmokkeld.

Onze nieuwe positie in Finland, onze kerk planten en groeien in aantal, beviel me wel. We waren gelukkig en hadden het gevoel dat ons werk iets toevoegde. We ontmoetten nieuwe mensen en waren een positieve invloed in ons kleine stadje. Maar terug in De Fellowship kregen we te maken met allerlei onenigheden en splitsingen. Veel van onze vrienden verlieten de kerk omdat hun pastor zich had afgesplitst van De Fellowship. We kregen te horen dat we geen contact meer met hen mochten hebben. Dit gebeurde steeds vaker en hoewel we er niet direct bij betrokken waren, werden we wel gedwongen een kant te kiezen. We moesten een keuze maken voor onze kerk. Zij dachten dat het het beste was om voor De Fellowship te kiezen. Dus we moesten banden doorsnijden met mensen waar we uit vrije wil nooit de banden mee zouden hebben doorgesneden.. Daar hebben we nu nog steeds spijt van, het irriteert ons dat we hebben ingestemd met alles wat ze ons opdroegen.

De mensen die naar onze kerk kwamen, waren jong, maar ze waren niet dom. Zelfs als we de problemen binnen De Fellowship niet met hen bespraken, voelden ze aan dat er iets niet klopte, wat hen van hun stuk bracht. Beetje bij beetje begonnen ze te vertrekken tot we over-bleven met een superklein aantal mensen. We hadden het er moeilijk mee en stelden alles in het werk om het lek te dichten. Mijn man gaf zijn baan op, zodat hij fulltime pastor kon zijn, omdat hij dacht dat dat het juiste was. Hij dacht dat God die beslissing zou zegenen, maar dat was niet het geval. In die tijd gingen we door een enorme financiële strijd. De poging om onze kleine kerk te behoeden voor de ondergang had het tegenovergestelde effect. Niets ging zoals wij wilden.

We besloten een serie opwekkingsdiensten te organiseren en nodigden een pastor uit Nederland uit om te komen preken. Hij was een goede vriend van ons en had gehoord dat we het moeilijk hadden. Hij wist dat er mensen vertrokken, dus hij had bedacht dat hij maar iets radi-caals moest preken. Veel van onze leden worstelden met het volgen van de principes van De Fellowship, zoals hun pastor "pastor" noemen en het contact verbreken met mensen die de kerk hadden verlaten, of ze stonden niet te juichen bij de manier waarop huwelijks-ceremonies verliepen.

Dus hij besloot een preek te houden over rebellie. Het ging over het onvoorwaardelijk gehoorzamen van je pastor, en als je dat niet deed, zou je neergehaald worden. Je moest je pastor "pastor" noemen, en als je dat niet deed, was je een rebel. God wacht alleen op het juiste moment om je keel door te snijden (dit illustreerde hij met een levendige pantomime). Als je pastor iets verkeerd doet, of zondigt, is het niet de bedoeling dat je er iets over zegt of iets aan doet. Hij is nog steeds je pastor en als je zelfs maar één vinger tegen hem opheft, zal God je slaan met melaatsheid, zoals Hij Miriam sloeg toen ze Mozes bekritiseerde.

Deze mengelmoes van doodsbedreigingen en Bijbelverzen die uit de context waren gerukt, was de titel preek niet waard. De hele ervaring was afschuwelijk. Het was de verschrikkelijkste preek die ik ooit in mijn leven had gehoord. En als gevolg van deze preek vertrokken er nog meer mensen. Ik kan het ze niet kwalijk nemen. We krompen en krompen en krompen tot we uiteindelijk te horen kregen dat we terug moesten keren naar huis. We zouden onze kerk hier achter moeten laten en terug moeten keren naar de kerk waar we vandaan kwamen in Nederland. Dat wilden we niet; we hadden niet het gevoel dat er een thuis was voor ons in Nederland. We waren hier al zo lang, en dit was thuis voor ons. We zagen geen toekomst voor ons in de Arnhem-kerk, omdat de relatie met onze pastor gecompliceerd was gebleven. Ik zei tegen mijn man: "Als het mag, zou ik misschien terug willen keren, maar dan in de Zwolle-kerk. Maar ik ga nooit meer terug naar de Arnhem-kerk, en ik ga ook nooit meer terug naar die pastor".

Ze gaven ons geen toestemming om naar de Zwolle-kerk te gaan. Dus daar hield het op voor ons. Bij nader inzien weet ik ook niet zeker wat er zou zijn gebeurd als we wel terug hadden mogen keren in Zwolle. Op dat moment was de pastor die vele jaren in die kerk was geweest en die ons op allerlei manieren had geholpen, uitgestuurd naar Zuid-Afrika. Een andere pastor had de Zwolle-kerk overgenomen, en hoewel we in het begin dachten dat hij een verstandig man was, ontdekten we later dat hij zich bezighield met hele vreemde dingen. Ik ben blij dat we dat niet gezien of meegemaakt hebben.

In het begin, toen we deel uitmaakten van De Deur, in de jaren tachtig was er geen dress code. Er was een keer een preek over een Bijbeltekst die beschreef hoe afschuwelijk het was als een man vrouwenkleren, en een vrouw mannenkleren droeg. Maar de pastor preekte dat dit niet ging over kleding, maar over de rollen van mannen en vrouwen. Hij zei dat mannen bepaalde dingen moesten doen en dat vrouwen ook hun eigen rol hadden. Hij zei dat het niet uitmaakte wat je droeg. In de tijd van Jezus droeg iedereen jurken.

Maar met het verstrijken van de jaren werd wat je droeg juist een van de belangrijkste onderwerpen. Je kleren deden ertoe. Mannen die in het discipelschapsproces zaten moesten een overhemd met een stropdas dragen. In het begin maakte het nog niet zo veel uit wat een vrouw droeg, maar dat is nu wel veranderd. Nu trekken mensen hun wenkbrauwen op als een vrouw geen jurk of rok draagt. Deze regels met betrekking tot kleding en andere uiterlijke kwesties zijn met het verstrijken van de jaren steeds belangrijker geworden. En zelfs nu merk je, als je met mensen van De Deur spreekt, dat ze er steeds meer regels bij maken. Elk jaar wordt er een nieuwe regel gemaakt en wordt er een nieuwe manier van leven toegevoegd aan het palet. Het was niet zo slecht toen ik me lang geleden aansloot, maar het is alleen maar erger geworden.

Tijdens de conferentie werd een nieuwe richtlijn en een nieuwe regel geïntroduceerd die we moesten doorgeven aan de kerkleden. In het begin was er niet zoiets als een lidmaatschap van de kerk. Je kwam naar de kerk of je kwam niet. Op een dag hoorden we dat je lid kon worden van de kerk; en een jaar later zeiden ze dat er een lijst van voorwaarden gold voor kerkleden.

Een paar jaar voor we vertrokken, introduceerden ze contracten die ondertekend moesten worden. Als je een belangrijk onderdeel van de kerk wilde zijn, zoals bijvoorbeeld koffiehuis- of groepsleider, dan moest je een contract ondertekenen, waarin je beloofde dat je het volgende niet deed: een televisie of videorecorder bezitten, alcohol drinken of roken, en naar de bioscoop of het theater gaan. Ik vond het vreemd. Deze vragen hadden ze nooit aan ons gesteld, omdat wij al pastor waren toen deze regels uitkwamen. We wilden onze kerk deze nieuwe regels niet opleggen, dus negeerden we ze gewoon. Het had geen enkele zin om niet-rokers te laten beloven dat ze nooit zouden roken of geheelonthouders dat ze nooit alcohol zouden drinken, of wie dan ook te laten beloven dat ze nooit zouden doen wat ze toch al nooit deden. Ik zag alle papieren. Mijn man wilde dat ik wist wat er gaande was ook al was het niet de bedoeling dat vrouwen wisten wat er werd besproken in bijeenkomsten voor pastors.

Eén specifiek punt—over evangelisten—was echt heel vreemd. Toen ik dat las, kon ik alleen maar denken dat deze mensen echt geen leven hebben. Dit contract droeg mensen op waar ze moesten zijn. Elke maand werd je geacht drie weken in het veld en één week thuis door te brengen, maar als je thuis was, moest je je ook aan een schema houden. Alles werd geregeld: Je moest op gezette tijden op de bidstonden zijn, en je mocht nooit een kerkdienst missen. Deze mensen stonden onder constante controle. Een evangelist mocht zijn vrouw niet meenemen als hij in een stad in de buurt preekte. Ik was niet de vrouw van een evangelist, maar ik dacht, *Dat is vreemd. Daar zou ik nooit mee akkoord gaan. Als dat mijn echtgenoot was en hij wilde dat ik met hem mee zou gaan, waarom zou dat dan niet mogen? Ik ben zijn vrouw. Ik ben geen meubelstuk in de thuiskerk.* Dit stoorde me echt heel erg.

Heel geleidelijk werd het steeds erger. De druppel die de emmer deed overlopen was de kwestie over baarden. Er was nooit hardop afgekondigd dat je geen baard behoorde te hebben als je een man van God wilde zijn, maar als je een baard had, kreeg je wel sarcastische opmerkingen naar je hoofd. Ik weet niet waar het vandaan kwam; het was een ongeschreven regel. Mijn man had een baard en dat gebruikten ze tegen ons toen ze ons zeiden dat we onze kleine kerk moesten verlaten en naar huis moesten komen. Ze maakten hem belachelijk om zijn gezichtsbeharing. "Je hebt een baard. Je scheert hem niet af".

We hadden de Bijbel al heel vaak gelezen; het concept dat een man van God geen baard zou mogen hebben, werd niet door de Bijbel ondersteund. Daarna trokken we eindelijk de conclusie dat het genoeg was geweest. Dit was belachelijk. We wilden niet behoren tot een kerk met zulke idiote regels. Het was onzinnig. Als we mensen van buiten De Deur vertelden over deze regels, noemden ze de regels absurd en kwamen ze niet meer bij van het lachen. Ze zeiden dat ze nog zoiets bizars hadden gehoord. Dus we besloten om niet terug te gaan naar Nederland, maar hier te blijven. Als we onze kleine kerk niet hadden, zouden we wel een andere vinden, maar we zouden nooit meer teruggaan naar De Deur.

Uiteindelijk moesten we onze kleine kerk opheffen. We spoorden de gemeente aan om naar een andere evangelische of Baptistengemeente te gaan. "Er zijn een paar hele goede kerken in de stad. We willen jullie niet langer afgescheiden houden hier in deze kleine groep. We moedigen jullie aan om erop uit te gaan en God te dienen zoals wij dat ook zullen doen".

Ik ben heel blij dat ik kan zeggen dat de meeste mensen uit onze kerk die De Fellowship hebben verlaten nog steeds Christen zijn en dat ze God nog steeds dienen. Ik ben dankbaar dat er geen wrok is tussen ons. We hebben een kleine ouderwetse, traditionele Pinksterkerk gevonden in een klein provinciestadje. We zingen uit een oud gezangenboek; zonder luid in de handen te klappen of handen in aanbidding op te steken. Hoewel we de luidruchtige zangdiensten van De Deur soms missen, past deze kerk bij ons.

Soms vraag ik me af wat onze oude vrienden uit De Deur zouden zeggen als ze ons nu konden zien. Zouden ze ons nog steeds Christenen noemen? Misschien, maar waarschijnlijk zouden ze ons ook religieus vinden, en ze zouden onze aanbiddingsstijl lauw noemen en beweren dat we de visie kwijt zijn. Waarschijnlijk zouden ze niet onder de indruk zijn van hoe we Jezus dienen of van de mensen van onze kerk. Het laat me koud. Als ik moet kiezen, zing ik liever met hen uit het oude gezangenboek. Zij zijn Christenen, ze geloven in God, ze vertellen anderen over Hem, ze houden van elkaar en ze doen goed werk, in het bijzonder goed kinderwerk. Ze geloven dat het zo veel beter is om in een kerk te zitten en God op alle mogelijk manieren te dienen dan Hem helemaal niet te dienen. Er zijn geen rare regels, geen discipelschapstraining, geen contracten, geen dress code, er wordt niet tegen ons geschreeuwd als we iets verkeerd doen, je wordt niet afgesnauwd als je een vraag stelt. Het zijn gewoon normale mensen.

Ik ben altijd nieuwsgierig geweest en ik heb altijd willen weten waarom de dingen gaan zoals ze gaan. Ik wilde God en het geloof begrijpen op een diepgaand niveau, en dat is nog steeds zo. Mijn nieuwsgierige aard heeft mijn ogen geopend en me op de been gehouden. Die natuur maakte dat ik zag wat er op de achtergrond gaande was, toch had zelfs ik pas door hoe ridicuul hetgeen wat De Deur van haar leden vroeg was toen we vertrokken waren. Ik heb geen spijt van mijn tijd daar; ik hield van de leden en ze hadden een goed hart. Maar de kerk verspreidde gevaarlijke leerstellingen door hun preken en ik ben blij dat ik eruit ben. Ik ben gelukkig waar ik nu ben, in deze kleine kerk. Ik denk nog vaak aan het meisje met de blauwe ogen op de hoek van de straat met haar folders. Ik ben blij dat ik haar tegen ben gekomen en dat ik ben blijven staan om met haar te praten. Ik zal nooit spijt krijgen van die ontmoeting.

Maar ik ben blij dat mijn ogen nu geopend zijn.

NAWOORD
DENNIS CROSBY

De laatste zeven jaar heb ik alles opnieuw overdacht. Ik heb een heel goed geheugen en ik heb de gebeurtenissen opnieuw de revue laten passeren. Ik heb online een ongelofelijke hoeveelheid materiaal over De Fellowship gevonden, waaronder documentaires uit de jaren tachtig, en ik heb contact gehad met veel mensen die door de jaren heen vertrokken zijn. Voormalige leden klaagden over dezelfde dingen die ik ook al had gezien, maar we werden heel vaak gewaarschuwd om online geen negatieve dingen over De Fellowship te lezen. Ik wist wel beter, omdat ik me soms bezighield met web development, maar het beetje kritiek dat ik tegenkwam, verwierp ik direct. Het gebruik van het internet werd ontmoedigd en mijn inspanningen om De Fellowship online te zetten werden in eerste instantie met scepsis en aarzeling ontvangen.

Nadat ik was vertrokken, ging ik op zoek naar informatie om te proberen te begrijpen wat er fout was gegaan. Op een gegeven moment was ik bezig een Facebookgroep op te zetten over De Fellowship, maar toen vond ik een bestaande groep en werd daar lid van. Het was beter dan wat ik probeerde te doen, dus ik wiste waar ik mee bezig was en sloot me aan bij Escaping the Potter's House (Vluchten uit de Potter's House), er is ook een Nederlandse groep 'Sluit de Deur'. Ik ontmoette daar mensen die al vóór mij lid waren en anderen die sindsdien vertrokken zijn. De VS, Europa en Australië zijn zwaar vertegenwoordigd, maar mensen van over de hele wereld sluiten zich aan. Ik ontmoette mensen die dezelfde mensen kenden als ik en mensen die delen van het verhaal kenden die ik niet kende. Het is allemaal griezelig herkenbaar. Het leven van mensen werd keer op keer op de kop gezet doordat ze gemanipuleerd werden door narcistische, soms sadistische, zogenaamde pastors. Dezelfde verhalen met verschillende accenten. Het is al heel lang vastgelegd. Op YouTube staan een paar oude documentaires over De Fellowship en ook veel nieuwere informatie. Sinds de pandemie zijn er, ironisch genoeg, ook een heleboel Fellowship-video's.

Niet elke pastor binnen De Fellowship is schuldig, en sommige zijn nog steeds oprecht. Maar ze maken allemaal deel uit van een corrupt systeem, en elke pastor die weet van het misbruik en het niet aan het licht brengt is schuldig aan het in de doofpot stoppen ervan. Ze noemen het "zonde bedekken met de mantel der liefde" om zich te verontschuldigen, maar verontschuldigen heeft betrekking op belijden (blootleggen) en bekering, niet naar negeren, ontkennen en verbergen. De Fellowship is verwikkeld geweest in een reeks rechtszaken, meestal met betrekking tot eigendommen van de kerk. Slechts weinig mensen binnen De Fellowship hebben die verhalen gehoord. Google maar eens op "Fiji lawsuit Potter's House". Wayman was niet vies van wraakzuchtige acties.

De hiërarchische structuur van De Fellowship is een financieel piramidesysteem geworden. Het is een bedrijf dat aangestuurd wordt als een bedrijf, met contracten zoals een bedrijf. De corruptie aan de top maakt dat het een corrupt bedrijf is. Ze bouwen nu dezelfde grote gebouwen waarvoor ze andere organisaties altijd bekritiseerd hebben in de begintijd van De Fellowship, en ze hebben nieuwe argumenten waarom dat nu wel goed is. Pastors krijgen de instructie om te beginnen met en de nadruk te leggen op het verwerven van bezittingen die contractueel behoren tot De Fellowship. De pastor die het document ondertekent en maandelijkse rapporten stuurt naar de moederkerk bezit de eigendommen niet. Dus het is niet verrassend dat leiders die al een tijdje meedraaien reserves opbouwen als een buffer voor het geval ze in ongenade vallen, en zij die dat niet doen zijn wanhopige openlijke hielenlikkers, omdat het het einde van hun carrière betekent als ze onenigheid hebben met iemand die te hoog in de hiërarchie staat.

De pastor heeft echter de controle over de geldkraan en -stromen in de lokale kerk, hoewel daar meestal iemand tussen zit die de titel penningmeester draagt. Voor beginnende pastors is het zwaar omdat er nog niet veel in de pijpleiding zit, maar met tijd en ervaring zijn ze in staat om op hun gemak een groeiende hoeveelheid geld te beheren. Niemand wil terug naar vroeger. Het is algemeen geaccepteerd dat twee keer het gemiddelde loon van de gemeenteleden een net salaris is voor de pastor, hoewel sommige pastors zelfs nog meer dan dat opeisen. Het is te gek voor woorden. Armoede is niet meer weggelegd voor succesvolle geestelijken. Hoeveel geld er aan de strijkstok van de pastor blijft hangen wisselt en zal altijd een verleiding zijn, slechts een paar pastors zijn bereid om een levenslange carrière op het spel te zetten en in plaats daarvan te kiezen voor "tact" en "eenheid" en dit "wijsheid" te noemen.

Dus ze beschermen De Fellowship en geven de slachtoffers de schuld als het niet lukt de problemen stilletjes onder het tapijt te vegen. De hele wereld spant immers samen tegen De Fellowship; het is niet verrassend dat het internet vol staat met laster. Dat is tenminste hun standaard antwoord. Lasteren is precies datgene wat Wayman deed toen hij de slachtoffers beschuldigde van liegen. En ik denk dat Greg Mitchell nog glibberiger is. Iedereen die De Fellowship verlaat is tegen de wil van God en dus een rebel.

Geen andere naam

Corrupte mannen corrumperen de Bijbel, leerstellingen verzinnen om te manipuleren—dit is enorm kwaadaardig en satanisch. Het gebeurde in een korte periode van enkele tientallen jaren, allemaal vanwege ego. Trots veroorzaakte ook de ondergang van de koning van Tyrus, waarvan gewoonlijk wordt aangenomen dat het Satan zelf is. (Zie Ezechiël 28: 17). Het was niet prettig om alles opnieuw te evalueren, omdat ik inzag dat ik zelf, bovenop de corruptie binnen De Fellowship, corrupt was geworden. Niet op dezelfde, maar op mijn eigen manier. Als het niet Christus-gelijkvormig is, is het duisternis. Te midden van onoplettende mensen is het gemakkelijk om je te verbergen voor jezelf. Ik begin me nu pas te realiseren hoe cynisch ik geworden ben. Ik had al een cynische kijk op het leven ontwikkeld gedurende mijn tijd in het leger, maar mijn tijd in De Fellowship heeft het erger gemaakt. Het blijft een slechte eigenschap waar ik last van heb en die niemand goed doet, behalve dat mensen lachen vanwege mijn overvloedige sarcasme. (Als een preek van Scott Lamb. Er staan voorbeelden op YouTube.)

Mijn cynisme stamt deels uit het misleiden van mezelf te denken dat ik beter was dan de meeste mensen. Die neiging heb ik bijna mijn hele leven gehad, maar hoewel die lessen ook begonnen toen ik jong was, heeft de tijd me geleerd dat het niet zo was. Mijn eigen inspanningen maakten op subtiele wijze dat ik me beter gedisciplineerd voelde, meer toegewijd en kritischer naar andere mensen die geen van beide leken te zijn. Ik hield me beter aan de regels dan de pastors, zelfs ondanks mijn weigering iets te tekenen dat stelde dat ik me aan de regels zou houden. Het hart is arglistig. Maar dat is meer een soort symptoom. Het probleem is dat ik zo verstrikt raakte in leerstellingen, apologetiek en Fellowship onzin, dat ik me steeds verder van Jezus af bewoog in mijn pogingen harder te werken voor de organisatie. Ik werd steeds meer een Farizeeër onder de Farizeeën.

De mensheid wandelt overduidelijk in de duisternis. Een rationeel brein kan alleen juiste conclusies trekken, gebaseerd op gedetailleerde, accurate informatie, maar de zintuigen van de mens zijn beperkt, en we hebben meer tijd nodig om oneindigheid te analyseren dan ons leven duurt. We hebben gewoon onvoldoende tijd om adequaat onderzoek te doen.

Dat is de werkelijke reden dat mensen geloven dat het leven relatief is; als je de absolute waarheden niet kunt kennen, bestaan ze niet. En het wordt nog gecompliceerder als gevolg van het feit dat legio groepen en talloze individuen actief proberen anderen te misleiden om er zelf beter van te worden. Zelfs onze eigen persoonlijkheid staat bol van zelfrechtvaardiging, zodat we met onszelf kunnen leven in publieke anonimiteit. Relativisme laat iedereen wegkomen met wat ze kunnen. Dat is wat er van je wordt in een wereld als die waarin wij leven. De Fellowship heeft een manier uitgedacht om bezig te blijven en je beter te voelen zonder je druk te hoeven maken om te studeren. (Wie heeft er überhaupt tijd om te studeren?)

God koos ervoor, veeleer dan door kennis en logica, om de zijnen te roepen door drie middelen: Zijn verhaal, de geschiedenis en de Heilige Geest. Ik was op de verkeerde weg, vocht in de verkeerde oorlog en bepleitte de verkeerde zaak. Na zevenendertig jaar in De Fellowship is er heel wat te ontrafelen. Hoe kan iemand zo blind zijn voor iets wat zonneklaar is? Ik heb het me heel vaak afgevraagd. Je halve leven doorbrengen in een sekte, omdat je bleef vertrouwen op mensen die al lang niet meer betrouwbaar waren, hoe dom wil je het hebben? Nou, dat gaat dus over mij.

Ik stak mijn kop in het zand als ik iets niet wilde zien en hield mezelf zo bezig dat het me niet al te lang stoorde. Ik vermoed dat ik het allemaal wat eerder door had gehad als ik niet zo vaak was verhuisd of niet zo lang ziek was geweest. Maar ik kan niet ontkennen dat de wens dat dingen die niet waar zijn dat toch waren, alles te maken had met de waarheid niet zien, zoals het feit dat De Fellowship een sekte was geworden. In plaats van dat ik mijn kinderen liet opgroeien in een aanhoudende opwekking, zoals ik had gehoopt, waren ze getuige van een sekte die over het randje ging.

De Fellowship dekt zichzelf en anderen in, terwijl ze hun slachtoffers en iedereen die tegen hen opstaat de schuld geven en belasteren. Ze oordelen oven hun gemeente en proberen ieders leven te controleren. Mensen zijn de kerk uit getrapt omdat ze naar de pastor gingen met bewijs dat Wayman corrupt was. Ze hebben zich schuldig gemaakt aan meer dan ik ooit kon vermoeden en het maakt ze niet uit hoe ontwrichtend hun daden zijn, of hoeveel mensenlevens ze verwoesten. Een hele reeks slachtoffers en vele anderen hebben online hun verhaal verteld, kijk maar na. Ze hebben geen berouw, maar doen voor de vorm alsof ze zich verontschuldigen. Ze zijn er vooral goed in hun slachtoffers de schuld te geven. "Het spijt me als je het gevoel hebt dat ik niet eerlijk was". Wat ze bedoelen is: Het spijt me dat jij dat gevoel hebt, maar dat ligt aan jou. Gods genade geneest alles, maar arrogantie en verachtelijke hoogmoed horen daar gewoon niet bij. Dat kun je niet veranderen.

Een gemene deler in de lijst met zonden binnen De Fellowship is dat mensen vasthouden aan macht die hen niet gegeven is. Daardoor splitste De Fellowship zich af van Foursquare met iedereen die het schisma van Wayman volgde, en vervolgens heeft De Fellowship de greep op hen die bleven steeds verder versterkt vanwege degenen die vertrokken waren. De claim dat ze autoriteit hebben over het leven van mensen is vals. Dat hebben ze niet. Ze proberen te beweren dat God autoriteit over jou aan je pastor heeft gegeven en dat je moet doen wat je pastor zegt. Onterecht beweren ze dat God gehoorzaamheid beloont, zelfs als de leider het mis heeft en het bevel niet deugt.

Het etiket kritiek plakken op alles wat een negatief licht werpt op het leiderschap van de organisatie is niets anders dan hersenspoelen. Dit is vastgelegd om ook intimidatie van de kant van fanatieke aanhangers van leiderschap mee te nemen. Rechtvaardigheid is niet eens een overweging bij hoe ze zich gedragen. De mate waarin leiders worden verdedigd, komt heel dicht in de buurt van *takiyya,* een moslimgebruik voor zelfbescherming uit angst voor leiders.[1] De leiders kunnen het nooit mis hebben, en De Fellowship moet beschermd worden.

Manipulatie wordt gerechtvaardigd als middel om mensen op het juiste pad te houden als dat de weg is die ze hebben gekozen te gaan. Als door God aangewezen bedekking, denken ze dat ze verantwoordelijk zijn om te doen wat noodzakelijk is. Dit is een gekunstelde leerstelling die pastors aanspoort om te pogen autoriteit uit te oefenen over iemand anders voor diens eigen bestwil. Hier snijdt het mes aan twee kanten omdat pastors zich daadwerkelijk verantwoordelijk voelen als iemand ontspoort, maar het lokt ook de "kijk of je iemand anders de schuld kunt geven"-reactie uit. Vicieuze cirkels tieren welig als mensen het etiket heks krijgen. De Fellowship karakteriseert oppositie al heel lang als satanisch (*satan* betekent "tegenstander") en onenigheid wordt

---

1. Matt Stefon, "taqiyyah," Britannica, accessed March 3, 2024, https://www.britannica.com/topic/taqiyyah.

ook al gekenmerkt als rebellie wat goed aansluit bij het volgende vers waarmee ze beweren dat hekserij tegen hen wordt gebruikt.[2] "Want opstandigheid is een zonde van waarzeggerij, en tegenstreven is afgoderij en beeldendienst. Omdat u het woord van de HEERE verworpen hebt, heeft Hij u verworpen, zodat u geen koning meer zult zijn." (1 Samuel 15:23)

Meer opsmuk is mogelijk, afhankelijk van de onrust in de kerk. De waarheid maakt ze niet echt uit als een stelling het gewenste effect heeft. Een zichtbaar teken van gedragsverandering is de enige zekerheid dat ze controle over jou hebben. Heel effectief preken ze Fellowshippropaganda—niet de Bijbel, niet het Evangelie, niet Jezus. Mitchell dwong controle af over een groep kerken en leerde hun leiders dat controle over hun kerken afhankelijk was van "mensen zo druk bezig houden dat ze geen tijd hebben om dronken te worden". Ze bedachten leerstellingen en namen leerstellingen over die door anderen waren bedacht, zodat mensen die mate van controle zouden accepteren. Ze waren anti-tv, anti-internet, anti invloed van buitenaf voor altijd, totdat de pandemie hun greep bedreigde en ze begonnen met het uitzenden van livestreams. Je kunt nu zelfs online geld geven. Plotseling zetten ze van alles online en zitten veel kerken zelfs op Facebook. Scott Lamb heeft echter fel tegen Facebook gepreekt. Ik denk dat ze die video niet hebben gezien. Na de laatste conferentie vond mijn vrouw een folder met Fellowship T-shirts die besteld konden worden. Iemand had die achtergelaten in het hotel waar de pastors verbleven. Ze spreken zichzelf op alle fronten tegen.

Ik had dit nodig om in te zien, tegen mijn wensen in, tegen wat ik geloofde in, dat het leiderschap, de organisatie en de structuur van De Fellowship niet te redden zijn. Het zien van hun onverschilligheid ten aanzien van de waarheid, in het ziekenhuis liggen, mijn laatste gesprek met een vriend die op sterven lag, en veel goede mensen die de kerk verlieten, brachten me tot deze conclusie. Iedereen in De Fellowship moet een nieuwe kerk vinden. Velen hebben er al één gevonden. Ik ben

---

2. "Lexicon :: Strong's H7854 - śāṭān," Blue Letter Bible, accessed March 3, 2024, https://www.blueletterbible.org/lexicon/h7854/kjv/wlc/0-1/.

vertrokken omdat ik er niet meer tegen kon om te zien wat ze ervan hadden gemaakt. Het duurt iets langer om in te zien wat er van mij zou zijn geworden in die omgeving.

Natuurlijk willen sommige—niet alle—mensen geen verantwoordelijkheid en zijn ze blij dat er iemand is die alles voor hen beslist. Maar bij lange na niet zoveel als De Fellowship denkt.

Kinderen die opgroeien in De Fellowship worden aangemoedigd om advies te vragen, en praten met een leiderschapsfiguur als de pastor geeft hen het gevoel dat ze belangrijk zijn, dus al snel vragen ze advies over alles. Dat pakt op te veel manieren verkeerd uit. Mensen realiseren zich niet dat sommige pastors (niet noodzakelijk het merendeel) binnen De Fellowship aantekeningen maken van de adviesgesprekken. Het notitieboekje van Valk uit Amersfoort werd een map op de harde schijf in Zwolle. Hij heeft zijn tweede dochter het beheer erover gegeven, maar ik betwijfel of ze weet wat erop staat.

Mitchell begon met een visie. Of die nu letterlijk was, zoals ik ooit dacht, of vooral metaforisch, waar het nu op lijkt, was die visie het doel, en Wayman is ervan afgeweken. Na 1990 werd hij een control freak, maar achter de schermen was hij al aan het manoeuvreren om de oorspronkelijke Fellowship te laten opgaan in zijn verzameling kerken en die te gebruiken als raamwerk om de structuur van zijn nieuwe rijk te bouwen. Hij sprak er niet openlijk over, maar ik denk dat toe-eigenen van macht de reden was waardoor kerken zich afsplitsten.

Zelfs de verwoording van de statuten van De Fellowship voorafgaand en nadat Wayman de macht had gegrepen laten zien hoe fundamenteel deze verschuiving geworden was. Een verschuiving van een "fellowship van gelijkgestemde kerken die samenwerken op het gebied van wereldevangelisatie" naar het reduceren van de pastors tot "rentmeesters van lokale kerken" die met al hun bezittingen en leden behoorden tot De Fellowship.

Ik heb me altijd afgevraagd wanneer de naam Christian Fellowship Ministries (CFM) voor het eerst opdook in de jaren tachtig, "Wat was er mis met De Fellowship?" De Fellowship beschreef perfect wat de kerken waren en plotseling veranderde het in dit mild klinkende

Christian Fellowship Ministries, met bijbehorend logo, en er was zelfs sprake van kerklidmaatschap. Nu weet ik dat het het resultaat was van een bedrijfsfusie.

Zoals ik in de inleiding al zei, ging Wayman over de Foursquare kerken in Arizona. Later vertrok hij uit Foursquare en werd De Fellowship Christian Fellowship Ministries. De fiscale vrijstelling was overgeschreven naar Wayman. Dit was mij nooit verteld en ik ontdekte het pas online nadat ik vertrokken was, hoewel ik met Silver Gaddis (van de oorspronkelijke Christian Fellowship kerken) had gesproken toen hij Zwolle bezocht toen de kerk nog aan het Blekerswegje zat. Ik wist toen niet hoe hij in het verhaal paste.

Wayman raakte geobsedeerd door het behouden van datgene waarvan hij overduidelijk het gevoel had dat het van hem was, ondanks wat hij preekte over "Gods werk" en "Gods kerk". Hij stelde mannen aan die loyaal zouden zijn en, steeds vaker, mannen die afhankelijk van hem waren. Hij hield hen overeind als ze hadden gefaald; daarvoor waren ze hem voor eeuwig dankbaar, want alles verliezen, was het enige alternatief. Hij hergebruikte mensen die door de meeste organisaties de laan uit zouden zijn gestuurd. Vaak (veel vaker dan je zou verwachten) werden pastors betrapt op "moreel falen" en herplaatst (redirection is de Potter's House term) in een andere kerk. Dat hebben ze ook geprobeerd met Evert Valk, maar na alle publiciteit was hij een te groot risico geworden, te meer omdat hij zelfs had gelogen (en daarop was betrapt) tegen Nomdo Schuitema. Dit waren het soort mensen die Wayman vurig verdedigden en die naar zijn pijpen dansten.

Jegens de mensen die hij niet kon manipuleren, werd Wayman steeds achterdochtiger. Wayman stelde ook contracten voor pastors in, waarmee ze alles in een kerkgebouw, inclusief de leden, in de handen van Wayman legden. Elke pastor die in conflict kwam met Wayman kon zijn carrière met één telefoontje beëindigd zien worden. Met zoveel woorden zei Wayman dat God je in De Fellowship had geplaatst en als je vertrok uit De Fellowship plaatste je jezelf buiten de wil van God.

Als ze van mening waren dat je een onruststoker was die te veel vragen stelde, werd je uit de kerk gezet, omdat je in dat geval niet in De Fellowship was geplaatst door God, maar door de duivel. Eén pastor belde Valk, die vervolgens Wayman belde die zei dat een vrouw uit de kerk gezet moest worden. Mitchell baseerde dit slechts op één ding: het soort vragen waarvan ze zeiden dat ze die stelde. Het bleek dat ze gewoon een boek van Andrew Womack aan het lezen was en haar pastor had gevraagd hoe hij daarover dacht. Ze was niet de enige —andere mensen werden uit de kerk geschopt nadat ze vragen hadden gesteld waar hun pastor geen raad mee wist. Dat toont aan hoeveel macht ze uitoefenden en hoe weinig ze gaven om mensen die in de kerk waren voor de pastor en zijn pastor, zoals die vrouw. En hoeveel zijn eruit geschopt? Nadat ik was vertrokken heb ik contact opgenomen met veel mensen waarvan ik me afvroeg waarom ze waren vertrokken.

"Je moet je tienden betalen aan De Fellowship, want anders beroof je God en Hij kan je ervoor doden". Ik heb altijd gedacht dat dit een hyperbool was, maar ik heb een video van Wayman Mitchell en ook één van Scott Lamb waarin ze precies dat preekten. De geldinzameling moest gelijke tred houden met de uitgaven. Hiermee rechtvaardigden ze zichzelf om vrijgevigheid te definiëren als meer dan 10 procent.

Merkwaardig genoeg spreekt de enige preek van Wayman Mitchell over "de oude profeet en de jonge profeet" de leerstelling dat je je pastor te allen tijde moet gehoorzamen, tegen. Ondanks dat hij ook preekte dat je je pastor moet gehoorzamen, hield hij deze preek. Ironisch genoeg is Wayman de enige die ik ooit heb horen preken dat je moet luisteren naar God en negeren wat de oude profeet zegt, gebaseerd op 1 Koningen 3:11-32. In dit tekstgedeelte luisterde de jonge profeet naar de oude profeet, waardoor hij stierf.

Een van de smerigste praktijken die De Fellowship is binnengeslopen, is familieleden tegen elkaar uitspelen. Als iemand de kerk verlaat, wordt iedereen uit die familie aangespoord om te blijven en, indien nodig, de banden met de rebel te verbreken. Mijn eigen zoon kreeg het advies om iemand anders als voorbeeld te zoeken in de kerk, omdat ik een rebel was.

Maar mijn vrouw, mijn oudste dochter en haar man vertrokken zes maanden na mij en mijn zoon vertrok het jaar daarop. Mijn zoon had mij en mijn oudste dochter gevraagd om een lijst van redenen waarom De Deur verkeerd was. Daarmee vroeg hij Nomdo Schuitema om antwoorden waarmee hij onze argumenten zou kunnen weerleggen. Het antwoord dat Nomdo in zijn stuitende arrogantie gaf, leidde ertoe dat mijn zoon ook vertrok.

Ik heb nog steeds één dochter in de kerk, en haar man dreigt, als we hen bezoeken, te vertrekken als we over De Deur praten. Je kunt niet luisteren naar kritiek. Het is zelfopgelegde hersenspoeling en doet je twijfelen aan leiderschap. Het is te moeilijk om de kritiek te verzoenen met het narratief, dus vermijd je kritiek. Negeer wat niet klopt met het plaatje, en wat niet klopt binnen De Fellowship is exponentieel toegenomen.

De zoon van Paul Stephens preekte een preek nadat zijn vader hem uit De Fellowship had gezet en had geprobeerd zijn kerk aan de kleinzoon van Paul te geven. Hij onderstreepte correct een bepaald woord hiervoor in het Grieks uit het Nieuwe Testament dat zijn verraad beschrijft als iets dat zal toenemen als mannen corrupter worden. Dit is de definitie van het Griekse woord ἄστοργος (astorgos): "vermoedelijk een afgeleide van στέργω (stergō) (teder liefhebben); hardvochtig jegens verwanten: - zonder natuurlijke affectie".[3]

Wayman weigerde naar de begrafenis van zijn eigen dochter te gaan nadat zij en haar man De Fellowship hadden verlaten en hij verwachtte minstens hetzelfde van alle anderen in De Fellowship. Paul Stephens heeft onlangs laten zien dat hij naar die standaarden leeft door de manier waarop hij zijn eigen zoon heeft behandeld in een preek die je kunt vinden op YouTube.

Deze leiders binnen De Fellowship laten persoonlijkheidskenmerken zien die de Bijbel presenteert als een meetinstrument voor de mate van hoe diep mensen kunnen zinken in corruptie. En ze moedigen anderen

---

3. "Lexicon :: Strong's G794 – *astorgos*," Blue Letter Bible, accessed March 2, 2024, https://www.blueletterbible.org/lexicon/g794/kjv/tr/0-1/.

aan om dit ook te doen. In veel van wat online gepost wordt, klagen mensen hierover. Eigenlijk is het een van de meeste gehoorde klachten —de wig die pastors actief proberen te drijven tussen familieleden. Ze zijn niet slechts "zonder natuurlijke affectie" ze proberen het zelfs actief uit te doven.

Een van de laatste preken die ik hoorde in De Deur was een afscheidspreek van een van de jonge mannen in de kerk die voor de eerste keer uitgestuurd werd om te gaan pionieren in een andere stad. Ik had de doopfoto's van zijn ouders gemaakt en ik kende zijn familie al heel lang. Hij preekte over de waarschuwingen voor de kerken in Openbaring. Tot besluit, stelde hij feitelijk dat Zwolle geen last had van een van die tekortkomingen, waarmee hij impliceerde dat de kerk perfect was. Daarbij moest ik direct denken aan Efeze. Het woord *Efeze*, uit het tekstgedeelte in Openbaring leek wel te schreeuwen in mijn hoofd. "Maar Ik heb tegen u dat u uw eerste liefde hebt verlaten. Bedenk dan van welke hoogte u bent gevallen en doe de eerste werken. Maar zo niet, dan kom Ik spoedig bij u en zal uw kandelaar van zijn plaats wegnemen, als u zich niet bekeert". (Openbaring 2:4-5).

Observaties, conclusies en andere overwegingen voor huidige leden

De Fellowship leest in de tekst wat ze willen dat er staat. Helaas is dit hoe ze de Bijbel benaderen. Ze gebruiken de Bijbel alleen om mensen te overtuigen dat ze moeten doen wat De Fellowship leert. Verklarende preken zijn zeldzaam en hun hele punt is eigenlijk inlegkunde. Ze gebruiken de vertaling die het beste ondersteunt wat ze willen dat de mensen geloven. Er worden alleen alternatieve zienswijzen aangehaald als contrast om te verduidelijken "wat we geloven", en "wat we geloven" is altijd door God geïnspireerd.

Pastors worden bang om af te wijken van wat Prescott leert en ze maken zich drukker om wat anderen preken dan wat de Bijbel werkelijk zegt. Op een paar zeldzame uitzonderingen na zijn ze geen van allen naar een Bijbelschool geweest en voor velen was uitgestuurd worden de beste optie voor hun carrière. Door de jaren heen zijn er velen op een punt gekomen dat ze nergens anders meer aan het werk kunnen, zij zitten nu in de zak van Christian Fellowship Ministries. Het zijn blinden die de blinden misleiden, dikwijls bewust, maar ze denken dat God hen het recht heeft gegeven te doen wat ze geloven.

Sommige mensen, meestal mensen die nog in De Fellowship zitten, begrijpen niet wat het probleem is. Ze zeggen: "Er worden nog steeds mensen gered, genezen en bevrijd". Zo noemen ze het in elk geval, maar is dat ook wat er gebeurt? Ze houden een campagne en krijgen iemand zo ver dat hij de oproep beantwoordt en het zondaarsgebed nazegt—maar is hun leven veranderd? Eerlijk gezegd is er, zoals De Fellowship het ziet, weinig hoop voor iemand die zich niet aansluit, want volgens hen is de verandering die telt het overnemen van de gewoontes en maniertjes van De Fellowship. Maar dat is niet waar Christus voor is gestorven.

Ik kwam daadwerkelijk op het punt dat ik niet meer wilde evangeliseren uit angst dat iemand gered zou worden en dat ik hem mee moest nemen naar een Fellowship-kerk. Dat wilde ik oprecht niet op mijn geweten hebben.

Genezen? In zijn laatste twintig jaar vroeg Wayman altijd: "Is er hier iemand ziek in zijn lichaam die korter dan zes maanden gered is en die gebed nodig heeft? Kom naar voren." Zes maanden of korter? Vervaagt geloof zo snel binnen De Deur? Door het zien van corruptie brokkelt vertrouwen af, dus misschien wel.

Bevrijd? Mensen worden bevrijd voor een systeem van doen wat de pastor zegt, omdat dat Gods wil voor jou is. Hij kan het weten, want God spreekt tot hem. God spreekt niet tot jou. Jij bent niet gezalfd. De Fellowship bevrijdt geen mensen behalve tot gecontracteerde dienstbaarheid.

De Fellowship is niet Gods wil: het is niet de kerk waar de Bijbel over spreekt, hoewel ze *de kerk* gebruiken als ze De Fellowship bedoelen, waarvan Greg zegt dat het Gods plan is. Ze leren geconstrueerde leerstellingen, omdat ze sleutelen aan de Schrift. Deze leerstellingen lijken afgeleid van Bijbelgedeeltes, maar ze zijn in tegenspraak met wat de Bijbel leert. Ze weten niet wat de Bijbel leert, maar ze leiden de mensen af van Bijbelonderwijs met allerlei andere activiteiten: campagnes, opwekkingsdiensten, conferenties, koffiehuis, diensten en evangelisatie. Wie bezig wordt gehouden, denkt niet na. Bied je vrijwillig aan om de kerk te schilderen en laten we een gezamenlijke maaltijd organiseren om te vieren hoe lang onze pastor er al is. We moeten de zaak beheren.

Wayman preekte graag over het gezonde verstand van de zakenwereld. Hij stelde al vroeg het pak met stropdas als standaard en sprak zich openlijk uit tegen baarden, meestal met succes. Hij schreef zijn opleiding toe aan zijn abonnement bij de Amerikaanse ECI, de Columbia Book Club, wat hij altijd opzegde als hij zijn gratis boeken ontvangen had.

Ik was altijd van plan om Grieks te leren en door de jaren heen greep ik daar steeds op terug, maar ik maakte maar langzaam progressie. Na mijn operatie vanwege kanker stopte ik met alle opiaten, waardoor ik eindelijk weer helder kon denken. Ik richtte me op het Grieks en ik ging zo ver dat ik stopte met het lezen van andere vertalingen. Ik begon de preken te volgen, terwijl ik gebruik maakte van Griekse Bijbelteksten en ik ontdekte dat het Grieks de argumenten die werden gemaakt op basis van bepaalde vertalingen niet ondersteunde.

Feitelijk had het er alle schijn van dat de leerstellingen van de Fellowship waren gebaseerd op een hellend vlak. De vertaling van een bepaald tekstgedeelte paste misschien wel bij wat de Fellowship leerde, maar die betekenis was onwaarschijnlijk met het oog op wat er werkelijk stond in het Grieks. En niemand leek het iets te kunnen schelen.

Sinds ik De Fellowship heb verlaten, heb ik Bijbelstudie naar een veel hoger niveau getild. Ik besloot de Bijbel te lezen precies zoals hij geschreven is. Tot nu toe heb ik het hele Nieuwe Testament, op vijf boeken na, met de hand overgeschreven in het Grieks, als een klerk. Dat kan ik van harte aanbevelen als een methode voor zorgvuldige studie. Hierdoor ga je begrijpen wat er allemaal bij komt kijken, welke fouten gemakkelijk gemaakt kunnen worden, je besteedt meer aandacht aan wat er wordt gezegd.

Ik ben me nu bewust van een compleet ander inzicht dan wat De Fellowship leert, een begrip van tekstgedeeltes, niet van losse verzen. De wisselwerking van woorden heeft een verschuiving in mijn zienswijzen gebracht, omdat vertalingen gewoon niet de hele lading kunnen dekken van wat er staat. Een beschouwing van langere tekstgedeeltes maakt dat je de redenering en gedachtegang achter het argument dat wordt behandeld leert volgen—Paulus is niet de enige die zijn argumenten opbouwt door langere stukken tekst heen.

Ik realiseerde me ook dat niet alleen De Fellowship fout zat, ik had zelf ook de Bijbel uit de context getrokken. Dat was nogal confronterend, omdat ik zag dat ik, terwijl ik dacht dat ik het goed had gedaan, het helemaal niet goed had gedaan. Leerstellingen van De Fellowship hadden me afgeleid van wat de Bijbel leert.

De Bijbel is geïnspireerd door de Heilige Geest, en de Heilige Geest resoneert nog steeds in wat De Bijbel zegt, zolang je niet probeert de Bijbel te laten buikspreken. Elk detail van Bijbelkennis verscherpt de resolutie van het hele plaatje, omdat alles met elkaar samenhangt. In die zin is het holografisch en toch dynamisch, wat je zou verwachten van een Wezen dat Geest, Licht en Leven is, en niet wordt gelimiteerd door tijd en ruimte. De waarheid is iets heel anders dan het spel dat wordt gespeeld in Fellowship-kerken. Het meest verbijsterend is dat ik dit wist, maar het ben vergeten. Ik was afgeleid, druk, en ik had mijn focus verloren op wat ik in het begin al wist, en wat aan het eind nog steeds waar was. Ik kon me niet meer richten op de leerstellingen en methodes of activiteiten van een organisatie. De Fellowship verbergt de waarheid; daardoor staan ze er slecht op. Ze volgen de Heilige Geest niet, maar zijn in plaats daarvan manipulatief en zelfs kwaadaardig jegens mensen in de gemeente geworden, niet in het algemeen in het openbaar, maar vaak tijdens counseling. Ze volgen de Bijbel niet, maar citeren eindeloos dezelfde geselecteerde Bijbelgedeeltes om te beargumenteren dat ze gelijk hebben. Gods Geest is niet aanwezig bij counselingsessies met de pastor als hij probeert iemand te manipuleren en kleineren. Ze hebben God of de Bijbel niet geraadpleegd. Wat hebben zij te zeggen wat het waard is om naar te luisteren?

Naast het bedekken van hun eigen wandaden, is het ergste misschien wel wat ze doen met families. Ze drijven een wig tussen familieleden om iedereen in het gelid te houden, maar ze sporen stellen in de kerk ook aan om te trouwen en uitgestuurd te worden om een nieuwe vestiging te openen. Ze hebben geprobeerd mijn familie tegen mij op te zetten toen ik was vertrokken. Het leiderschap heeft zichzelf veroordeeld, meer dan ik nog zou kunnen toevoegen.

Maar dat brengt me bij het ergste. De Fellowship leert een bepaalde onbijbelse standaard vermomd als gezonde leer (met een paar eigenaardigheden die als superieur worden uitgelegd). Dit noemen ze Fellowship-standaarden, of Fellowship-principes. In het Nederlands zeggen ze Fellowship *voorwaarden*. Het zijn allemaal afleidingsmanoeuvres die een barrière tussen jou en God opwerpen. Als je hun regels volgt, krijg je het gevoel dat je het beter hebt gedaan dan iemand die die regels niet heeft gevolgd, ook al zijn de regels arbitrair, oppervlakkig en betekenisloos.

Paulus neemt geen blad voor de mond als hij de Galaten verteld hoe dwaas die weg is, en denken dat je beter bent dan iemand anders is Bijbels gezien belachelijk. Als je geluk hebt, word je op een dag wakker en realiseer je je dat je een Farizeeër bent, een van de velen. Zo niet, dan ga je verder op die weg zonder dat je je ervan bewust bent. De Fellowship speelt hetzelfde spel als de Farizeeën deden. Als je wilt doen alsof en religieus wilt zijn zonder veranderd te worden door Gods Geest, is De Fellowship voor jou de aangewezen plek. Het is een atmosfeer van veronderstelde superioriteit, minachting voor de slordigen en niet-ingewijden, en een bespotting van andere organisaties en cynisme over de mensheid. Daar raak je na verloop van tijd mee besmet.

Ik zeg niet dat je cynisch wordt van in De Fellowship zitten, maar je wordt er in elk geval niet minder cynisch van. Je kunt opklimmen in bediening en nog steeds een kwal zijn, als je maar glimlacht en een stropdas draagt. Voeg er wat sociale vaardigheden aan toe en je hebt een glansrijke carrière zonder ook maar iets aan je karakter te veranderen, zolang je maar de hielen van de juiste mensen likt. Wat een tijdverspilling! In mijn geval, tientallen jaren. De Fellowship is zo opgezet dat het niet-wedergeboren ideologen herbergt, maar geen waarde heeft voor onderscheid of begrip omdat ze de autoriteit van de pastor preken. Dat was niet zo in het begin, maar toen was de structuur ook anders.

Als De Fellowship niet vol is van de verkeerde geest, waarom wordt er dan zo veel geroddeld? Waarom vertrekken goede mensen? Waarom worden mensen die vertrokken zijn altijd rebels genoemd (of "niet in staat om de mate van toewijding die De Fellowship verwacht vast te houden", zoals ze het graag verwoorden. Ze negeren ook de geldige redenen dat mensen zijn vertrokken zonder dat hen enige schuld treft). Ze hebben altijd gespot met mensen die zeggen dat De Fellowship niet voldoende liefde heeft. Waarom is dat?

"De vrucht van de Geest is echter: liefde, blijdschap, vrede, geduld, vriendelijkheid, goedheid, geloof, zachtmoedigheid, zelfbeheersing. Daartegen richt de wet zich niet" (Galaten 5:22-23). Dat klinkt niet erg als De Fellowship, toch? Als deze verhalen niet waar zijn, waarom vertellen mensen van over de hele wereld dan soortgelijke verhalen?

TERMINOLOGIE

Aanbidding

Roemen of roemen op God. Ook, een fenomeen van enthousiaste, blije uitdrukking van de grootheid van God. De Fellowship gebruikt het voor een interval, meestal minder dan twee minuten, tenzij het volgt op een collecte (inzamelen van geld) of een oproep (inzamelen van zielen), waarin tongentaal-a-la-Prescott en standaardzinnen worden herhaald tot het stopt.

Amen

Doorgaans een verklaring van instemming, het is een uiting in reflex van instemming met de spreker.

Autoriteit

Het recht of de verplichting om iets te doen of anderen op te dragen iets te doen. De Fellowship legt een valse claim op autoriteit op allerlei gebieden en gebruikt het als basis om het leven van leden te controleren.

Babykerk

Elke kerk die is gesticht door en ondersteund wordt door een oudere kerk (de moederkerk).

Bediening

De activiteiten van de elite, of de taken die de elite aan jou toewijst.

Bijbelconferentie

Halfjaarlijkse bijeenkomsten in de conferentiekerk, afhankelijk van welke kerk ermee belast is. Deze duren een week en bestaan uit zeventien preken, herhaaldelijk geld aftroggelen, een film, een aantal optredens en twee avonden waarop echtparen naar het podium worden geroepen en wordt afgekondigd in welke stad (of land) zij een nieuwe kerk gaan beginnen.

Bijbelse standaarden

Zo noemt De Fellowship haar zelfgemaakte regels met betrekking tot kleding en gedrag.

Bitter

Een van de nawerkingen van een kennismaking met De Fellowship. Ironisch genoeg wordt huidige leden geleerd dat het een symptoom is dat bevestigd dat de persoon een verkeerde keuze maakt door te vertrekken, terwijl de verschillende post-traumatische effecten die het gevolg zijn van ervaringen in de sekte, zouden moeten worden gezien als een waarschuwing om er ver uit de buurt te blijven.

Bovennatuurlijk

Gebeurtenissen, wezens of fenomenen die bestaan of voorkomen buiten de wetten van de wetenschap, maar die wel verschijnen om de fysieke wereld te beïnvloeden.

Demonisch

Betrekking hebbend op demonen en demonische activiteit, zoals het tegenspreken van een pastor van De Fellowship

Discipelschap

De methode van Wayman om pastors te trainen in de praktijk die wordt gebruikt door alle vestigingen om potentiële nieuwe leiders te trainen. Discipel is de term die wordt gebruikt voor onderkruipsels van de pastor.

Dynamisch

Zoals De Fellowship het meestal gebruikt: niet saai.

Evangelisatie

Aandacht vragen van een bij voorkeur geboeid publiek om luid hardop van je geloof te getuigen of een geprinte versie van je getuigenis uit te delen. Als je dit doet in het openbaar, op exotische of beruchte plekken verhoogt dat je status.

Gathering dirt (verzamelen van belastend materiaal)

Verzamelen, categoriseren en verifiëren van bewijs van misdaden en doofpotaffaires uit het heden en verleden.

Geest van Izebel

Bijbels een dominante kwaadaardige vrouw. Volgens De Fellowship: een vrouw, of vrouwen wier invloed de hegemonie van stellingname van De Fellowship bedreigt.

Geest van X (afwijzing, onwettigheid enz.)

Een diagnose volgens Waymans bizarre bid-voor-alles-wat-je-maar-kunt-bedenken methode van bidden voor de zieken. Achter alle moeilijkheden zitten geesten, en meestal is het zonde wat de geesten toegang heeft gegeven tot degene die lijdt. Waymans oplossing was deze persoon zo ver te krijgen dat hij alles beleed waartoe hij overgehaald kon worden te belijden en dan herhaaldelijk te verklaren dat de toegang voor de geesten afgesloten was. Dit lijkt sterk op een incident in Australië waar bij een ongeval vier politieagenten omkwamen.

Geroepen tot (bediening)

Selectie door het leiderschap van De Fellowship om een taak op je te nemen.

Heavy shepherding

Een ketterij die De Fellowship heeft overgenomen van de bredere kerkwereld. Het omvat het micromanagen van de levens van leden van de gemeente en al het misbruik dat eruit voortvloeit

Hekserij

Dit is de gebruikelijke vertaling van het Griekse woord *pharmakeia*, wat in de kern het idee van manipulatie en bedrog is en wat de oorsprong is van het Engelse woord *pharmacy*. Daarom concluderen veel mensen dat het medicijnen betekent. In de context is manipulatieve misleiding en bedrog een brede definitie die past bij de gelegenheden waarvoor het woord wordt gebruikt. Het zit ook in de kern van wat De Fellowship doet. Ze manipuleren kerkleden op allerlei manier voor hun eigen gewin, waarbij ze gebruik maken van valse leerstellingen. Hekserij is een gebruikelijke Fellowshipmethode, vooral als het gaat om weerstand.

Hoofdschap

Het idee dat iemand leiding heeft over de mensen die leiding hebben over jou.

Jesus-people bruiloft

Een traditie uit de Jesus-people beweging, waarbij de bruiloften eenvoudig zijn en de gelegenheid aangegrepen wordt om nieuwe leden te werven, vooral familieleden.

Kerkplanten

De sekte is uitgezaaid. De term is gebaseerd op het idee een echtpaar uit te zenden om een Fellowshipkerk te pionieren in een gebied waar er nu nog geen is, in het gunstigste geval daarna ondersteund, financieel en met (evangelisatie)teams met de bedoeling om lokale potentiële bekeerlingen in contact te brengen met de nieuwe pastor. Gewoonlijk gaat dit gepaard met een advertentiecampagne.

Kleinkindkerk

Een kerk gesticht door een kerk gesticht door een kerk.

Krachtig

Uitdrukkelijk gelijk aan "heel erg" of "nog veel meer". Een superlatieve versterker.

Kwellende geest

Alles waar je last van hebt, vooral als het aanhoudt. Het is opzettelijk en de schuld van een geest die wil dat jij je beroerd voelt. Hoewel iets dergelijks zou kunnen bestaan, zijn ze waarschijnlijk niet verantwoordelijk voor de stortvloed aan ellende die het pausdom van Prescott eraan toeschrijft.

Locked in (toegewijd, stabiel)

Dit heeft betrekking op iemand die het punt bereikt dat hij enthousiast de doelen van De Fellowship ondersteunt en deelneemt aan kerkactiviteiten. Gewoonlijk het

gevolg als iemand overtuigd is dat de leerstellingen van De Fellowship geldiger zijn dan de concurrentie.

Manifest

Blijkbaar ondersteunend.

Matriarchale geest

Hoewel de betekenis onduidelijk is, blijkt het een goede belediging te zijn in de beleving van Wayman.

Moederkerk

Een kerk die een andere kerk sticht.

Moreel falen

Alles waar een pastor (of zijn vrouw) schuldig aan of verdacht van wordt bevonden en wat de Bijbel veroordeelt, en dat wordt beschouwd als reden om hem te vervangen. De thuiskomst van een overspelige.

Nazorg

Dit heeft betrekking op pas-bekeerden. Methodes om de mate van indoctrinatie in nieuwe contacten van een sektelid van De Fellowship te bevestigen en versterken.

Onderscheid

Het vermogen om het verschil te kunnen vaststellen tussen goede en kwade intenties.

Onderwerping of onderwerpen

Instemming, vooral met de leiding van Wayman (of iemand die hem vertegenwoordigt).

Oproep

Een fase, gewoonlijk aan het einde van een dienst, waarin de spreker het publiek aanspreekt en probeert de groep van degenen tot wie hij zich richt terug te brengen tot de mensen die hij kan overhalen naar voren te komen om te bidden. Het beantwoorden van de oproep wordt gezien als onderwerping aan de uitdaging van het onderwerp, wat waarschijnlijk verband houdt met de preek die eraan vooraf is gegaan.

Opstaan

Open plekken in bediening invullen, verantwoordelijkheid nemen om een positie in te vullen die niemand wil, ongeacht de weerstand die je voelt.

Outreach

Evangelisatie in een andere stad

Pastor

De Fellowship-toepassing van het woord *pastor* is een mengeling van alle bediening in het Nieuwe Testament, met uitzondering van apostel en evangelist. Apostelschap is toegeschreven aan Wayman, maar het was vooral een overtuigende leugen waar mensen met open ogen intuinden. Op een paar uitzonderingen na, zijn evangelisten vandaag de dag ironisch genoeg bijna altijd pastors die het niet gemaakt hebben. De Fellowship beschouwt ook tekstgedeeltes die betrekking hebben op bisschoppen (opzieners) en oudsten (priesters) in het Nieuwe Testament als referentie aan pastors, die worden geacht in elke kerk autoritaire leiders te zijn. Iedereen die het oneens is met de pastor is een rebel, en het bewijs daarvan halen ze uit een tekstgedeelte in het Oude Testament over koningen en profeten. Fellowshippastors zitten op de troon en preken over offeren. Alle bedieningen die niet van de pastor zijn, moeten worden goedgekeurd door de pastor. Vrouwen mogen niets doen, tenzij ze getrouwd zijn met de pastor. In dat geval sturen ze soms alles aan, niet alleen achter de schermen.

Pionieren

Verhuizen naar een andere stad of een ander land om te proberen daar een Fellowshipvestiging op te zetten waar er nog geen is. Een pionier is iemand die dat minstens één keer heeft gedaan, of er nu mee bezig is.

Rebel

Iemand die het niet eens is met het leiderschap, vooral een ex-lid. De Fellowship-definitie zit vol verwijzingen naar gebeurtenissen in het Oude Testament waar mensen die opstonden tegen profeten en koningen zwaar gestraft werden. Aangezien De Fellowship de autoriteit van de pastor definieert door gebruik te maken van tekstgedeeltes uit het Oude Testament die betrekking hebben op koningen, ze nemen per definitie het gedrag van koning over en bannen dissidenten uit.

Rebelleren

De pastor tegenspreken, negeren of niet gehoorzamen.

Redirection

Een echtpaar terughalen naar de moederkerk als het echtpaar of de babykerk niet door kunnen gaan. Als de reden 'moreel falen' is dan is ofwel de man die is uitgestuurd, of zijn vrouw dusdanig te ver gegaan dat de kerk het niet meer kan verbergen. Dit gebeurt veel vaker dan mensen denken en kan worden gebruikt om hen te chanteren (uit dankbaarheid) om het leiderschap nog fanatieker te steunen. Als er geen opties meer zijn om de situatie te bedekken, moet het echtpaar worden uitgestoten.

Rekenschap

De leerstelling dat de pastor het recht heeft om zich te bemoeien met jouw leven

Rentmeesterschap

Waymans obsessie met de zakenwereld weerspiegeld in zijn keuze van illustraties over het Koninkrijk van God, gesymboliseerd als een groot welvarend huishouden. *Economie* refereert aan *oikos* + *nomos* *"huis + wet"* (maar de Griekse samenstelling *oikosnomos* betekent *rentmeester*).

Roeping

Bijbels gezien is het God die iemand uitnodigt om iets te doen waarvoor hij geschikt is, vaak als enige. Dat verschilt van het gebruikelijke seculiere idee van ergens uitzonderlijk goed in zijn of ergens hopeloos dwangmatig in zijn. Het verschilt ook van de druk binnen De Fellowship om deel te worden van de franchise.

Standaarden

De Wet, deel 2, volgens de raad in Prescott.

Terugvaller

Iemand die betrokken is geweest bij de kerk, maar dat niet meer is, tenminste niet in dezelfde mate als voorheen, als hij überhaupt nog betrokken is.

Tienden (geven/betalen)

De overtuiging dat je tien procent van je (bruto-)inkomen moet geven aan de lokale Fellowshipkerk die je bezoekt. Dit is binnen De Fellowship altijd gezien als en verplichting. Het werd al vroeg een instrument, in combinatie met je aanwezigheid bij alle activiteiten, om te bepalen hoe oprecht je was. Buiten de Fellowship hanteren sommige kerken wel en anderen geen tienden, maar er zijn er maar weinig die preken dat je "naar de hel gaat" of "dat je op deze manier voorkomt dat God jou en je familie doodt". Dat is echter wel wat De Fellowship leert.

Vallen in de Geest

Het fenomeen dat iemand omvalt als er voor hem wordt gebeden of als hij wordt aangeraakt. Het wordt toegeschreven aan de Heilige Geest. De Fellowship heeft zich gedistantieerd van deze praktijken, hoewel het eind jaren tachtig enige populariteit genoot.

Verbond

Een heel vreemde verzonnen leerstelling dat je gebonden bent aan De Fellowship. Dit geldt vooral voor pastors. De leerstelling lijkt uit het niets te zijn opgedoken bij Waymans imprimatur toen die voor het eerst verscheen rond 2007

Vleselijk

Afwijken van Fellowship-standaarden, vooral als je je eigen noden en interesses meer prioriteit geeft dan kerkactiviteiten.

Wedergeboren

Zoals De Fellowship het gebruikt: je mag zeker weten dat je naar de hemel gaat. Bij correct gebruik verwijst het naar het gedeelte in Johannes 3 in het Nieuwe Testament waar Jezus in een gesprek met Nicodemus stelt dat je "opnieuw geboren moet zijn" om het koninkrijk van de hemel binnen te gaan. Letterlijk staat er "van boven geboren", maar de vertaling heeft de terminologie beïnvloed. In evangelische kringen wordt dit gewoonlijk gelijkgesteld aan het bidden van het zondaarsgebed.

Weerstand

Aarzelen om volmondig te accepteren wat de pastor uitbraakt vanaf de preekstoel.

Wereldevangelisatie

Vestigingen openen in het buitenland om alle dingen die fout zijn in De Fellowship te herhalen.

Wonder

Interventie van God. Er zijn er niet zo veel meer, dus let goed op.

Een woord

Als een leider (een pastor, of, vaker nog, een evangelist) iemand in de gemeente roept, meestal in het openbaar, en zegt wat God hem heeft gezegd te zeggen. Meestal wordt een probleem of een gebied van strijd voor de uitgekozen persoon benoemd en eindigt het met iets bemoedigends en vaak een belofte. Soms wordt er een tijdsbestek gegeven waarin het opgelost is en in sommige gevallen voorwaarden als "Als je God aangrijpt, je Bijbel leest en bidt", of "Als je God gelooft en je tienden gaat betalen".

Zegeningen

Voordelen van goddelijk leven als voorgeschreven en onderschreven door het leiderschap.

Zondaarsgebed

Een specifiek gebed met deze woorden: "Jezus, ik erken dat ik een zondaar ben. Dank U dat U voor mij aan het kruis bent gestorven. Vergeef me en red me van mijn zonden. Amen". Heel veel kerken geloven dat het bidden van dit gebed voldoende is om naar de hemel te gaan. Sommigen geloven dat je het ook echt moet menen en ernaar moet leven. Anderen zien het als een houding die vast moet worden gehouden, en velen vragen zich af waar het vandaan komt. Het staat nergens in de Bijbel, maar binnen De Fellowship wordt het als verplicht beschouwd. Het opzeggen van dit gebed geeft iemand de status "wedergeboren", of er nou wel of geen verandering plaatsvindt in iemands geest.

BIJLAGE I

1. De Christian Fellowship Church is een los verbonden groep kerken die bij elkaar gehouden wordt door een gemeenschappelijke band wat betreft visie en relaties. Er is geen sprake van enige wettelijke structuur die een gemeente verbindt met een andere. Deze gemeentes zijn geen ondergeschikte eenheden, maar volledig autonoom en verantwoordelijk voor hun eigen aangelegenheden en financiële verplichtingen. Elke supervisie is puur relationeel en functioneel, niet wettelijk.

2. Elke pastor die is aangesteld door de Christian Fellowship Church heeft dit privilege gekregen op grond van een gemeenschappelijke band wat betreft visie en bediening, gebaseerd op zijn kwalificatie en training in een Fellowship-kerk, aanbevolen door zijn pastor. Soms worden andere bedieningen die eerder zijn getraind en gekwalificeerd door andere gelijkgestemde bedieningen ook goedgekeurd.

3. Volgens de grondwet van de Verenigde Staten en Internal Revenue Publication 557(Jan. 1902), is elke kerk georganiseerd volgens hoofdstuk 3, bladzijde 8 en 13, sectie 501 (c) {3}, automatisch vrijgesteld van belasting, en alle bijdragen van leden zijn eveneens automatisch vrijgesteld van belasting. Deze worden erkend als kerken en hoeven formulier 1023 niet in te vullen om deze status te verkrijgen. Met andere

woorden, elke kerk die naar behoren is georganiseerd en voldoet aan de 5 basisvereisten die een kerk definiëren, heeft het recht te functioneren zonder deze formele religieuze corporatie structuren die in het algemeen noodzakelijk worden geacht om erkend te worden door de I.R.S. en belastingvrijstelling te krijgen.

4. Dit zijn de 5 vereisten waaraan een kerk minimaal moet voldoen.

1. Uitsluitend voor religieuze doeleinden, kerken hebben een bestuur dat minstens bestaat uit een secretaris en een penningmeester, er wordt jaarlijks een ledenvergadering gehouden en de boekhouding is op orde.
2. Niets van de opbrengsten mag ten gunste komen van een privaat persoon. Alle bezittingen staan op naam van de kerk.
3. Van de activiteiten mag geen substantieel deel bijdragen aan propaganda of andere pogingen om de wetgeving te beïnvloeden.
4. De inkomsten van de kerk zijn afkomstig uit vrijwillige collectes en giften.
5. Tot ontbinding zullen alle activa vallen onder belastingvrijstelling voor religieuze en liefdadigheids-instellingen of religieuze organisaties of kerken.

5. Als u functioneert als kerk bent u niet verplicht jaarlijks formulier 990 in te vullen. In sommige staten gelden verschillende vereisten voor rapporteren aan die staat zelf op jaarlijkse basis als u gevestigd bent in die staat.

6. Alle kerken die onroerend goed willen aankopen of huurcontracten willen aangaan voor voertuigen of gebouwen moeten een State Corporation hebben voor ze een financiële overeenkomst aan kunnen gaan. Kerken van enige omvang wordt aanbevolen zich te houden aan deze richtlijnen.

7. Alle kerken zijn verplicht een werkgevers I.D. nummer te hebben. Dit kan verkregen worden door aanvraagformulier 554 dat verkregen kan worden bij elke IRS-kantoor. Na het indienen van de aanvraag ontvangt u formulier 5372, kennisgeving van nieuw werkgevers Iden-

tificatienummer toegekend. Hierop staat het EIN (werkgevers identificatienummer) in de rechterbovenhoek. Dit nummer heeft de bank nodig als u een bankrekening opent. Open geen bankrekening voor de kerk met uw eigen burgerservicenummer.

Wayman O. Mitchell

BIJLAGE II

97 MIMOSA CRESCENT

SINGAPORE 2880

TEL: 481-8001

Aan Pastor Mitchell en de oudsten

Oktober 1990

Al bijna een jaar wordt mijn geest gekweld over de afscheidingen in de fellowship. Aangezien ik me overzees bevind, heb ik geprobeerd me er buiten te houden en me eraan onderworpen hoe ik me er ook bij voelde. Maar nu moet ik me uitspreken.

Ik heb onvoldoende Bijbelse dekking gevonden om me tevreden te stellen wat betreft het excommuniceren van bepaalde leiders (Jack Harris, Ron Jones, Peter Edwards, Ron Simpkins en iedereen die met hen geassocieerd wordt) die er om verschillende redenen voor hebben gekozen zich los te maken.

Ik heb de tijd genomen om erop terug te kijken in het licht van:

1. Mijn persoonlijke Christelijke en bedieningsethiek
2. Schriftuurlijke redenen voor volledige distantiëring van de fellowship
3. Morele rechtvaardiging

Ik kan niet instemmen met de manieer waarop:

1. deze mannen zijn afgesneden van alle relaties met voorgangers van de fellowship.
2. deze mannen zijn aangevallen op hun karakter
3. families en vrienden van elkaar zijn gescheiden en ruzie hebben.

Ik begrijp de concepten loyaliteit en toewijding. Ik ben me ervan bewust dat sommigen die zich afgescheiden hebben, werden gedreven door verkeerde en scheidende geesten. Maar we hebben niet te maken met jonge bekeerlingen in een lokale kerk, maar met mannen van God met jaren van bewezen goede en vruchtbare bediening. Er zou dan ook anders met hen moeten worden omgegaan dan alleen maar zeggen: " hij is een rebel". Mijn Christelijke geest en geloof staan niet toe dat ik mede-bedienaars van het Evangelie zo behandel. Ik kan deze mannen niet gewoon uitstoten alsof ik nooit een relatie met ze heb gehad.

Jack Harris: Heeft zich jaren ingezet om elke man in deze fellowship te helpen. Hij was een bemoediging en een partner voor me in de bediening. Ik ken geen Bijbelse, leerstellige of morele reden waarom ik niet met hem om zou gaan.

Ron Jones: Is een rebel genoemd, immoreel, hongerig naar macht, kerkscheider, leugenaar en nog veel meer. Dat kan ik niet accepteren. Ik zie geen Bijbels standpunt om mezelf of mijn bediening van hem los te maken.

Ron Simpkins: Is een persoonlijke vriend van mij. Ik heb geen Bijbels argument om de relatie met hem te verbreken of hem de toegang tot mijn preekstoel te ontzeggen.

Peter Edwards: Ik geloof dat Peter een integer man was. Een van de belangrijkste beschuldigingen aan zijn adres was dat hij ervoor koos niet te gehoorzamen aan een regel die van hem eiste dat hij een jarenlange relatie met een familielid en vriend verbrak.

Ik kan me niet voorstellen wat er zou gebeuren als "De Fellowship" me op zou zetten tegen mijn eigen broer, mijn vader of mijn zoon. Zoals ik in de afgelopen jaren heb zien gebeuren in sommige families.

Structuur is niet goddelijk. Het is menselijk en in het gunstigste geval gebrekkig. Structuur moet altijd flexibel zijn om zich aan te passen aan groei, volwassenheid en omstandigheden. Het moet groot en flexibel worden zodat volwassen mannen ruimte krijgen voor hun eigen zienswijzen. Het moet soms helemaal losgelaten kunnen worden als volwassenheid en vruchtbaarheid van een man dat noodzakelijk maken.

Wat me 13 jaar geleden naar de Arizona-Fellowship trok was de visie om te investeren in mannen en te zien hoe ze hun bestemming vervulden. Het planten van kerken was het middel om hen los te laten. Nu is het planten van kerken het proces geworden waarbij mannen worden gebruikt om "De Fellowship" te bouwen. De werker is vervangbaar geworden. Het werk is belangrijker geworden dan de werker. De investering gebeurt in uitrusting, auto's en gebouwen. De "oorspronkelijke kerk" is "De Fellowship kerk" geworden.

Ik ben niet meer de 27-jarige jongeman die tegenover Pastor Mitchell zat toen hij me aanbood te helpen een kerk te vestigen. Ik ben nu 40 jaar en heb een veel grotere visie en een drijvend verlangen om dat uit te zien komen in de komende 10-20 jaar. Maar door de acties die tegen mannen zijn ondernomen het afgelopen jaar ben ik me af gaan vragen of de structuur niet eerder een bedreiging is geworden dan een hulp en ondersteuning. Als een man de visie heeft om nieuwe gebieden van bediening te betreden, uitbreiding, of als hij het niet volkomen eens is of zich onderwerpt aan elke 'letter van de wet" dan kan hij zomaar zwartgemaakt worden en afgescheiden van alles wat hij jarenlang heeft helpen bouwen. Dat is moeilijk om mee te leven, me aan toe te wijden of nog langer offers voor te brengen.

Larry Reed is hier een voorbeeld van. Twintig jaar heeft hij geholpen deze fellowship te bouwen, hij heeft ervoor gewerkt en had een positieve invloed. Larry en zijn familie zaten 2 jaar in mijn kerk en ik kan niets benoemen dat meer moreel of Bijbels verkeerd was aan hem dan aan vele andere mannen met "lemen voeten". Hier wordt een man van boven de 60 uitgestoten. In mijn hele Christelijke leven heb ik nog nooit een kerk of organisatie meegemaakt die mensen zomaar uitstootte. Uit respect voor het leiderschap van onze fellowship heb ik me neergelegd bij de beslissing omtrent Larry. Aan die onderwerping en discipline begin ik nu te twijfelen.

Ik begrijp de noodzaak van disciplinaire maatregelen als het morele kwesties betreft. Zelfs bij ethische overtredingen binnen relaties. Maar alle disciplinaire maatregelen zouden verzoening tot doel moeten hebben. Ik geloof dat er gestreefd moet worden naar herstel. Dat proces moet beginnen bij het hoofdschap en de oudsten. Ik zeg niet dat verzoening er komt of zal komen. We kunnen niet teruggaan in de tijd. Maar herstel in relaties moet mogelijk zijn. Wat ongegrond is, kan gecontroleerd worden. Er kan een weg gebaand worden zodat Christelijke families en vrienden hun Christelijke liefde en relaties weer kunnen delen.

Mijn persoonlijke visie is altijd "wereldevangelisatie" geweest. Ik was betrokken bij Genezingscampagnes en conferenties in allerlei landen voor ik naar Prescott kwam. Door deze visie heb ik jaren van mijn leven gegeven aan zending. Nu, na 8 jaar in de zending met de fellowship, ben ik tot de conclusie gekomen dat ik mijn zendingsvisie niet kan vervullen binnen de structuur van de fellowship.

In 1 Korinthe 9:9 staat: "Want in de wet van Mozes staat geschreven: U mag een dorsende os niet muilbanden..." De manier waarop we gestructureerd zijn, ongeacht hoe vruchtbaar een zendingsbediening is, ongeacht hoe groot zijn kerk is, of hoe lang hij al in het veld is, hij zal in het algemeen dezelfde hoeveelheid middelen hebben als een pionier. Ik had feitelijke dezelfde hoeveelheid ondersteuning voor 8 jaar in Azië. Ik heb reclame gemaakt voor campagnes voor bijna elke pastor die naar Azië kwam, maar ik ben zelf nooit in staat geweest te spreken op een campagne die meer dan een paar honderd dollar kostte, omdat ik geen middelen had. Het is hartverscheurend dat ik binnen de context van de fellowship geen mogelijkheden voorzie die ons in staat stellen een impact te maken in Azië, of middelen heb om meer te kunnen doen.

Ik heb dit al een aantal keer ter sprake gebracht bij Pastor Mitchell en een aantal mannen in leiderschap. Ik kreeg te horen dat de enige manier waarop ik ooit meer middelen tot mijn beschikking kan krijgen dan basisondersteuning, terugkeren naar de Verenigde Staten of een ander ontwikkeld land is en een basis bouwen zoals andere mannen hebben gedaan. Maar omdat ik Azië op mijn hart heb, heb ik dat niet gedaan. Ik ben hier gebleven en heb gefunctioneerd binnen onze structuur. Ik heb altijd geloofd dat ik, door te helpen De Fellowship te bouwen, ook een basis bouwde die me vrij zou laten, maar dat is geen waarheid gebleken.

Onlangs heeft God een belofte aan mij bevestigd die ik jaren geleden had gekregen, dat ik krachtige miracle crusades zou zien en invloed zou hebben in Azië. Ik ga God geloven, dat Hij een zendingsbediening zal laten ontstaan die dit doel gaat dienen. Dat betekent dat ik uit ga stappen in geloof dat ik de financiën ga krijgen die nodig zijn om te reageren op de mogelijkheden in Azië. Dat betekent dat ik buiten de grenzen en restricties van De Fellowship zal gaan en de deur open voor andere kerken, bedieningen en individuen om met ons samen te werken in bediening.

Ik onthef Pastor Mitchell en de Prescott-kerk van hun verplichting me te ondersteuning in het zendingswerk. Na oktober 1990 zal ik geen begroting meer sturen aan de Prescott-kerk. Ik leg ook mijn positie als oudste binnen de Christian Fellowship Ministries neer.

De uwe in Christus

Larry Neville

Singapore

BIJLAGE III

Contract voor pastors

Datum____(dag)____(maand), 200_

Hierbij onderschrijf ik, ______ de statuten van de Christian Fellowship Church Inc., een Arizona Corporatie; DBA De Potter's House, Christian Fellowship. Ik onderwerp mezelf aan het leiderschip en de Raad van Oudsten die zijn aangesteld om orde en discipline te waarborgen in de supervisie over deze Fellowship. Ik onderwerp mijn bediening aan Pastor Wayman Mitchell of zijn opvolgers. Ik ga een plechtige verbintenis aan voor God en deze kerk in _______________ Staat

____

Ik zal me houden aan alle standaarden, leerstellingen en de visie om discipelen te maken, kerken te planten en in eenheid met de Fellowship te werken als pastor en rentmeester van deze kerk. Als ik op enig moment in de toekomst besluit dat ik niet langer naar eer en geweten met deze kerk of het leiderschip kan werken, dan beloof ik dat ik mijn functie zal neerleggen, de kerk in goede staat zal achterlaten en die kerk of een andere fellowship-kerk niet verder zal ontregelen.

Ook verklaar ik dat ik me onderwerp aan Pastor Mitchell en de Raad van oudsten van de Christian Fellowship Ministries. Als zij het noodzakelijk achten mij te verwijderen vanwege morele indiscretie, financieel onvermogen of een ontwrichtende geest die de kerk schade berokkent; dan onderwerp ik mij aan hun leiding en geef ik alle bankrekeningen, gebouwen, uitrusting en bezittingen over en zal me rustig onderwerpen aan redirection, discipline en overplaatsing.

Ondertekend _________________ Datum _______

Notaris ____________Datum ___________

BIJLAGE IV

Pretoria, 5 maart 2003

Aan alle Pastors in de fellowship.

Hierbij doe ik u een kopie van het contract voor Pastors toekomen waarvan Pastor Mitchell wilde dat ik het ondertekende. Als ik zou weigeren het te ondertekenen, zou hij de ondersteuning van onze kerk stopzetten. Ik moest het niet alleen ondertekenen, maar ik moest er ook mee naar de notaris gaan en het hem laten ondertekenen. Dus het wereldse rechts_systeem_ en de macht van geld worden gebruikt als dreigmiddel om Pastors in het gareel te houden.

Vroeg of laat zal elke Pastor dit formulier moeten ondertekenen. Dit is de koers die Pastor Mitchell is ingeslagen met de fellowship. Het is geen fellowship meer – het is een organisatie. Iets dat we nooit wilden worden. Een zakelijke organisatie.

Het is heel erg cruciaal voor jullie allemaal om je te herinneren hoe we begonnen zijn. We zijn begonnen als een fellowship van vrienden. Ondersteuning was een geschenk van liefde. Het is de visie van onze fellowship dat over de hele wereld inheemse, autonome, zelfvoorzienende fellowships zouden verrijzen met hun eigen conferentie.

Iedereen die 25 kerken plantte kon zijn eigen conferentie starten, zoals overeengekomen door het <u>leiderschap in Phoenix.</u> Sommige conferenties begonnen omdat ze een locatie nodig hadden. De visie van vermenigvuldiging is dat wereldwijd mannen zouden gaan functioneren als een krachtige kopie van het leiderschap van Pastor Mitchell. De visie is mannen te trainen en ze zo goed te trainen dat ze kunnen en willen functioneren volledig afgescheiden van jou, en zo is een nieuwe fellowship gevormd. En over die nieuwe fellowship heeft de eerste Pastor absoluut GEEN AUTORITEIT, anders is vermenigvuldiging onmogelijk.

Door die vermenigvuldiging van discipelen en kerken en leiders die volledig los worden gelaten in de wereld, zal de wereld bereikt worden met het Evangelie van Jezus Christus. Dat is het risico dat Jezus Christus nam, dat is het risico dat we allemaal zullen moeten nemen. Als we dat risico niet willen nemen, moeten we op zoek naar een andere baan. 2 Tim. 2:2 // op deze tekst is onze fellowship gebaseerd.

Pastor Mitchell stelde een oudstenraad aan over de hele fellowship, wat een overtreding van onze visie is. Oudsten zijn pastors. Dus het aanstellen van 7 pastors over onze hele fellowship creëert een hoofdkwartier in Prescott – iets wat we allemaal, inclusief Pastor Mitchell, nooit wilden. Als je een oudstenraad wilt aanstellen (eigenlijk niet nodig), zul je je eigen mannen als leiders over de fellowship moeten inzetten. Daarom zou de nieuwe oudstenaanstelling van de 7 volgens onze visie moeten bestaan uit Pastor Mitchells eigen discipelen over zijn eigen fellowship. En in de fellowship van Harold uit Harolds mannen. En in de fellowship van Joe Campbell uit Joe Campbells mannen. En in de fellowships van Mike Mastins, Hank Houghtons, Bill Coolidge, Tommy Alvarez, Dale Reece, Greg Johnson, hun eigen mannen. En in de fellowship van Rudy van Diermen, Rudy van Diermens mannen, enz. enz.

Pastor Mitchell overtreedt onze visie op discipelschap en vermenigvuldiging. In een oude preek van Pastor Mitchell kwam ik de volgende quote tegen: "Een beweging begint met een man, die man krijgt een boodschap, die beweging gaat methodes ontwikkelen, dan ontwikkelt die beweging zich tot een organisatie. Dan ontaard die beweging onvermijdelijk in een graftombe, mausoleum of museum. Zo gaat het altijd in de geschiedenis.."

Lees het contract zelf maar.

Pastor Rudy van Diermen

Pretoria.

BIJLAGE V

<u>LEIDERSCHAPSCONVENANT – JANUARI 2004</u>

Ik, de ondergetekende, een leider met een goede reputatie binnen de fellowship van gelovigen, bekend als de Christian Fellowship Churches, erken dat ik optreedt als een pastor en leider in deze fellowship in opdracht van de fellowship en niet als eigenaar of onafhankelijke vertegenwoordiger. Ik heb de brief gelezen van Pastor Mitchell aan de hele fellowship, gedateerd op 10 juli 2000, met betrekking tot een basisstructuur om om te gaan met conflictoplossing en de discipline van dwalende pastors. En ik stem in met de principes die uiteengezet worden in die brief. Ook bevestig ik dat elke verandering in de leden van de Raad van Oudsten van die als voorgelegd in de brief, geen invloed zal hebben op mijn acceptatie van de hiervoor genoemde principes. Daarom verbind ik mezelf hiermee met die structuur en als ik er, in de toekomst, voor kies niet langer te gehoorzamen aan die structuur, zal ik mijn leiderschapspositie en mijn post als pastor neerleggen zonder rancune of ontwrichting en de fellowship toestaan naar goeddunken te voorzien in mijn vervanging. Verder zullen, voor zover dat binnen mijn macht ligt, alle menselijke en financiële bronnen die ik op dat moment tot mijn beschikking heb in de fellowship blijven en ik zal afstand doen van elke claim daarop.

Ik begrijp dat het door onze voortdurende inspanning om een rigide wettelijke confessionele structuur te vermijden noodzakelijk is dat we onszelf naar eer en geweten samenbinden door een plechtig convenant. Daarom onderteken ik dit convenant vrijwillig voor mijn God en Redder Jezus Christus en het getuigenis van mijn broeders aan deze leiderschapstafel.

Handtekening _________________Datum ____________

Getuige___________________________Datum ___________

BIJLAGE VI

Contract voor Pastors / zendelingen

Vanaf deze dag _____________ in _______________
onderschrijf ik, ________________ hierbij de Grondwet van De Potter's
House Christian Fellowship van Australië Inc. Ik onderwerp mijn
bediening aan Pastor Payne of zijn opvolger. Ik ga een plechtige
verbintenis aan voor God en de kerk dat ik pionier of belast ben met
_________________ in het land _________________

Ik erken dat deze kerk en alle uitrusting en andere middelen die ik
verwerf niet mijn eigendom zijn, maar dat ik ze alleen beheer voor de
Fellowship. Het is een groot voorrecht en een kans dat iemand inves-
teert in mijn bediening, geen recht. <u>Ik ben geen werknemer van De
Potter's House, maar een zelfstandige bedienaar van het Evangelie. Ik
begrijp dat ik zelf verantwoordelijk ben voor mijn medische kosten en
verzekeringen en ik verklaar dan ook dat de Potter's House hier niet
aansprakelijk voor is.</u> Ik begrijp dat alle financiële ondersteuning, geld
voor huisvesting en kosten voor redirection slechts een gift zijn die me

wordt geschonken naar goeddunken van de Potter's House, het is geen salaris en evenmin iets waar ik recht op heb.

Ik zal me houden aan de standaarden, leerstellingen en visie om te evangeliseren, kerken planten en in eenheid samenwerken met de Fellowship als pastor en rentmeester van deze kerk. Als ik op enig moment in de toekomst besluit dat ik niet langer naar eer en geweten kan werken met deze kerk of het leiderschap, dan zal ik mijn taak neerleggen, de kerk in goede staat achterlaten en die kerk of een andere fellowship-kerk niet verder ontregelen.

Ook verklaar ik dat ik me onderwerp aan Pastor Mitchell of zijn opvolger, Pastor Payne of zijn opvolger en de Raad van oudsten van de Christian Fellowship Ministries. Als zij het noodzakelijk achten mij te verwijderen vanwege morele indiscretie, financieel onvermogen of een ontwrichtende geest die de kerk schade berokkent; dan onderwerp ik mij aan hun leiding en geef ik alle bankrekeningen, gebouwen, uitrusting en bezittingen over en zal me rustig onderwerpen aan redirection, discipline en overplaatsing.

Handtekening _________________Datum _______________

Getuige ___________________Datum ____________

BIJLAGE VII

Convenant voor leden

"Ik heb me bekeerd van mijn zonden en heb vergeving ontvangen; ik ben gedoopt in water; ik heb mezelf onderworpen aan de heerschappij van Jezus Christus; ik stem in met de visie, geloofsbelijdenis en Convenant voor leden van de Potter's House Christian Fellowship, en ik zie het als een voorrecht om lid te worden. Ik begrijp dat ik me, door lid te worden, onderwerp aan het leiderschap van de kerk en andere leden. Ik wijd me ook toe aan een goddelijke levensstijl door mijn uiterste best te doen het volgende na te leven…"

1. IK ZAL DELEN IN DE VERANTWOORDELIJKHEID VOOR MIJN KERK… door met toewijding te bidden voor de groei ervan; door consequent zondaren uit te nodigen, zodat ze tot bekering kunnen komen; door bezoekers hartelijk welkom te heten en hen van dienst te zijn.

"voor de kerk… Wij danken God altijd voor u allen, wanneer wij aan u denken in onze gebeden." (1Thess. 1:2) "Ga eropuit naar de landwegen en heggen en dwing hen binnen te komen, opdat mijn huis vol wordt." (Luk. 14:23) "Daarom aanvaard elkaar in de kerk, zoals ook Christus ons aanvaard heeft, tot heerlijkheid van God." (Rom. 15:7)

• • •

2. IK ZAL DE EENHEID VAN MIJN KERK BESCHERMEN... door gericht te zijn op het Koninkrijk en altijd in liefde te handelen jegens andere leden; door te weigeren te roddelen of lasteren of ontmoedigen; door me te onderwerpen aan de leiders die God boven mij heeft geplaatst voor mijn bestwil.

"Laten we ons concentreren op de dingen die zorgen voor harmonie en de groei van onze fellowship samen ondersteunen." (Rom. 15:19). "Laat er geen vuile taal uit uw mond komen, maar wel iets goeds, wat nuttig is tot opbouw... " (Ef. 4:29) "Gehoorzaam uw voorgangers en wees hun onderdanig, want zij waken over uw zielen omdat zij rekenschap moeten afleggen, opdat zij dat mogen doen met vreugde en niet al zuchtend. Dat heeft immers voor u geen nut." (Hebr. 13:17)

3. IK ZAL HET GETUIGENIS VAN MIJN KERK ONDERSTEUNEN... door getrouw aanwezig te zijn; door een goddelijk, Bijbels leven te leiden; door regelmatig mijn tienden te geven.

"Laten wij de onderlinge bijeenkomst niet nalaten, zoals het bij sommige de gewoonte is, maar elkaar aansporen..." (Hebr. 10:25) "Alleen, wandel het Evangelie van Christus waardig." (Fil. 1:27) "Alle tienden van het land, zowel van het zaaigoed van het land als van de vruchten aan de bomen, zijn voor de HEERE bestemd. Ze zijn heilig voor de HEERE." (Lev. 27:30) "Breng al de tienden naar het voorraadhuis, zodat er voedsel in Mijn huis is. Beproef Mij toch hierin, zegt de HEERE van de legermachten, of Ik niet de vensters van de hemel voor u zal openen, en zegen over u zal uitgieten, zodat er geen schuren genoeg zullen zijn." (Mal. 3:10) "Op elke eerste dag van de week moet ieder van u bij zichzelf iets opzijleggen in proportie met wat u heeft verdient en het gebruiken voor de collecte." (1Kor. 16:2)

Naam:_____________________________Datum: __________________________

Visie van de kerk en geloofsbelijdenis

<u>Visie:</u> *"Onze visie is het bouwen van een Christus-gecentreerde, aanstekelijke, eigentijdse, discipel-makende gemeenschap – iedereen is een zielenwinnaar."*

<u>Zending:</u> De Potter's House Christian Fellowship van Parramatta bestaat als een lokale gemeente die tegen de wereld getuigt van Gods liefde zoals die geopenbaard is in Zijn Zoon Jezus Christus, onze gekruisigde, verrezen, verhoogde en spoedig weerkomende Koning. We streven ernaar het Woord van God te onderwijzen en het Evangelie van Jezus Christus en de kracht van de Heilige Geest te verspreiden.

Ons doel is het vormen en toerusten van onze kerkfamilie, zodat discipelen gevoed en bekrachtigd zullen worden om hun door God opgedragen bestemming en bediening te vervullen. Als leden van de kerk is het ons verlangen om God de eer te geven door onze publieke en privé-levens.

Dit doen we door ons te verheugen in Christus Jezus; door te groeien in de kennis van God door het bestuderen en toepassen van de Schrift; door te groeien naar een goddelijk karakter; door Bijbelse fellowship in de praktijk te brengen; door elkaar te dienen met onze geestelijke gaven, onze tijd en ons geld; door het Evangelie te verkondigen in Parramatta, Sidney en de uiteinden van de aarde.

<u>Kernwaarden:</u> Onze missie wordt vervuld door gericht te blijven op onze kernwaarden.

- <u>Gods Woord als de hoogste autoriteit voor ons leven:</u> We streven ernaar te groeien door consequent de Schrift toe te passen op ons leven, onze houding en onze relaties. (1 Petrus 2:2)
- <u>Vervuld door de Geest getuigen in de wereld:</u> We streven ernaar het Evangelie van Jezus Christus te verkondigen door persoonlijke getuigenis, evangelische inspanningen als kerk en door kerkplanten, zowel thuis als in het buitenland. (Matth. 28: 18-20)

- <u>Aanbidding als prioriteit:</u> Wij leven om God met vreugde en dankbaarheid te aanbidden om wie Hij is en voor alles wat Hij heeft gedaan. (Johannes 4:23,24)
- <u>Fellowship:</u> als een onderling van elkaar afhankelijk volk, begrijpen we de waarde van samenkomen als het hele lichaam en in kleinere groepen in huizen, om elkaar te bemoedigen en elkanders lasten te dragen. (Hebr. 10:24,25)
- <u>Geven en rentmeesterschap:</u> We erkennen dat al onze materiële bezittingen een geschenk van God zijn, gegeven om Zijn werk en eer te bevorderen in de wereld. Het is God die ons de macht geeft om rijkdom te verwerven. We hechten waarde aan het geven van geld om de bedieningen van de kerk te bevorderen door tienden en collectes. (2 Kor. 8:7)
- <u>Toewijding om te dienen:</u> De Heilige Geest geeft ons allemaal vaardigheden om elkaar, de kerk als geheel, en de gemeenschap waarin we liefhebben, te dienen. Het ontdekken, ontwikkelen en inzetten van die gaven om anderen te dienen is steeds ons doel. (Gal. 5: 13-14)

Bijlage VIII

AANDOENING	GEESTELIJKE KWESTIES
Artritis/artrose Botontkalking, pijnlijke gewrichten	Haat, onvergevingsgezindheid, bitterheid en rebellie
Astma Voorhoofdsholteontsteking, sinusinfectie, moeite met ademen	Angst, angst voor afwijzing, afwijzing
Baarmoederhalskanker	Vloek van losbandigheid, hekel aan echtgenoot
Beroerte Verlamming, verlies van gevoel	Haat, zelfmedelijden, werp dood uit
Blessures Trauma, ongeluk, sport, operatie, wonden, industrieel	Onvergevingsgezindheid, werp dood en geest van misvorming uit, spreek opstandingsleven uit
Blindheid Slecht zien, grijze staar	Afgoderij, valse godsdienst, Geest van Blindheid
Borstkanker Tumoren, cystes	Roddel, kwaadspreken, onvergevingsgezindheid, hekel aan echtgenoot
Darmkanker	Erfvloek, Geest van dood, Werp angst uit en beveel de kanker te gaan
Diabetes	Zelf-haat, zelfmedelijden, afwijzing
Disfunctie bij vrouwen Cystes, eileiderontsteking, tumoren	Angst, stress, haat, echtgenoot niet vergeven
Doofheid	Angst voor de dood, dove geest
Doofheid Eén oor, bij kinderen	Vloek van onwettigheid
Eczeem Psoriasis, huidproblemen	Hekserij, erfvloeken, vrijmetselarij, geheime genootschappen
Galblaas	Haat en bitterheid
Hart Hoge bloeddruk	Wrok, werp dood uit, onvergevingsgezindheid, boosheid en driftbuien
Knobbels op botten	Hekel aan echtgenoot
Nierfalen of -ontsteking	Boosheid, onvergevingsgezindheid, temperament en haat
Oorontsteking Terugkerend, bij kinderen	Erfvloek, betrokkenheid bij zwangerschapscursussen zoals Lamaze en manuele therapie
Pijn door keizersnede	Hekel aan echtgenoot, Geest van dood, onvergevingsgezindheid
Rugpijn Hernia, letsel	Haat, bitterheid, rebellie

Scoliose	In de meeste gevallen bij vrouwen door een link met mishandeling, werp haat uit, onvergevingsgezindheid, bitterheid
Spijsverteringsstoornis Maagzweren, maagbreuk, ingewanden	Angst, spanning, boosheid, driftbuien, haat, zorgen
Zenuwbeschadiging Verlies van gevoel of functie	Werp dood uit, onvergevingsgezindheid, beveel zenuwen te leven, spreek opstandingsleven uit

Magische genezers	Chiropractors, manuele therapie, toverdokters, Curandero, reflexoloog, iriscopie
Voorwerpen	Talismannen, medailles, kristallen, kruisjes, Mariamedailles, koperen, bronzen en zilveren genezingsbanden en armbanden, voorspoedstorens
Hekserij en occultisme	Ouija-borden, tarotkaarten, handenlezers, vrienden (geliefden) betrokken in hekserij, horoscopen, Dungeons and Dragons
Valse godsdienst	Sektes, geheime genootschappen zoals de vrijmetselarij, Eastern Star, boeken over het occulte of sekte 'bijbels'

Hoewel deze lijst niet compleet is en niet alle relevante gebieden beslaat, is in veel gevallen gebleken dat deze geestelijke problemen wortels kunnen hebben van de hier genoemde aandoeningen

Voel je vrij om deze bladzijde eruit te halen

BIJLAGE IX

EVANGELIE GEMEENTE "DE DEUR"
ZWOLLE

Voorwaarden voor bediening: model Zwolle mei 2007

Ik waardeer het gebruikt te worden in bediening, en begrijp dat het belangrijk is dat ik een goed voorbeeld ben en dat de kerk erop kan rekenen dat ik mijn verantwoordelijkheden nakom.

Door ondertekening van deze verklaring laat ik zien dat ik achter de principes en voorwaarden van onze kerk sta en deze zal naleven.

Ik begrijp dat het boven alles belangrijk is om een getuigend christen te zijn en een persoonlijke relatie met God te onderhouden door gebed.

Dit formulier is een formaliteit. Ik besef dat er een basis van onderling vertrouwen moet zijn en dat de kerk erop moet kunnen vertrouwen dat ik de onderstaande principes naleef.

<u>Verklaring:</u>

1. Ik zal op alle kerkdiensten, zondagse bijbelstudies en opwekkingsdiensten aanwezig zijn. Bij noodzakelijke afwezigheid ik mij afmelden bij de koffiehuisleider of pastor.

Ook vakanties zal ik van te voren opgeven bij de
koffiehuisleider of pastor.

2. Voor zover dit voor mijn bediening noodzakelijk is zal ik mijn
   vakanties ruim van te voren bespreken met de
   hoofdverantwoordelijke, zodat de activiteiten waarin ik
   betrokken ben niet zullen stagneren gedurende mijn
   afwezigheid.
3. Ik en mijn huisgezin bezitten geen televisie, we kijken thuis
   geen wereldse video's of dvd's, en zullen de computer niet
   misbruiken om wereldse speelfilms te kijken en / of te
   downloaden.
4. Ik heb een filter op mijn computer ter bescherming tegen
   ongewenste internetsites.
5. Ik zal niet naar de bioscoop gaan, ik rook niet en gebruik geen
   alcohol en / of drugs.
6. Ik zal de kerk getrouw ondersteunen met mijn tienden.
7. Indien van toepassing: mijn vrouw zal achter mij staan en het
   bovenstaande ook naleven.
8. Alleen voor muziek-, drama-, koor en huissamenkomst
   bediening: ik beloof tevens om aanwezig te zijn bij gezamelijke
   evangelisatie-activiteiten en totale mobilisaties waarbij
   muziek-of drama groepen optreden. Ook wanneer de kerk een
   vergunning heeft voor de zaterdagmiddag of avond, zal ik
   aanwezig zijn.

Uitzonderingen:

1. Als iemand vanwege werk niet aanwezig kan zijn is dat geen
   probleem, maar het is wel belangrijk dat de koffiehuisleider of
   pastor hiervan op de hoogte wordt gesteld.
2. Geen bijzonderheden.
3. Wanneer er in een gezin een televisie of DVD-speler is, dan ligt
   hiervoor de verantwoordlijkheid bij de man / vader, en bij diens
   afwezigheid, bij de vrouw / moeder. Dit betekent dat een

vrouw wel in bediening kan, wanneer er, ondanks haar bezwaar, een televisie in huis is, omdat de man hiervoor gekozen heeft. Ook wordt het kinderen niet aangerekend wanneer de ouders een televisie in huis hebben.

4. Geen bijzonderheden.
5. Onze fellowship heeft een standpunt ingenomen tegen bioscoopbezoek. Dit geldt niet voor theater of musicals.
6. Geen bijzonderheden.
7. Geen bijzonderheden.
8. Geen bijzonderheden.

ABOUT THE AUTHOR

Joel E. Crosby groeide op in De Deur en ging daar tot halverwege juni 2019 naar toe. Voor zijn vertrek, ontmoette hij daar in 2017 zijn vrouw Nellen op het verjaardagsfeest van haar zus. Joel heeft een bijzondere interesse in het verzamelen van munten en bankbiljetten en heeft een uitgebreide collectie.

In zijn vrije tijd beheert Joel een Facebook-groep genaamd Escaping the Potter's House en de Nederlandstalige Facebook-groep 'Sluit De Deur', waar voormalige leden van De Fellowship hun ervaringen bespreken en verwerken.

Je kunt contact opnemen met Joel op Facebook via facebook.com/JoelECrosby of op Instagram @JoelECrosby. Je kunt ook zijn website bezoeken, JoelCrosby.com, om je aan te melden voor e-mails over nieuwe uitgaven.